Inhalt:
Die Suche nach den Ursachen für Tinas besorgnis-
erregende Angstattacken führt dazu, dass sie bisher
geheim gehaltene Ereignisse aus der familiären
Vergangenheit erfährt. Weitere Nachforschungen, um
die Wahrheit zu finden, lassen erkennen: Nichts wird
mehr sein, wie es war.

Erschienen bei:
© Krahn Verlag, Gemmrigheim 2014

https://www.Krahn-Verlag.de

Fotos: Irmgard Rahn

Printed in Germany.

Zweite Auflage, Februar 2015

ISBN 978-3-945672-04-4

Irmgard Rahn und Ulrike Froer

Verlorene Paradiese

paraísos perdidos - kupotea peponi

Roman

KRAHN VERLAG

Prolog

Der perfekte Platz: Auto abseits vom Weg - in der Wiese – hinter den hohen Büschen - keine Spaziergänger.
Jetzt noch ein Probelauf. Wie oft geübt! Jeder Griff muss sitzen. Fast könnte er das Paddelboot mit geschlossenen Augen aufbauen.
Das Wasser ist eiskalt. Es fehlt noch eine kleine Schwimmweste. Muss ich besorgen.
Zeitstopp: Fünf Minuten. In Ordnung.
Gut als Ankerplatz: der Baumstumpf auf der anderen Seite.
Die Pässe sollte ich ab jetzt immer dabei haben. Glück muss man haben: Martins Pass für mich abgestaubt. Wäre sowieso bald abgelaufen.
Wenn man nicht genau hinschaut, sehen wir uns schon ähnlich. Ab und zu ist Verwandtschaft brauchbar. Manchmal muss man das Recht beugen, um Recht zu bekommen.

Für Ronja und Finja

1. Salzburg, Februar 2010

Tina strahlte: Da ist sie, ihre Schneeglöckchenwiese! In der Wintersonne, die diese Lichtung erst ab Mittag erreicht, leuchten die weißen Glöckchen. Zarte Blüten auf hellgrünem Stiel. Sie lächelt versonnen. Denkt an früher. Sie läuten den Frühling ein hat Oma ihr erklärt. Sie sehen so zart aus und haben doch die Kraft durch den gerade aufgetauten Boden ihre Blätter in die Sonne zu schieben. Sie stehen in mehreren großen Gruppen, aber auch einzeln, vom Waldrand bis weit in die Wiese hinein, nicken leicht im Wind. Die will ich auch noch! Da drüben die ist noch schöner! Und die beiden hier sind die Allerschönsten!
Sie richtet sich auf und dreht sich um. Dunkler Wald. Schweigender Wald. Nichts als Wald! *Wo ist das Kind? So klein!* Panik ergreift sie. Kein Mensch weit und breit! Knacken im Unterholz. Rätschend fliegt ein Eichelhä-her auf. *Auf einmal ist ihr eiskalt.* Sie macht ein paar Schritte zum Waldrand. *Sie zittert. „Wo bist du?"* Leises Plätschern

vom Bach. „*Wo versteckst du dich?*" Ihr Atem dampft, so kalt ist es. *Die Angst krallt sich in ihren Magen wie eine kalte Faust.* „*Nein, nein, nein!*" Der nächste Baumstamm steht gerade richtig! Sie muss sich anlehnen, rutscht entlang des Stammes auf den Boden, die Schneeglöckchen entgleiten ihren Fingern.

Schneller werdendes Klicken von Wanderstöcken dringt in ihr Bewusstsein. Wie lange sitzt sie hier schon? Anne und ihre Freundin Rosie kommen um die Wegbiegung.

„Um Himmels Willen, Tina?"

„Ganz weiß ist sie!"

„Tina, was ist denn los?" Anne beugte sich zu ihrer Enkelin hinab, nahm deren kalte Wangen in die Hände.

„Wo ist Sebastian?", erkundigte sich Rosie, während sie Tinas Mütze aufhob.

„Sebastian", murmelte Tina, „Wieso Sebastian?

Sebastian, den Zwillingswagen schiebend, rief beim Näherkommen: „Um Himmels Willen, Tina, bist du verrückt geworden? Ich werde doch ein paar Meter vorausgehen können?" Seine Tina am Boden? Der Kinderwagen holperte nun schneller über den Waldweg, sodass die beiden Babys erschrocken zu weinen begannen. Schließlich ließ er sie mitten auf dem Weg stehen. „Was ist denn passiert?" Er legte den Arm um Tina und sah sie besorgt an. „Bist du gestolpert?" -Stille- „Liebling, geht es dir nicht gut? Komm, steh auf, es ist zu kalt auf dem Boden."

Tina ließ sich hochziehen, machte einen benommenen Eindruck. Mit Sebastian an ihrer Seite bewegte sie sich wie in Trance auf den Wagen der Zwillinge zu, den Anne herbeigefahren hatte. Die Babys glucksten und lächelten ihre Mama an. Anne streichelte nun leicht über die Schultern ihrer Enkelin. „Es ist doch alles in Ordnung."

Mit Tränen in den Augen fasste Tina nach den Händchen ihrer Kleinen. Zweimal acht Monate Glück. Wie oft hatte sie schon Angst um sie gehabt!

Seine Frau ist immer wieder, na was denn? Also: für eine Überraschung gut. Sebastian versteht die Welt nicht mehr, wird ärgerlich. „Wenn alles in Ordnung ist, können wir ja umkehren. Der Wind ist verdammt kalt. Was ist mit deinen Schneeglöckchen, Tina? Du wolltest sie doch unbedingt pflücken!"

Alle bückten sich nach den verstreuten Blüten.

„Jetzt hat sie wieder Farbe, schau nur", flüsterte Rosie.

„Entschuldigt", nickte Tina Anne und Rosie zu und „ich schiebe jetzt den Wagen" zu Sebastian.

Die beiden Freundinnen nahmen wieder ihre Nordic Walking Stöcke auf und folgten der kleinen Familie auf dem schmalen Pfad. Während die Stille der Umgebung das aggressive Schweigen zwischen den jungen Eltern schluckte, bekam Rosie den Anlass für Annes Freude mitgeteilt: „Schau, sie tragen meine Mützen."

Vor Weihnachten hatte sie ihre Strickkenntnisse aufgefrischt, sodass sie vier bunt geringelte Mützen in unterschiedlichen Formen unter den Baum legen konnte. Sebastian, das hatte sie wohl gemerkt, hatte die Liebe, die sie mit ihrer Handarbeit zeigen wollte, nicht erfasst, sich aber höflich bedankt. Ob Tina dafür gesorgt hatte, dass er sie heute aufgesetzt hat? „Heute ist auch das richtige Wetter dazu."

Rosie riss sie aus ihren angenehmen Beobachtungen: „Du solltest endlich mit ihr reden." Annes Gesicht versteinerte. Sie blieb stehen, stützte sich auf ihre Walkingstöcke, atmete schwer: „Ich kann nicht darüber sprechen! Das weißt du doch! Es ist auch nicht nötig, denn Tina ist eine glückliche junge Frau geworden."

„Das sah allerdings vorhin bei der Schneeglöckchen-wiese ganz anders aus! Ich habe dir schon vor 23 Jahren gesagt, du musst offen mit ihr reden. Sie muss doch die Wahrheit über die Tragödie erfahren."

„Ja, sie schien ein bisserl durcheinander. Aber all die Jahre habe ich sie noch nie so erlebt, das vergeht wieder."

„Ach Anne, so stur wie eh und je."

„Ich bin nicht stur, du musst nicht so mit mir sprechen. Als Freundin solltest du Verständnis haben und mir nicht Eigenschaften andichten, die ich nicht habe." Annes Stimme klang etwas spitz.

„Nein, das tue ich nicht, aber du musst dich auch der Realität stellen. Deine Tina sah sehr durcheinander aus. Es ist höchste Zeit, denk darüber nach."

„Rosie, du hast es doch fast miterlebt! Ich will mich nicht erinnern! Es tut so weh."

„Aber Anne, es geht nicht nur um dich! Es geht auch um deine Enkelin. Es betrifft doch auch ihr Leben."

„Darüber gibt es nichts zu diskutieren."

Anne reckte den Kopf. Energisch setzte sie sich wieder in Bewegung. „Jetzt freu' ich mich erst mal auf etwas Heißes. Komm."

Rosie versuchte kopfschüttelnd, mit ihr Schritt zu halten. An Rosies einladend gedecktem Kaffeetisch mit Gmundner Porzellan und den zarten Schneeglöckchen in einer weißen Schüssel, sprach man nicht mehr über den Zwischenfall.

Tinas mitgebrachter selbst gebackener Guglhupf wurde von allen gelobt. Sie selbst war wohl am meisten stolz auf sich, dass sie es geschafft hatte zu backen. Vor Kurzem wäre das noch nicht möglich gewesen, da hatte sie kaum das Nötigste einkaufen können, geschweige denn kochen oder gar backen. Eine Tüte Milch auf dem Küchentisch hatte sich von ihr problemlos eine Stunde lang betrachten lassen! Bastian hatte sich gestern richtig gefreut, sie nach der langen Krankheit wieder aktiv zu sehen. Ja, sie hatten schon einige Schwierigkeiten gemeistert.

Sebastian machte ein paar Fotos vom Kaffeetisch und der Schale mit den Schneeglöckchen. „Du weißt, dass sie unter Naturschutz stehen, Tina! Du solltest wirklich keine mehr pflücken.

Sie richtete sich im Sitzen auf, reckte den Kopf, strich die langen Haare hinter die Ohren. Darüber diskutiere ich nicht! Betont ruhig sagte sie: „Ich liebe Schneeglöckchen! Sie sind von meiner Wiese! Als Kind haben wir um diese Zeit immer einen Spaziergang dorthin gemacht. Das ist Omas und meine Tradition."

„Ja", lächelte diese, „dort habe ich schon als Kind bereits welche gepflückt und du auch Rosie, nicht?"

Ihre Freundin steuerte nun begeistert eigene Kindheitserinnerungen über winterliche Freuden bei.

Damals als es noch richtige Winter gab und man große Schneemänner bauen konnte.

Sebastian erzählte, wie sie als Kinder die vereiste Dorfstraße mit ihren zusammengebundenen Schlitten hinabgesaust waren, um sich anschließend vom Cousin mit dem Traktor wieder hochziehen zu lassen.

„War das nicht gefährlich?", wollte Tina wissen. „Doch, aber aufregend schnell. Außerdem war der Verkehr minimal!"

Anne meinte nachdenklich: „Komisch, dass man sich als Kind immer darauf freut, größer und älter zu werden, und stolz ist, gefährliche Momente zu bestehen, auch wenn man die Gefahr gar nicht einschätzen kann. Wenn man dann erwachsen ist, erscheint einem die Kindheit durchgehend als Zeit des Glücks. Man erinnert sich an so viel Schönes, eigentlich an kleine Dinge. Zum Beispiel an das Gefühl einen Becher warmen Kakao oder gar einen Bratapfel nach einem Winterspaziergang bekommen zu haben." Auch Rosie schien jetzt noch den Geschmack zu spüren, sie lächelte gedankenverloren. „Ja, genau!"

Tina blickte nachdenklich auf die Schneeglöckchen.

„Vielleicht hat man sich über Dinge gefreut, die später im Erwachsenenleben einen anderen Wert bekommen haben?"

„Also zurück zur alten heilen Welt?" Typisch Sebastian! Er liebte es zu spötteln. „Ja, eine unbeschwerte Kinderzeit ist das Wichtigste! Eine gute Basis für das spätere Leben." Dabei nickte Anne ihrer Freundin ein bisschen trotzig zu. Doch nun meldeten die Zwillinge, die nur an der Erfüllung ihrer gegenwärtigen Bedürfnisse nach Nahrung, Schlaf und Zuwendung interessiert waren, lautstark ihre Wünsche an. Bastian verstaute alle Utensilien im Auto, damit sie zur ‚Raubtierfütterung' zu Hause sein könnten, wie er verkündete.

Besorgt sah Rosie der jungen Mutter beim Abschied in die Augen: „Pass auf dich auf."

Nach einer turbulenten Zu-Bettbring-Runde, ließ sich Tina erschöpft neben Sebastian auf die weiche Couch im Wohnraum fallen, wo bereits das knisternde Kaminfeuer für Behaglichkeit sorgte, und der Rotwein wartete.

„Nun Tina, meinst du, du könntest jetzt versuchen mir zu erklären, was mit dir los war?"

Nachdenklich nahm Tina einem Schluck vom fruchtigen Zweigelt. Sie seufzte, wollte etwas sagen, schwieg wieder, um schließlich leise zu sagen: „Ich habe mich an meine Kinderzeit erinnert, während ich die Schneeglöckchen gepflückt habe. Ich war so glücklich. Dann war plötzlich niemand mehr da. Ich war ganz allein! Ich hatte Angst. Die Mädchen waren weg."

„Aber du hast doch gesehen, dass ich vorausgegangen bin. Was ist denn so schlimm, wenn du die Kleinen nicht siehst?"

„Ich war plötzlich allein im Wald, ganz allein! Wenn ich jetzt darüber nachdenke, finde ich mein Verhalten ja auch seltsam, aber... ich... es kam so von selbst!" Das Knacken eines brennenden Holzscheits ließ Tina zusammenzucken.

Sebastian zog die Augenbrauen hoch. „Geht es dir wieder schlechter?"

„Was soll das?" Die steile Falte zwischen Tinas Augenbrauen warnte ihn. „Was hat die Situation heute mit meiner blöden Depression nach der Geburt zu tun? Diese Frage will ich gar nicht mehr hören. Dann fühle ich mich wieder krank."

„Ich mache mir doch nur Gedanken, Tina. Alles, was ich mir wünsche, ist, dass es dir gut geht! Du machst dir zu viele Sorgen um unsere beiden Kleinen. Gehe es doch ein bisschen lockerer an, ich bin doch auch noch da, wir sind doch zu zweit."

„Schon, ich versuche es ja!" Tinas Blick verlor sich im Feuer. „Ich weiß noch, - der erste Moment, als Dr. Schindler mir sagte, dass ich schwanger bin - das war ein Gefühl! Als ich an der Bushaltestelle stand, war ich so unwahrscheinlich glücklich, dass ich es am liebsten herausgeschrien hätte.

Gemmrigheim, August 1983

Zum Glück habe ich hier dieses Tagebuch angefangen! Zuerst aus Langeweile, weil ich hier niemand kenne und jetzt ist soo viel passiert!! Gemmrigheim! Aber Mama und Papa haben sich hier ihr Paradies erschaffen.

Der Horror aber heute Morgen! Ich bin schwanger!
Zumindest, wenn der Test stimmt, den ich gestern in
Stuttgart gekauft habe! Dann wäre es jetzt ungefähr drei
Wochen her. Von Jo! Der mit seiner blöden natürlichen
Verhütung! Ausgerechnet jetzt! Von wegen „Mutterglück"!
Was mach' ich jetzt mit meiner Dolmetscherausbildung?
Würzburg ist wohl gestorben!!?
Kenia! Was musste er sich eine Auszeit gönnen! Jetzt stehe
ich mit allem alleine da. Soll ich es Mama sagen? Wie wird
Papa reagieren? Was soll ich Klaus sagen? Da lerne ich einen
echt coolen Typ kennen, der auch noch der Mega-Tänzer ist –
witzig, charmant, aufregend – einfach toll! Und jetzt so was!
Gegen 'ne Zweierbeziehung hat Klaus anscheinend nix, aber
gleich zu dritt? Eigentlich muss er es wissen! Und wenn er
dann Schluss macht? Alternative: ein Abbruch? Will ich
das? Eigentlich bin ich noch zu jung für so eine Mutterrolle!
Er soll entscheiden! Soll wirklich er entscheiden?
Mama liest es mir bestimmt gleich von der Nasenspitze ab,
das sehe ich kommen! „Dein Bauch gehört dir, Kind!" Das
wird sie sagen, ich wette! Ich kenne doch meine Mutter! Und
Papa? Jo ist so weit weg. Weit weg aus meinen Gedanken.
Weit weg auch aus meinem Herzen! Jetzt verkrieche ich mich
in meinem Bett und höre ein bisschen Radio Luxemburg!
Muss Klaus es wissen?
Das einzig Gute ist: Heute muss ich noch nix entscheiden!

Salzburg 2010

Später, vor dem Einschlafen, fragte sich Tina: Wann war eigentlich die Angst aufgekommen? Oder muss man das schon Panik nennen? Sie erinnerte sich an eine Situation, in der sie sich auch unangemessen verhalten hatte, an einen Morgen vor drei oder vier Monaten:

‚Mama Mia' von Abba brachte damals gute Laune ins Esszimmer. Tina summte mit, als sie bei ihrer zweiten Tasse Kaffee saß, vor sich die die „Salzburger Nachrichten." Frauen, hatte sie mal gelesen, beginnen immer mit den letzten Seiten der Zeitung. Sie nicht, aber die Politikthemen überflog sie nur diagonal. Auch ein weibliches Merkmal! Oder ein persönliches? Politik war zurzeit nicht so spannend. Ein Foto, das einen sonnigen Waldweg zeigt, fesselt sie. Fotos von Wäldern machen Tina unruhig. Schon immer! Warum eigentlich?

Nanu? Sie lauschte. Was ist mit meinen Mädchen? Es ist schon so lange still! Hektisch springt sie auf, ihr Lieblingsbecher, der mit dem Mohnblumenmotiv von Monet, fällt um, der Kaffee rinnt über die Zeitung. Egal jetzt! Sie stürzt ins Kinderzimmer, an die Wiege: Die Zwillinge liegen auf der Seite, die Gesichter einander zugewandt, sie atmen ruhig. So sehr zittern ihr die Knie! Sie zieht sich einen Stuhl heran. Streichelt über die weichen Wangen. Meine Lieblinge! Ein schönes Fotomotiv wären die beiden jetzt wieder mal für Bastian. Richtig vernarrt ist er in seine Töchter. Über hundert Fotos hat er schon von ihnen geschossen und die Kleinen sind erst vier Monate alt! Er behauptet, dass sich die Babys jeden Tag verändern. Warum gibt es eigentlich von ihr als

Baby nur ein einziges Bild? „Du wirst hoffentlich nicht so eine überbesorgte und hysterische Mutter", schimpfte sie mit sich selbst, als sie die aufgeweichten Zeitungsseiten wegwarf. Gehört zu ‚Liebe' automatisch Angst dazu? Sie wischte den Kaffee von der Tischplatte und vom Boden, hielt inne, den tropfenden Lappen betrachtend. Warum brach sie so leicht in Panik aus, wenn es um die Kleinen ging? Sebastian wunderte sich immer mal wieder, runzelte manchmal die Stirn, kommentierte ihr Verhalten aber nicht. Zum Glück! Meistens gelang es ihr, es zu verbergen. Auch Oma hatte sie irritiert angesehen, als sie sie aufgeregt darauf hingewiesen hatte, dass sie eine Ausfahrt mit dem Kinderwagen, entgegen der Abmachung, um dreißig Minuten überzogen hatte.

„Du hättest anrufen müssen, Anne!"

„Wieso? Den Kleinen ging es doch gut. Ich habe nur eine Freundin aus dem Bridgeclub am Salzachufer getroffen. Wir mussten schließlich den letzten Bridgeabend ausgiebig besprechen. Na ja, eigentlich haben wir geklatscht. Ich bin halt noch aus dem vorigen Jahrhundert, weißt du, ich habe mein Handy oft nicht dabei."

Stimmt, sie gehört wirklich der handylosen Generation an! Nervig! Aber böse kann man ihr deswegen ja nicht sein und sie ist eine begeisterte Urgroßmutter. Tina kann sich keine Bessere vorstellen. Allerdings hatte Anne damals zunächst seltsam auf die Nachricht reagiert, dass sie Zwillingsurenkel bekommen sollte: Schwer geseufzt hatte sie und bedrückt geschaut. Überraschend war sie damals mit Rosie für zwei Wochen nach Capri gefahren. Man kann nicht behaupten, dass ich es cool genommen habe, als der Arzt mir im vierten Schwanger-schaftsmonat eröffnet hat, dass wir Zwillinge bekommen würden. Ob wir diese doppelte Aufgabe meistern würden? Geht es wohl allen Eltern so, die Zwillinge erwarten? Oder denken manche: doppeltes Glück? Bei uns war es eine lange Zeit richtig stressig gewesen! Unter anderem hatten wir damals auch nach einer neuen Bleibe suchen müssen. Anne mit ihren Verbindungen war es, die das kleine Häuschen in Parsch mit dem schönen Garten gefunden hatte. Sogar bei der Finanzierung hatte sie ihnen geholfen. „Ich gebe lieber mit der warmen Hand", hatte sie gemeint, als sie das kleine rote Sparbuch als Überraschungsgeschenk präsentierte, „schließlich brauchen die Kleinen ein Zuhause!"

Tamm, November 1983

Heute hat uns der Arzt mitgeteilt, dass es Zwillinge werden!
Das hat mich umgehauen! Klaus hat sich schneller beruhigt
als ich!
Wie soll das alles gehen? Wenn ich ganz ehrlich bin, habe ich
Angst! Wenn beide zur gleichen Zeit hungrig sind? Oder zur
gleichen Zeit Windpocken bekommen?
Wir brauchen einen Zwillingskinderwagen! Vor allem
brauchen wir zwei Namen, die zusammenpassen! Jetzt haben
wir uns immerhin auf einen Mädchennamen geeinigt:
‚Christina‘, der gefällt uns beiden besonders gut. Vier Namen
brauchen wir! ‚Christian‘, wenn es ein Junge wird?
‚Katharina‘ passt gut zu ‚Christina‘, finde ich. Muss ich
Klaus mal vorschlagen. Falls es zwei Jungen werden: einer
‚Hannes‘ nach Papa? Wir lassen uns überraschen.
Ob überhaupt eine natürliche Geburt möglich ist? Das wäre
doch besser für die Kinder – oder?
Anne wird wieder ihren Spruch sagen: „Wir Frauen sind
stark! Das schaffst du schon!"

Dezember 1983

*Ich bin froh, dass die Entscheidung gefallen ist. Jetzt werde
ich zur Geburt doch nach Stuttgart gehen! Alle schwärmen
davon.*

*Individuell und besonders freundlich würde man dort
umsorgt. Klaus macht sich große Gedanken: Eines der
Kleinen ist eine Steißlage, ausgerechnet das Vordere. Wenn es
sich nicht noch dreht bis zum Termin, versuchen sie, es kurz
vorher im Mutterleib zu drehen. Da kann es passieren, dass
die Geburt früher losgeht. Dafür sind sie dort in der Klinik
besser ausgerüstet! Wenn es gefährlich wird, machen sie
allerdings doch einen Kaiserschnitt. Daran will ich jetzt mal
nicht denken! Ein bisschen mulmig ist mir schon!*

*Eigentlich ist es schon ein Wahnsinnsgefühl, wenn man zwei
Babys in sich spürt!*

Anne will gerne eine Patenschaft übernehmen!

*Klaus hat schon ihren Spruch übernommen: Wenn du dran
glaubst, dann wird alles gut!" Ob er das selbst glaubt? Er hat
das Bettchen ein bisschen breiter gemacht. Fertig!*

*Klaus als Papa! Es kommt mir alles noch wie ein Spiel vor! Es
ist so schön mit ihm.*

Ich liebe ihn!

Salzburg, Juli 2009

Die Zwillinge wurden per Kaiserschnitt entbunden. Da sie vier Wochen zu früh geboren wurden, kamen sie auf die ‚Frühchen-Station'! Als Tina ihre zwei Winzlinge mit all den Schläuchen erblickte, brach sie in Tränen aus. Das Gedankenkarussell der Schuldgefühle sollte sie in der nächsten Zeit nicht mehr loslassen: Was habe ich falsch gemacht? Hätte ich weniger...

Bastian versuchte mit statistischen Erhebungen, die die größere Häufigkeit von Frühgeburten bei Zwillingsschwangerschaften belegten, Überzeugungsarbeit zu leisten. Bei Tina schienen seine Argumente kein Gehör zu finden. Wieder zu Hause, fühlte sie sich übermäßig erschöpft. Zwei Wochen später durften die Mädchen nach Hause geholt werden. Die Strampelhosen in der Größe 46 waren noch zu groß!

Das ganz große Glück konnte Tina nicht empfinden. Und alle schienen es von ihr zu erwarten! Sie musste sich oft hinlegen. Die Versorgung der beiden Mädchen fiel ihr schwer. Hausarbeit zu verrichten, sah sie sich nicht in der Lage. Nicht selten saß sie am nicht abgeräumten Esstisch, starrte vor sich hin, konnte sich zu nichts aufraffen. Nicht einmal aus Höflichkeit, wenn Anne ihren morgendlichen Besuch abstattete. Demzufolge konnte Anne ihre Babysitterqualitäten ausgiebig beweisen.

Der Arzt diagnostizierte bei Tina eine ‚postpartale Depression', verschrieb Psychopharmaka, riet zur Geduld. ‚Babyblues' hört sich viel netter an, verharmlost aber die Situation, denn ‚nett' kam Tina wirklich gar nichts vor! Weder gefiel sie sich, wenn sie ihre Augenringe, die von zu wenig Schlaf zeugten, im Spiegel betrachtete, noch wenn sie die schlabberige Schwangerschaftshose überstreifte, die ihr vor drei Monaten sehr schick vorgekommen war. Dass man nach der Geburt seine alte Figur nicht gleich wieder hatte, hatte ihr niemand verraten. Noch wollte sie dauernd zu hören bekommen: „Isst du auch genug?" Oder: „Du musst viel trinken, wenn du stillst." War sie eine Fütterungsmaschine?

Bastians Nervenkostüm wurde stark strapaziert in dieser Zeit. Wo war seine liebevolle fröhliche Tina geblieben? Sie hatten sich beide doch so sehr auf ihre kleine Familie gefreut! Nun mochte Tina mit niemandem reden, zog sich zurück. Aber: Wozu gibt es zwei Elternteile? Karenzzeit zu nehmen, war in der kleinen Firma, in der er als Ingenieur arbeitete, nicht möglich. Ein wenig Arbeit konnte er nachts von zu Hause aus am Computer erledigen. Er kam am frühen Nachmittag nach Hause, gab den Zwillingen ihre Teefläschchen, wickelte sie und verteilte Liebkosungen und Streicheleinheiten. Seiner Frau schien an Zärtlichkeiten nichts zu liegen. Sie zog sich in den Ohrensessel zurück, den sie für die Stillzeit angeschafft hatten, wickelte sich in ihre limonengrüne Kuscheldecke und schaute stundenlang aus dem bodentiefen Wohnzimmerfenster auf ‚ihren Berg'. Die Babywäsche fand abends den Weg in die Maschine und in den Trockner, irgendwie auch in Schrank und Schubladen. Bügeln und Zusammenfalten seien ja nicht unbedingt nötig, verkündete er allen, auch denen, die es nicht interessierte, und trumpfte auf: „Männer haben einfach den Blick fürs Wesentliche!"

2. Glasenbachklamm, April 2013

„Sebastian, kann ich morgen das Auto haben? Ich möchte mit Lena und Lisa die Glasenbachklamm hinaufwandern. Du könntest uns oben beim Gasthaus Schweitl abholen, wenn du den Bus nimmst und vom Parkplatz das Auto holst."

„Ist die Strecke für Dreijährige nicht ein bisschen zu lang, muss es denn unbedingt die Klamm sein?"

„Es ist doch mein erstes Unterrichtsjahr und ich will einen Wandertag mit meiner Klasse dorthin unternehmen. Mich macht alles noch ein bisschen nervös, deshalb möchte ich den Weg einmal vorher ablaufen."

„Also gut, wenn du meinst, dass unsere Zwei fit genug sind. Ich habe morgen keine Außentermine. Vielleicht kann ich mich sogar früher freimachen und euch vom Gasthaus aus entgegenkommen. Das Wetter ist zurzeit ja schön, genau richtig zum Wandern."

„Super", freute sich Tina, „das haben wir schon ewig nicht mehr gemacht: Die Zwillinge sind so gerne mit dir unterwegs, aber nun erzähle, wie war es heute bei der Arbeit? Wie wurde dein Vorschlag angenommen?"

Als sie am nächsten Nachmittag mit ihren Töchtern den oberen flacheren Teil der Klamm erreicht hatte, hüpften die beiden jubelnd auf das plätschernde Wasser des Klausbachs zu. Lisa kletterte auf einen von der Eiszeit glatt gehobelten Felsbrocken, um das fließende Wasser besser beobachten zu können. Lena wollte es ihr gleichtun, glitt aber immer wieder ab. Schließlich ließ sie davon ab und suchte sich einen Stock: „Meine Angel!" „Ich auch!" Lisa sprang vom Felsen, fand einen kleinen Zweig: ihre Angel. „Passt auf, das Wasser ist noch viel zu kalt." Tina freute sich, die beiden so glücklich zu sehen. Eifrig warfen sie nun kleine Holzstückchen ins Wasser und jauchzten, wenn sie schnell von der Strömung fortgetragen wurden. Bald müsste Sebastian kommen! Ob er sich denkt, dass wir am Bachufer sind? Vorsichtshalber rufe ich ihn an. Sie zog ihr Handy aus der Hosentasche. Mist, kein Empfang! Mit hochgerecktem Arm drehte sie sich nach rechts. Ob es hier wohl...? Nein! Und nach links? Vielleicht weiter oben? Kein Empfang - bis zurück zum Weg! So deponierte sie einen großen Stein fast in der Mitte des Weges, auf dem sie ihr, von Anne umhäkeltes Spitzentaschentuch ausbreitete und mit drei kleineren Steinen beschwerte. Sie hoffte, dass Sebastian dies als Wegzeichen interpretieren und den Weg zum Bach nehmen würde. Außerdem waren die Kinderstimmen ja nicht zu überhören! Aber – wieso - es ist ganz still - ich höre sie ja nicht! Ihr wird eiskalt. Sie zittert. Die Angst krallt sich in ihren Magen. Unbemerkt entgleitet ihr das Handy. Zurück zum Bach! „Lena, Lisa!"

Keine Antwort! Da plätschert der Bach, da treiben die kleinen Äste und Moos, aber die Zwillinge sind nirgends zu sehen.

„Lenaa!" Sie fühlte einen schmerzenden Stich in der Herzgegend. „Lisaa!" Dann wurde ihr schwarz vor den Augen.

Mit roten Köpfen, das Lachen prustend hinter den Händen zurückhaltend, hockten die beiden hinter einem Busch. „Kuckuck, Mama, Kuckuck, hier", riefen sie nun einstimmig, aber es kam keine Antwort. „Kuckuck", riefen sie wieder, diesmal aber schon lauter und ein bisschen ängstlich. „Komm", sagte Lena, „Mama zuchen." Sie zog Lisa hinter sich her. Dort neben dem Felsen lag Mama am Boden. „Mama", rief sie erleichtert, „Mama" und stürzte sich auf sie. „Ich auch, Mama!", schrie Lisa. „Mama, auf, Mama, tomm!" Lena fand, dass das Spiel jetzt vorbei sein könnte. Aber Tina spielte nicht richtig mit, sie blieb einfach bewegungslos liegen. Aus einer Schramme an ihrem Arm floss Blut. Schuld war wohl die raue Rinde des neben ihr liegenden Baumstamms. „Mama hat Buut!" „Faster holen!" Pflaster, ja, aber wo? Lisa begann zu weinen, und Lena, die Energischere der beiden, rief laut nach ihrem Papa, aber im Tal blieb es ganz still.

Ein älteres Paar kam plaudernd die Klamm hoch. Ihr Hund, ein Irisch Setter, sprang voraus, zerrte knurrend ein Stofftaschentuch mit Spitzenrand von einem Stein und legte ihnen seine Beute schwanzwedelnd vor die Füße. „Hör mal! Da weint jemand!" Die Frau zeigte Richtung Bach. Der Hund sprang voraus. Plötzlich ein schrilles Schreien!

„Bei Fuß, Charly, bei Fuß!" Sofort wandte sich der Hund seinem Herrn zu. Zwei kleine Mädchen klammerten sich aneinander – der große Hund hatte sie wohl erschreckt.

„Um Himmels Willen, was ist denn da passiert?" Seine Frau eilte auf die bewegungslos am Boden liegende Person zu, kniete sich neben sie, nahm ihr Handgelenk und fühlte den Puls. Beruhigend lächelte sie den Mädchen zu. „Keine Angst, Kinder, keine Angst, es wird alles gut! Andreas, wir sollten einen Arzt rufen, sie ist ohnmächtig."

„Ohnmächtig? Oh Gott, wo ist denn mein Handy? Ah, da! Verflixt, kein Empfang! Ich laufe nach oben, irgendwo muss ich ja telefonieren können. Verlasst euch auf mich. Ich bringe Hilfe. Komm, Charly!"

Sebastian erreichte nach einem zehnminütigen Spaziergang von der Bushaltestelle den Eingang zur Klamm, wo Tina das Auto abgestellt hatte. Die Luft roch würzig, das liebte er. Er freute sich auf seine Familie. An der Abzweigung zum Hinterwinkelweg hielten zwei Polizeiautos. Was war da los? Eine kleine Gruppe Menschen stand am Einstieg zur Klamm. Ihm wurde flau im Magen. Er hielt an, stellte sich dazu.

„Bachabwärts können Sie im Moment nicht gehen", informierte ihn einer der beiden Polizisten, „es gibt einen Notfall in der Klamm. Um die Rettungsarbeiten nicht zu gefährden, darf sie nicht betreten werden. Sie müssen hier warten!" Sebastian atmete tief ein. „Was ist geschehen? Meine Frau wollte hier mit unseren beiden Kleinen wandern. Es ist ihnen doch nichts passiert?"

„Wie alt sind Ihre Kinder?", fragte der Polizist.

„Es sind Zwillinge. Mädchen. Sie sind dreieinhalb Jahre alt."

Der Polizist sprach in sein Funkgerät, lauschte, nickte Sebastian zu. „Es könnte sich um Ihre Kinder handeln. Die Frau, in deren Begleitung sie sich befanden, ist ohnmächtig geworden. Sie wird nun ins Unfallkrankenhaus gebracht. Die Kinder werden gleich hier abgesetzt."

Zu Hause angekommen, rief Sebastian Anne an, erreichte sie aber nicht. Seine Mutter erklärte sich sofort bereit, die Kinder zu hüten, als er sie über Tinas Unfall informierte. In kürzester Zeit war sie da. Sie muss einige Geschwindigkeitsüberschreitungen begangen haben, dachte sich Sebastian, war aber erleichtert, gehen zu können. Sie löste Sebastian als Bademeister ab, der die Kleinen zur Ablenkung in die Badewanne gesetzt hatte, wo sie mit den Wasserspritztieren spielten. Als sie ihre Oma erblickten, lachten sie schon wieder fröhlich.

Tina lag blass, mit übergroßen Augen, so schien es ihm, im Bett. Daneben saß eine schwarzhaarige Frau, Mitte dreißig, und trug etwas in ihre Unterlagen ein. „Dr. Bauernfried, Psychologin", stellte sie sich vor.

Sebastian war verwirrt: „Psychologin? Aber meine Frau - hatte sie nicht einen Kreislaufkollaps?" Dr. Bauernfried erhob sich: „Bitte melden Sie sich anschließend bei mir. Sagen Sie einfach der Stationsschwester Bescheid. Sie wird mich rufen. Jetzt lasse ich Sie erst einmal allein. Kopf hoch, bald können Sie wieder zu Ihren Kindern", lächelte sie Tina zu – das sollte wohl ein beruhigendes Lächeln sein - und verließ das Zimmer.

Warum war sie seiner Frage ausgewichen? Sebastian setzte sich auf die Bettkante und umarmte Tina vorsichtig. „Mein Liebling, zum Glück seid ihr schnell gefunden worden. Den Kleinen geht es gut", sagte er auf ihren fragenden Blick hin, „Mama ist bei ihnen. Sie lässt dich grüßen. Anne konnte ich noch nicht erreichen. Aber nun sag, was meinen die Ärzte?"

Tina hatte plötzlich Tränen in den Augen.

„Ich habe Angst, Sebastian. Ich weiß nicht, was passiert ist! Organisch bin ich, so scheint es, gesund. Mein Herz arbeitet normal. Allerdings wollen sie noch verschiedene Tests machen: ein EEG und so. Sie meinen, es könnte auch psychosomatisch sein. Schon wieder!", brach es aus ihr hervor. „Die Psychologin hat gefragt, ob mir so etwas schon einmal passiert ist und ob es irgendwelche Probleme gibt. Dabei ist doch alles in Ordnung!"

„Naja, im Morzger Wald hattest du auch Schwierigkeiten. Vielleicht kann dir ja hier die Fachfrau helfen, diese Dr. Bauernfreund?" Tina reagierte heftig und laut: „...fried! Bauernfried! Nein, die brauche ich nicht! Ich will auch keine weiteren Untersuchungen mehr! Nein, ich will nicht hier bleiben!" Ihr Blick erfasste die eng gestellten Betten, die grüne Wandfarbe, den schlechten Sonnenblumendruck von van Gogh an der Wand. Wirklich wenig einladend! „Oma soll kommen. Außerdem will ich nach Hause!" Sie brach in Tränen aus.

Sebastian erschrak. So ohne ersichtlichen Grund! Seine fröhliche Tina! Nun lag sie da: weinend, blass, verängstigt.

„Scht! Ich ruf' sie nochmals an. Bisher konnte ich ihr nur eine Nachricht auf dem Anrufbeantworter hinterlassen. Auf ihrem Handy erreiche ich sie sicher gleich, falls sie es dabei hat."

Er wählte Annes Nummer und tatsächlich: Nach viermaligem Klingeln meldete sie sich fröhlich.

„Anne..."

„Gib mir das Handy", verlangte Tina und griff mit zitternder Hand danach. Sicher würde Anne Schwierigkeiten haben, sie zu verstehen, da Tinas Worte von ihrem Schluchzen teilweise verschluckt wurden. Aber Sebastian hatte im Zusammenleben mit seiner Frau gelernt, dass es Situationen gab, in denen sie nicht bevormundet werden wollte. So sah sie das.

„Oma, die wollen mich hier behalten! Dabei brauchen mich meine Mädchen doch!"

Sie erhofft sich mehr Hilfe von einer alten Dame als von ihrem Ehemann! Sebastian atmete tief ein: ruhig! Ganz ruhig, es geht ihr nicht gut!

„Was ist, passiert, Tina", hörte er Annes aufgeregte Stimme, denn Tina hatte das Handy sinken lassen und weinte nur noch hemmungslos vor sich hin. „Wo bist du?"

Es blieb Sebastian überlassen, der besorgten Großmutter die jüngsten Ereignisse zu schildern und die Vermutung der Psychologin weiterzugeben. Als Reaktion nahm Sebastian nur ein Rauschen in der Leitung wahr.

„Anne, bist du noch dran?"

„Ja", flüsterte die alte Dame, „das wollte ich nicht! Wirklich nicht! Das ist meine Schuld. Sebastian, ihr müsst euch keine Sorgen machen. Es gibt für alles eine Erklärung."

„Deine Schuld, dass Tina im Wald...?"

„Ja, vertrau mir! Sie wird sich zu Hause wieder erholen."

„Ich weiß nicht Oma", sagte Sebastian unentschlossen, „es geht Tina wirklich schlecht. Hier hätte sie ärztliche Betreuung. Vielleicht könntest du sie hier besuchen. Denk doch an die Zeit nach der Geburt..."

„Nein", unterbrach ihn Anne bestimmt, „das muss nicht sein."

„Oder lieber gleich wieder Psychopharmaka?"

„Nein, ich muss nur dringend mit ihr reden. Das hätte ich schon längst tun müssen! Wenn sie gehen darf, ach was! Auf eigenen Wunsch kann sie immer gehen! Gleich mache ich mich auf den Weg zu euch. Ich muss allerdings noch die Unterlagen heraussuchen."

Ihre Finger zittern. Schwer atmend stützt sie sich auf die Armlehnen ihres Telefonsessels, um aufzustehen. ‚Jetzt hat sie die Vergangenheit eingeholt', so schreiben sie doch immer in den Romanen, die neben ihrem Bett auf schlaflose Nachtstunden warten. Die Gefühle, die in einer derartigen Situation auf die betreffende Romanfigur einstürmen, verraten sie meistens nicht. Ihr Herz rast. Im Magen bildet sich ein Knoten, der immer stärker werdende Schmerzwellen aussendet. Sie stöhnt und krümmt sich. Ich kann das nicht. Das kann keiner von mir verlangen. „Es verlangt ja auch keiner", spricht sie mit sich selbst, „aber ich bin es Tina schuldig. Ich muss noch einmal durch diese Hölle gehen. Hoffentlich hilft es ihr." Tina ohnmächtig! Ich muss den roten Ordner mitnehmen.

Ihre Augen füllen sich mit Tränen – bitte lieber Gott – ich wollte nie mehr daran denken, geschweige denn davon sprechen. Aber mein kleiner Liebling ... Sie ist ja auch Opfer und offensichtlich erinnert sie sich an viel mehr, als ihr guttut. ‚Ins Krankenhaus kommen'. Seit damals hat sie Probleme, Krankenhäuser zu betreten. Sie kann nicht vergessen, wie sie mit Tina zu Susanne gekommen war: Susanne, fast so weiß wie die Bettwäsche, zittrig vom Schock! Trotz allem wirkte sie überglücklich, ihr Kind zu sehen, aber auch überängstlich erschien sie Anne damals. „Dass du sie ja nicht von der Hand lässt", hatte Susanne sie beschworen, „und schick sie unter keinen Umständen in den Kindergarten. Bring sie nicht mehr hierher."
Anne hustete. Das ist gar nichts für mein Asthma. Ich muss dringend inhalieren.

Sebastian schaute Tina verblüfft an: „Deine Oma meinte, sie könne dir helfen. Wir sollen den Ärzten sagen, dass du nach Hause willst."
Tina versuchte ein Lächeln. „Wenn Anne das sagt, dann glaube ich ihr. Oma ist der Mensch, dem ich hundertprozentig vertraue. Dir natürlich auch", fügte sie rasch hinzu, als sie Bastians verletzten Blick bemerkte. „Bitte frag den Arzt! Die Psychologin kannst du vergessen, zu der will ich nicht!"
Widerwillig und nicht, ohne ernste Bedenken zu äußern, stimmte der behandelnde Arzt schließlich der Entlassung „auf eigene Verantwortung" zu.
Anne klingelte, kurz nachdem die Zwillinge zu Bett gebracht worden waren. Auch sie erschien Sebastian blass

und konnte nicht verbergen, dass sie geweint hatte. Jetzt saß sie am großen Esstisch schweigend Tina gegenüber, vor sich einen verblassten roten Aktenordner.

Anne griff nach Tinas Hand. Suchte ihren Blick. „Du weißt, ich habe immer nur dein Bestes gewollt, aber offensichtlich habe ich etwas ganz Wichtiges falsch gemacht. Es tut mir so leid, dass du diese Panikattacken hattest. Ich habe es nicht bemerkt. Hättest du davon gesprochen, dann hätte ich vielleicht...", sie biss sich auf die Zunge, „...das wollte ich nicht, glaube mir, aber ich konnte nicht mit dir sprechen. Jetzt habe ich wohl keine Wahl mehr. Aber wie fange ich am besten an?"

Entschlossen öffnete sie den Ordner und entnahm einer Klarsichthülle ein Foto, das sie Tina reichte. „Ich habe es selbst seit zwanzig Jahren nicht mehr angesehen. Es tut mir einfach zu weh."

Zögernd griff Tina zu. Ratlos sah sie auf ein Foto, das zwei kleine Mädchen zeigte. Sie schienen im selben Alter wie Lena und Lisa zu sein. Drei oder vier Jahre. Sie sahen unterschiedlich aus, obwohl sie offensichtlich gleich alt waren. Zweieiige Zwillinge?

Sebastian war aufgestanden und schaute seiner Frau neugierig über die Schulter. „Niedlich. Aber wer sind sie? Kennen wir sie?"

Tina starrte weiter auf das Foto. „Das habe ich noch nie gesehen. Moment mal: Bin die rechts nicht ich?" Sie hielt das Foto höher, musterte das rechte Gesicht, verglich es mit dem linken.

„Ja, das bist du mit deiner Schwester Katharina."

„Meiner Schwester? Ich habe eine Schwester?

„Ja, eine Zwillingsschwester."

„Eine Zwillingsschwester!"

„Geboren seid ihr 1984 in Stuttgart. Euer Papa hat das Foto gemacht. Ihr habt in Deutschland in Baden-Württemberg in dem kleinen Ort Tamm gewohnt und ich damals in der Nähe, in Gemmrigheim."

Tina starrte ihre Oma fassungslos an: „Eine Schwester? Ist sie tot? Ist sie mit Mama gestorben? Wieso hast du nie von ihr gesprochen?"

„Dein Opa war gerade acht Monate tot, da geschah das Unglück. Das Datum werde ich nie vergessen: Es war ein

Mittwoch. Mittwoch, der 23. August 1987. Deine Mama war mit euch im Rotenackerwald, in der Nähe von Tamm bei Bietigheim, spazieren gegangen, wie schon oft. Ein schöner Wald, so ganz natürlich, sich selbst überlassen, sie hat ihn geliebt."

„Anne, was für ein Unglück?" Sebastian wollte natürlich Fakten hören. Oma und ihre Natur! Ein Unglück?

„Ja, gleich! Eure Mama hat mit euch oft einen Trimm-dich-Pfad aufgesucht. Es hat euch so viel Spaß gemacht, über die Baumstämme zu balancieren und an den Kletterstangen zu turnen. Manchmal habe ich euch begleitet. So goldig habt ihr ausgesehen, wenn ihr am Tarzanseil hingt. Wie kleine Äffchen! Susanne musste euch immer wieder anschubsen."

„Anne?" Das klang jetzt ungeduldig.

„Ja, ja! Susanne hat mir berichtet, dass sie sich einen Stein aus dem Schuh entfernen musste. Dadurch hat sie euch einen kurzen Moment aus den Augen verloren und dann hat sie euch nicht mehr gesehen! Alles Rufen half zunächst nicht. Schließlich tauchtest du lachend auf: ,Mama, Tina da!' Katharina aber war spurlos verschwunden!"

„Spurlos?", Sebastian konnte es nicht glauben.

„An dem Tag ist fast niemand im Wald unterwegs gewesen. Mit dir an der Hand suchte deine Mama das Waldstück ab - erfolglos. Irgendwann sah sie ein, dass sie Hilfe holen muss, und lief zum Schellenhof. Kurz davor fiel sie noch hin, verstauchte sich den Fuß. Der Wirt und die männlichen Gäste brachen sofort zur Suche auf. Die Wirtin verständigte die Polizei, deinen Papa und mich."

„Das ist ja wie im Film."

„Warum hat man mir das nie erzählt?"

Die Hand hebend, zeigte Anne, dass sie von nicht unterbrochen werden wollte. Sie runzelte die Stirn, wie um die Erinnerung festzuhalten. Ihre Hand zitterte.

Sebastian fiel es auf: Sie hatte die Geschehnisse inzwischen keineswegs verarbeitet.

„Ich bin sofort zum Schellenhof gefahren. Es waren zwei Einsatzwagen der Polizei vor Ort. Der Krankenwagen traf gerade ein, als ich ankam. Deine Mama wollten sie mitnehmen, ganz blass war sie, verstört. Ich dachte, sie kippt gleich um. Ihren linken Schuh hatte sie ausgezogen, so sehr war der Fuß geschwollen. Dich gab sie mir in die Arme und beschwor mich: ‚Pass gut auf sie auf, Mama, und lass sie auf keinen Fall aus den Augen, bitte!' Im Nachhinein kam es mir so vor, als ob sie auch dich in Gefahr gesehen hätte. Jedenfalls bin ich sofort mit dir zu mir nach Hause gefahren. Ich weiß nicht so genau, was dann passiert ist. Mit Hunden ist der Wald wohl durchsucht worden, auf der nahe gelegenen Enz sind Boote und Taucher eingesetzt worden. Keine Spur, aber gar keine!"

Leiser war ihre Stimme geworden. Ihre Augen schauten blicklos auf Tinas entsetztes Gesicht. Dann schüttelte sie den Kopf, umklammerte den roten Ordner. „Es war grauenhaft."

Sie nahm einen Schluck Sprudel, dachte nach.

Tina schluckte, konnte kaum sprechen. Dann presste sie die Worte heraus: „Und ich? Habe ich nichts gesagt? Ich muss doch gewusst haben, was passiert ist..."

„Tina, du hast etwas von ‚verstecken' erzählt. Das hat aber niemand weitergeholfen!"

„Warum hast du mir nie davon erzählt?"

Tinas Stimme zitterte. Sebastian nahm ihre Hand. Anne schien sie nicht zu hören. Sie schaute in die Ferne und doch nirgendwohin.

„Am nächsten Tag, am Nachmittag, habe ich dich mit ins Krankenhaus genommen. Ich dachte, es täte Susanne gut, dich zu sehen. Aber sie war ein bisschen seltsam. Sie wollte nicht, dass ich dich noch einmal mitbringe. Sie fragte sogar, ob wir verfolgt worden seien!"

„Von wem solltet ihr denn verfolgt worden sein?"

„Ich weiß es nicht, Sebastian. Aber diese Reporter, so eine Plage! Sie ließen uns keine Ruhe, belagerten sogar unsere Haustür, als wir vom Krankenhausbesuch zurückkamen! Ein Kamerastativ steckte sogar in meinem Blumenbeet! Schrecklich! Obwohl, man sendete Aufrufe im Fernsehen und im Radio."

Sebastian sah es pragmatisch: „Na eben, das hätte doch hilfreich sein können!" Zögerliches Nicken von Anne: „Eigentlich schon! In regionalen Blättern erschienen einige Artikel. Hier!"

Anne entnahm dem Ordner einen Zeitungsausschnitt und reichte ihn an Tina weiter:

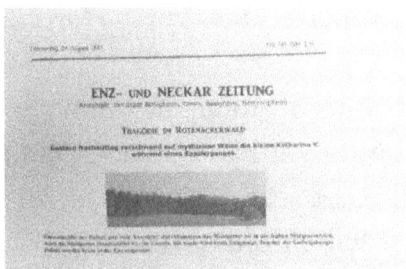

„Tragödie, das ist die richtige Bezeichnung", war Sebastians trockener Kommentar.

„Und bestimmt 100 Plakate wurden gedruckt! Es hat nichts gebracht!"

VERMISST
Katharina
Kammler

3 1/2 Jahre

Polizeidirektion Bietigheim 07142-50005111

Ein Exemplar wurde von Anne einer Klarsichthülle entnommen, entfaltet und über den Tisch geschoben.

„Im Wald! Ganz allein!" Tina zog die Schultern hoch. „Katharina, meine Schwester!" Tinas Augen suchten das Foto nach verborgenen Informationen ab. „Wenn ich mir vorstelle, dass eine von unseren beiden ...", Tina stockte, sah Sebastian an und merkte, dass er wohl denselben Gedanken hatte.

„Auch ohne die Bitte deiner Mutter hätte ich dich nicht mehr mit auf die Straße oder zum Einkaufen genommen. Das Bild deiner Schwester auf einem Straßenplakat!

Dauernd die Fragen der Bekannten! Gut gemeint, aber es tat weh. Es gab ja keine neuen Erkenntnisse. Du weintest oft und fragtest ununterbrochen nach deiner Kati, deiner Mama und deinem Papa!" Anne atmete schwer, hustete. Sebastian legte seine andere Hand beruhigend auf ihren Arm. „Sie ist niemals gefunden worden?", vergewisserte er sich.

Anne schüttelte den Kopf. „Meine kleine Katharina! So fröhlich war sie, so gerne ließ sie sich knuddeln! Ob sie noch lebt, ich weiß es nicht!"

Tina konnte es immer noch nicht fassen: „Ein Zwilling! Ich habe eine Schwester. Haben wir uns gut verstanden? Und wo ist denn mein Papa geblieben? Ist er mit Mama zusammen gestorben?"

„Weißt du, ich habe deinen Vater nicht sehr gut gekannt. Bei Besuchen hatte ich immer den Eindruck, dass er nur aus Höflichkeit mitgekommen war! Nun ja, vielleicht habe ich ihn am Anfang auch nicht freundlich genug aufgenommen. Susanne war noch ein bisschen jung zum Heiraten." Nachdenklich, als wische sie den Gedanken weg, strich sich Anne über die Stirn. „Damals, am nächsten Morgen, ist er ganz früh zu uns gekommen und hat dich geküsst - abgebusselt, wie wir hier sagen. Er hielt dich lange an sich gedrückt und hat mich gebeten, dass ich dich die nächsten Tage behalte. Zu Hause in eurem Zimmer sei es ohne deine Schwester für dich bestimmt grauenhaft. Er hat bei mir noch einen Kaffee getrunken, dann wollte er zum Krankenhaus fahren, um deine Mutter zu besuchen. Das war das letzte Mal, dass ich ihn gesehen habe. Dein Vater hat sich nie mehr gemeldet."

„Einfach bei dir abgegeben? Verschwunden, ohne mich wieder abzuholen?"

„Ja! Sogar telefonisch war er nicht mehr zu erreichen! Ich habe einige Tage später bei seiner Arbeitsstelle angerufen, aber er war krank gemeldet."

„Seltsames Verhalten! Unglaublich!" Sebastian schüttelte den Kopf.

„Das ist gar kein Ausdruck!" Anne klang jetzt zornig.

Immer noch wütend, ist sie, nach all den Jahren, stellte Tina fest. Ich fühle einfach nichts, glaube ich.

„Die anderen Großeltern haben auch nie angerufen und oder sind vorbei gekommen, um dich zu besuchen. Das ist mir bis heute unverständlich!"

„Leben sie noch?" Bastian, der Praktische.

„Keine Ahnung! Es hat mich irgendwann nicht mehr interessiert! Schließlich habe ich es nicht mehr ausgehalten: Wir mussten vor den aufdringlichen Reportern flüchten und sind für kurze Zeit zu meiner Freundin nach Tamm gezogen. Als deine Mama aus dem Krankenhaus entlassen werden sollte, haben wir dort gewartet. Nach dem einen Besuch habe ich nur noch mit ihr telefoniert, sie wusste, wo wir sind! Du hattest für sie einen Blumenstrauß im Garten gepflückt! Natürlich habe ich geglaubt, dass sie zu uns kommt. Aber - wir warteten umsonst."

„Wieso, wohin ist sie denn gegangen?"

„Ich habe erst nach ihrem Tod erfahren, dass sie das Krankenhaus auf eigenen Wunsch früher verlassen hat und nach Amsterdam geflogen war. Zuerst war ich wütend auf sie! Was konnte wichtiger sein als ihre kleine

Tochter?"

Jetzt bloß nicht heulen! Tina schluckte hörbar. „Wieso nach Amsterdam?"

„Deine Mutter verschwunden! Dein Vater unerreichbar! Und deine Schwester unauffindbar! Das ist ja, hm, das ist ein starkes Stück!" Sebastian konnte immer noch nicht recht glauben, was Anne erzählte.

„Ich musste stark sein. Stark für dich! Wo habe ich die Kraft hergenommen? Ich hatte keine Antworten für dich! ‚Ich bin da! Ich, deine Anne!' Das habe ich dir immer wieder vorgesagt. Eine andere Sicherheit konnte ich dir nicht bieten. In der Zeit hast du begonnen, mich ‚Anne' zu nennen. Ich hatte Angst, schreckliche Angst um dich! Du hast bei mir im Bett geschlafen und tagsüber habe ich dich nie aus den Augen gelassen. Was, wenn du auch plötzlich weg wärest, habe ich mir immer überlegt. Wir haben uns eingeigelt!" Anne stützte ihren Kopf in die Hände, konnte die Tränen nicht mehr zurückhalten.

Eine Fremde schien sie Tina jetzt, mit einem fremden Schicksal – sie sah sich nicht als Teil davon.

„Deine Mama, Susanne, meine einzige Tochter, sei bei dem Zusammenprall zweier Verkehrsmaschinen am 2. September auf dem Amsterdamer Flughafen ums Leben gekommen, teilten mir die Beamten mit. Meine Tochter!" Tina holte tief Luft. Atmen klappte noch – wenn das Leben auch woanders stattfand. Das hier konnte nicht ihr Leben sein! Sie hatte ihre Mama doch immer hier in Salzburg am Grab auf dem Kommunalfriedhof besucht. Der Unfall, so hatte Anne sie in dem Glauben gelassen, sei ein Autounfall gewesen. Nun, verständlicherweise hatten sie nicht oft darüber gesprochen. Ein Teil von ihr registrierte Annes Kopfschütteln bei den folgenden Worten: „198 Menschen überlebten, acht starben. Eine davon war deine Mutter. Was wollte sie in Amsterdam? Warum hat sie dich nicht abgeholt? Warum?"

Wirklich eine gute Frage! He, werd' jetzt nicht zynisch, Tina!

„Bei einem Flugzeugunglück auf dem Flugplatz getötet?"

Sebastian war irritiert: „Wenn man die Statistik anschaut..."

„Ja! Ich konnte nicht glauben, dass sie nicht mehr mit mir im Garten sitzen, dass sie mich nie mehr in den Arm nehmen würde!" Sie umschlang ihre Schultern mit ihren Armen. „Die sterblichen Überreste deiner Mutter habe ich nach Gemmrigheim überführen lassen. Es gab eine ergreifende Trauerfeier. Alle kamen, außer deinem Vater und deinen anderen Großeltern.

Das hatte Susanne nicht verdient, lieblos war das. Später habe ich sie umbetten lassen auf unseren Friedhof hier, sie sollte bei uns sein."

„Haben die beiden denn eine gute Ehe geführt", wollte Bastian wissen.

„Sie waren sehr verliebt und wollten schnell heiraten! Dann kam gleich die Schwangerschaft. Alles schien so harmonisch zu verlaufen! Als sie erfahren hatten, dass sie Zwillinge bekommen, hat Klaus selbst ein Zwillingsbettchen gebaut."

„Oh! Gibt es das noch?"

„Nein. Ich konnte es nicht mehr sehen. Ich habe es im Garten am Feuerplatz verbrannt. Es sollte auch kein anderes Baby darin schlafen. Der Anblick hat mir so weh getan. Freilich war es nur ein Teil von vielen.

„Aber ich hätte es gerne gesehen! Es war doch von meinem Papa!"

Anne musste husten. „Nun ja. Es war besser so, glaub' mir! Zwei Wochen später erhielt ich eine notarielle Urkunde aus Palma de Mallorca, in der dein Vater mir das alleinige Sorgerecht für euch übertrug."

Ihre Enkelin beugte sie sich vor: „Was? Wirklich? Ohne Begründung?"

„Keine Nachricht, kein Brief, keine freundlichen Worte! Und vor allem – und das war fast unerträglich - keine erklärenden Zeilen für dich, die ich dir heute geben könnte!"

Anne atmete tief ein, wischte sich die Tränen ab. So genau sah sie das Bild des Umzugswagens vor sich, aus dem die Kinderzimmermöbel und einige Kartons bei ihr abgeladen worden waren, als ob es gestern geschehen wäre. Wie hätte sie einem kleinen Mädchen Erklärungen geben können für das, was sie selbst nicht verstand? Wieder und wieder hatte sie sich damals bemüht, ihren Schwiegersohn telefonisch zu erreichen. „Von deinen anderen Großeltern fühlte ich mich allein gelassen, ja, eigentlich zurückgestoßen. Sie gingen nie ans Telefon. Einmal fuhr ich hin, ich wollte eine Erklärung für dieses Verhalten, aber sie öffneten nicht." Sie hielt inne.

„Das ist wirklich seltsam!" Sebastian wunderte sich: Von seiner Familie war er ein anderes Verhalten gewöhnt. „Aber jetzt muss ich doch fragen: Wieso seid ihr in Salzburg gelandet?"

„Ich wollte nicht mehr dort in der Gegend leben, wo das Schreckliche passiert ist. All diese Erinnerungen! Ich hoffte, in einer anderen Umgebung könnten wir, könnte ich, es irgendwie besser ertragen. Wieder lernen zu leben. Opa war ja auch tot – ich wollte nur noch in meine Heimat. Ich löste meinen Haushalt auf und übersiedelte mit dir, Tina, hierher, in meine Stadt."

„Ich bin also nicht in Österreich geboren. Mein Geburtsort ist nicht..."

„Nein, ist nicht Salzburg!"

„Aber in meiner Geburtsurkunde ist doch ‚Salzburg' eingetragen!"

Anne seufzte tief auf: „Ja, damit habe ich zutiefst in dein Leben eingegriffen. Ich beantragte eine Namensänderung und eine Änderung des Geburtsorts für dich wegen der traumatischen Erlebnisse und der aufwühlenden Berichterstattung in der Skandalpresse." Was hatte sie sich aufgeregt, als der Antrag abgelehnt wurde, sie erinnerte sich gut. Unter ihrem Familiennamen und mit ihrem Geburtsort hätte man das Kind leicht aufspüren können. Ihre entsetzliche Angst hatte ihr wohl den Mut gegeben, ein Gesuch an den Bundespräsidenten zu richten. „Mein Gesuch wurde schließlich genehmigt und du erhieltest eine neue Identität: den Mädchennamen deiner Mutter. Als Geburtsort wurde Salzburg eingetragen. Dazu hast du die österreichische Staatsangehörigkeit bekommen, auf die du sowieso als Tochter einer Österreicherin Anrecht hattest."

„Aber Anne!", Tina setzte sich aufrecht hin, runzelte die Stirn. „Oma, wie konntest du mir meine Herkunft vorenthalten? Meine Schwester? Meine drei ersten Lebensjahre – mein normales Leben! Du hast mich um meine Vergangenheit betrogen! Um meine Erinnerungen!"

„Das ganze erste Jahr habe ich mich immer wieder umgesehen, ob wir verfolgt würden, aber mit der Zeit wurde ich ruhiger! Du warst wohl dem Schicksal deiner Schwester entkommen. Du hast dich schnell eingewöhnt und nach kurzer Zeit schienst du alles Belastende vergessen zu haben!"

„Du hörst mir gar nicht zu", empörte sich Tina. Ob sie ihr absichtlich auswich? Tinas geballte Faust wurde beruhigend von Sebastians Hand gedrückt. Nervös schüttelte Tina sie ab. Das kann ich jetzt gar nicht gebrauchen!

„Tina, ich wollte wenigstens für dich eine unbeschwerte Kindheit schaffen. Du solltest nicht dein Leben lang unter dieser unfassbaren Situation leiden. Du warst so ein fröhliches Kind! Um die Vergangenheit betrogen! Nein, so darfst du das nicht sehen - höchstens um einen unangenehmen Teil davon. Ich denke, sonst hätten wir keine Ruhe in unserem Leben gefunden! Mir ist keine andere Lösung eingefallen!"

„Aber wenn du es genau nimmst,…."

„… hast du deine Enkeltochter belogen!", vollendete Sebastian Tinas Überlegung. Er war für Klarheit.

„Nein, so kannst du das nicht sehen, ich wollte nur – oder ja, doch, so ist es! Tina, bitte, ich wollte dein – nein: unser Bestes! Ich tat alles, damit es dir gut ging."

Annes Tränen liefen wieder.

Langsam kam Tina zu sich, schüttelte den Kopf, wohingegen Sebastian zusammenfasste: „Eine schöne Kindheit ist nicht alles! Du siehst, dass trotz deiner Bemühungen unsere Familie noch von den Ausläufern der psychischen Folgen der damaligen Ereignisse erfasst worden ist."

„Das geht doch nicht! Du hättest mit mir reden müssen! Wer weiß, vielleicht wäre ich eine ganz andere geworden, wenn wir in Deutschland geblieben wären." Die vorwitzige hellblonde Haarsträhne blies Tina aus dem Gesicht.

„Aber Tina, nach einigen Monaten hast du wieder fröhlicher spielen können, hast nicht mehr so viel gefragt, das hat mich bestärkt, dass ich richtig gehandelt hatte! Warum hätte ich ohne deine Mutter länger in Deutschland bleiben sollen?"

„Du hättest mir von meinen Eltern viel mehr erzählen müssen! Ich habe keine Erinnerungen mehr an unsere gemeinsame Familienzeit." Tinas Stimme klang viel höher, sie atmete schneller, „Von meiner kleinen Schwester weiß ich gar nichts! Sahen wir uns sehr ähnlich? Was ist damals passiert? Haben wir beide damals im Wald Verstecken gespielt und dabei ist sie verschwunden?"

„Vielleicht ist es besser, wenn du dich jetzt hinlegst und ausruhst, nach so einem Tag!", Bastian legte ihr den Arm um die Schultern. Sie entzog sich ihm. „Geht es dir noch gut? Immer kommst du so wissenschaftlich daher. Lass mich! Jetzt kann ich doch nicht schlafen, also wirklich Bastian, nach diesen Informationen!"

„Tina, verstehst du jetzt, dass es nur Déjà-vu-Erlebnisse

sind, die du mit deinen Zwillingen zum Beispiel im Morzger Wald erlebt hast oder heute in der Klamm? Ihr beiden Mädchen seid immer unzertrennlich gewesen. Ein wichtiger Mensch ist aus deinem Leben verschwunden. Bestimmt hast du die Angstgefühle von damals gespürt."

„Alles wäre anders gelaufen, hättest du mir rechtzeitig die Wahrheit gesagt!"

Anne schloss die Augen, seufzte tief.

Sollte sie doch! Mit ihrer Privatpsychologie machte sie es sich etwas zu einfach! Ihre Entscheidung war wohl eher gut für ihr Befinden gewesen! Tina strich energisch die Haare hinter die Ohren.

Sebastian versuchte sie zu beruhigen. „Von einem Tag auf den anderen war dir deine ganze Familie abhandengekommen. Deine Zwillingsschwester, deine Mutter, dein Vater und auch deine anderen Großeltern. Vielleicht hilft es, wenn man dann nicht dauernd in der Vergangenheit lebt, sonst kann man doch nie loslassen." Insgeheim musste ihm seine Frau zustimmen, dass das eine mögliche Sichtweise war.

„Man sagt ja, Zwillinge seien sich seelisch tief verbunden", probierte Anne es noch einmal. „Du hast Katharina nie wirklich vergessen! Eine Zeit lang hast du mit deiner Katharina sogar während des Spielens gesprochen. Einmal sollte ich im Bus neben dir einen Platz für deine Schwester freihalten, die da säße, wie du laut verkündetest. Andere Fahrgäste beobachteten erstaunt, wie ich diese nicht sichtbare Schwester auf meinen Schoß nahm, damit deren Sitzplatz für einen älteren Herrn frei wurde. Ich sollte sie gut festhalten, das war dir wichtig. Wir beide haben gelitten. Glaube mir, es gibt keinen Tag, an dem sie mir nicht fehlen: meine Enkeltochter und meine Tochter. Wie oft habe ich mich gefragt - das klingt jetzt wie ein Klischee - was aus der Kleinen wohl geworden ist? Schließlich erlaubte ich mir jeden Tag nur eine genau festgesetzte Zeit, sinnlose Fragen zu stellen. Wir mussten uns ein lebbares Leben aufbauen! Nicht nur überleben!"

Ihre Enkelin betrachtete die Maserung des Holztischs, schwieg, suchte nicht nach weiteren Gegenargumenten. Ja, Oma hatte es richtig erkannt: Beide hatten sie die wichtigsten Menschen ihres Lebens verloren, das verbindet uns. Für sie ist es sicher nicht leicht gewesen, bei all dem Leid auch noch eine Mutterrolle übernehmen zu müssen. Zudem war sie damals auch nicht mehr jung. Wenn Tina nur daran dachte, wie sie an manchen Tagen ins Bett fiel, wenn die Zwillinge besonders quirlig gewesen waren. Müde war sie jetzt, so unendlich müde!

Überall im Körper spürte sie es. Gähnte.

„Tina, deine Mutter muss etwas Wichtiges herausgefunden haben, schließlich ist sie bestimmt nicht ohne Grund nach Amsterdam geflogen!"

„Ja Bastian, aber das wird ihr Geheimnis bleiben!"

„Morgen will ich, dass du mir noch ganz viele Familienerinnerungen erzählst!" Erneutes Gähnen. „Ich will alles wissen."

Diesen Blick kannte Tina: Anne schaute durch sie hindurch, verfolgte einen eigenen Gedanken: „Was allerdings in deinen Vater, Tina, und in deine anderen Großeltern gefahren ist, weiß ich nicht! Ob der Schmerz für sie unerträglich war? Ich werde es ihnen dennoch nie verzeihen!" Sie klappte ihren Ordner zu.

Tina streichelte über ihre Hand. „Also, ich verstehe noch lange nicht alles. Aber eines weiß ich: Insgesamt waren wir beide ein gutes Team. Ich hatte wirklich eine schöne Kindheit und das habe ich dir zu verdanken! Ich bin froh, dass ich dich hatte! Wir waren eine glückliche Zweierfamilie. Jetzt habe ich eine eigene Familie – du gehörst dazu", Anne seufzte tief, lächelte, „und dann gibt es noch Sebastians Riesenfamilie. Ich brauche diese anderen Großeltern nicht! Wir haben uns und sind hier glücklich."

„Wow, das ist ein Wort", sagte Sebastian. „Anne, ich habe dich immer für eine fröhliche, unbeschwerte Dame gehalten, die die schönen Seiten des Lebens genießt. Gerne reist, gut strickt", er grinste verschmitzt, „Bridge spielt und ihr Handy zu selten mitnimmt. Und dabei hast du diese fast unerträgliche seelische Last über all die Jahre mit dir herumgetragen." Er umarmte Anne herzlich. „Du hast gut entschieden für euch beide. Ich danke dir dafür, dass du Tina nach Salzburg gebracht hast, was wäre ich ohne sie! Und es ist gut, dass du dich überwunden hast, uns heute einzuweihen. Tina, gelingt es vielleicht mit der Zeit, ihre Angst um unsere Mädchen abzubauen", seine Handbewegung schloss Tina ein, „nachdem sie ja jetzt die mögliche Ursache kennt."

Später im Bett kuschelte sich Tina an Sebastian und flüsterte: „Eigentlich ist das wirklich eine Tragödie und ein großer Kuddelmuddel, aber komischerweise fühle ich mich jetzt so leicht und so frei. Halte mich fest, sonst fliege ich in den Himmel." „Ich fliege mit dir", murmelte er und küsste sie in die Halsgrube. Für seine übrigen Küsse fand er noch weitere hübsche Plätze. Dazu war sie nicht zu müde.

Während Tina am nächsten Morgen träumend aus dem Fenster schaute, empfand sie einmal mehr, dass ihr bester Gedanke beim Umbau das Panoramafenster gewesen war. Wie liebte sie den Blick auf den Untersberg. Direkt auf der Linie von hier und dem Gipfelkreuz liegt Mamas Grab auf dem Kommunalfriedhof. Mama, wieso hast du mich so früh verlassen müssen?

Aber: Es geht mir gut: zwei gesunde Kinder und mein Sebastian in unserem schönen Häuschen! Allerdings sagt der heutige Spruch auf dem Kalenderblatt:

**Der Wind nimmt Leichtes mit
und lässt Schwerwiegendes liegen.**

Das passt doch gut zu ihrer Situation: Sie hat heute viel nachzudenken: Wie hätte ihr Leben ausgesehen ohne diese Geschehnisse in der Vergangenheit? Hätte sie Sebastian jemals kennengelernt, wenn sie weiter in Deutschland aufgewachsen wäre? Eher nicht. Lena und Lisa gäbe es dann auch nicht! Inwieweit wäre ihre Persönlichkeit durch ihre Eltern anders geprägt worden? Und durch das kulturelle Umfeld? Allein schon die Natur: Zu ihren geliebten Bergen wäre es nicht so nah gewesen! Hätte sie dann überhaupt Bergwandern als Hobby gehabt?

Englischlehrerin, Geografielehrerin - wäre das auf jeden Fall ihr Wunschberuf gewesen? Anne, was hast du da gemacht! So eine Entscheidung zu treffen und mir nie davon erzählen! Tina atmete tief ein.

Nein, Grübeln brachte sie nicht weiter! Ja, Oma war immer für sie da gewesen, immer bereit, ihre Kümmernisse anzuhören und ihr den Sinn des Lebens zu erklären. Aber sie hat damals egoistisch entschieden!

Wenn sie ihr nur von ihrer Schwester erzählt hätte! Oder ist es so wirklich das Beste gewesen? Das werden wir nie wissen.

Hat ihr ein Vater gefehlt? Er hat ein Babybettchen selber gebaut für uns! Also war er praktisch begabt. Wird so etwas vererbt? Hätte sie ihre Rolle als Frau sicherer ausüben können, wenn sie mit einem männlichen Familienmitglied in einem Haushalt zusammengelebt hätte? Müßig, diese Überlegungen! Der Herr hat sich ja verdrückt! Sein Kind an die Schwiegermutter zu verschenken! Keine angenehme Vorstellung! Was muss das für ein Mensch sein!

Sebastian kann sie nicht all diese Gedanken mitteilen. Er lebt viel zu sehr in der Gegenwart! Bestimmt wird er sagen, dass sie doch eine glückliche kleine Familie seien und dass dies das Einzige sei, was zählt! Egal, wie gut Anne es gemeint hat. Auch wenn sie damals dachte, eine sinnvolle Entscheidung zu treffen, die Folge ist: Ich bin fremdbestimmt worden, mein Leben lang! Hatte sie kein Recht sich zu beklagen? ‚He, Tina, um Recht geht es hier doch nicht!' Kindisch! Ich würde mit meiner Enkelin offen reden! Ob meine innere Unruhe nicht entstanden wäre, hätte ich die Wahrheit gewusst? Diese angstbesetzten Zeiten mit den Kindern hätte ich vielleicht nicht erleben müssen! Oh, Anne!

Sie googelte **„PTBS"** - die Diagnose aus dem Krankenhaus ist vielleicht doch nicht so verkehrt gewesen? **Posttraumatische Belastungsstörung** - eine Form der Angststörung. ... besonders Kinder, aufgewachsen bei nur einem Elternteil. Kinder zu sehr behütet. **Aha:** Betroffene meiden Umstände, die der Belastung ähneln. **Das stimmt ja bei mir schon! Und hier:** ... unfähig, sich an das belastende Erlebnis zu erinnern – **ja, genau!** ... Durchschlafstörungen ... übertriebene Schreckreaktionen ... sozialer Rückzug...

Als ob sie über mich geschrieben hätten! Hut ab, Psychologie ist doch eine brauchbare Wissenschaft.

Wenn sie zurückdachte, hatte Bastian wirklich einiges mit ihr mitgemacht und alles, weil Anne... nein, Tina! Stopp! Das hilft dir nicht weiter. Jetzt muss ich auf dieser Basis eben weitermachen, das ist nun mal meine Wirklichkeit. Sonst geht meine Energie zu sehr in die falsche Richtung. Hatte nicht auch Anne ihr beigebracht, auf diese Art mit Problemen umzugehen? Oder war ihr Papa dafür das Vorbild gewesen? Oder ihre Mama? Das konnte sie jetzt ohnehin nicht mehr herausfinden, also Alltag leben: jetzt ein Spaziergang mit den Mädchen. Die Salzach entlang bis zur Staatsbrücke und Spaghetti-Eis in der Getreidegasse. Die Eisdiele war seit ihrer Kinderzeit ein beliebtes Ziel bei Stadtbesuchen und nun auch für Lena und Lisa.

Nach vier Tagen fühlte sich Tina einigermaßen fit, um sich wieder den Anforderungen des Schulalltags auszusetzen. Arbeit als Ablenkung. Den Wandertag verlegte sie allerdings jetzt lieber mit dem Einverständnis von Mara, ihrer befreundeten Kollegin, die sie begleiten würde, von der Glasenbachklamm in das Salzbergwerk Hallein. Anne war früher einmal mit ihr in den Berg gefahren, aufregend fand sie es damals. Lange steile Rutschen, die weit hinunter führten - daran erinnerte sie sich noch. ‚Abbau von Rohstoffen' war zudem ein Unterrichtsthema, das sie auf diese Weise anschaulich erklären konnte.

Es wurde ein interessanter Tag, sowohl für die Schüler, als auch für die Begleiter. Frühmorgens trafen sich alle am Bahnhof, eine Jause und Getränke im Rucksack, und fuhren mit einem Nahverkehrszug nach Hallein. Im Zug nutzte sie die Zeit, Mara knapp über die Hintergründe ihres Fehlens zu informieren. Beim Erzählen merkte sie, dass die Ereignisse, wertfrei betrachtet, ganz spannend wirkten. Bald wurden sie unterbrochen: Mara musste einen kleinen Streit schlichten und Tina sollte sich entscheiden, ob sie lieber die angebotenen Gummibärchen von Lara oder Kaugummi, leicht zerdrückt in Noahs Hand, probieren wollte. In Hallein bestiegen sie den Postbus hinauf zum Dürrnberg, wo sich der Zugang zum Salzbergwerk befand.

Allein die Fahrt mit dem Postbus war ein Erlebnis für diese verwöhnten Kinder, die mit dem ‚Taxi Mama' aufwuchsen. Während des Überziehens des weißen Bergwerksanzugs wurde viel gelacht. ‚Fetzig' fanden sie ihn und ‚bärig' die weiße Kapuze.

Los ging es mit der Bahn ins geheimnisvolle Halbdunkel. Anschließend lauschten alle mehr oder weniger interessiert den Filmbeiträgen an verschiedenen Bergwerksstollen. Bei den langen steilen Bergmannsrutschen wurden sie wieder lebendig und kreischten vor Freude. Andächtig schauten alle tief im Berg auf den beleuchteten Salzsee. Die Krönung waren die „Salzforscher-Taschen", die mit Salzbrocken und Informationen gefüllt wurden, dazu erhielt jeder noch einen kleinen Salzstreuer.

„Voll interessant! Echt megacool!", tat Paul, der Klassenclown, seine Meinung kund.

„Ja, das haben wir gut gemacht.", Mara grinste Tina zu. Beim Abschied vorm Salzburger Bahnhof bedankten sich einige Kinder bei Tina für den herrlichen Tag, was sie rührte. Deshalb wollte ich Lehrerin werden, um die Kinder wirklich zu erreichen.

Zu Hause fiel sie ins Bett und schlief zwölf Stunden.

Am Sonntagabend fand Sebastian Tina nachdenklich am Fenster lehnend. Sie hörte ihn nicht, als er sich näherte und als er sie umarmte und küssen wollte, reagierte sie nicht, wandte sich sogar von ihm ab, so sehr war sie in ihre Überlegungen vertieft. „Weißt du Sebastian, jetzt verstehe ich mein unbehagliches Gefühl, das ich in meiner Kindheit oft empfunden habe, besonders wenn Anne wieder mal traurig war. Ich dachte, das wäre sie vielleicht, weil meine Mama tot ist oder weil sie mit mir zu viel Arbeit hätte. Dann wollte ich besonders brav sein."

„Davon merkt man heute nicht mehr viel!"

Tina ließ sich nicht necken. „Und mir ist klar geworden, woher das Gefühl der Einsamkeit, der Leere, die ich so oft gefühlt habe, kommt. Jetzt, da ich weiß, dass ich drei Jahre lang eine Zwillingsschwester gehabt habe, kommt es mir so vor, als sei sie immer da gewesen, ein unsicht-barer Schatten."

„Das kann ich natürlich nicht nachvollziehen."

„Nein, natürlich nicht! Ich will unbedingt herausfinden, was damals passiert ist. Ich muss meinen Vater finden! Ich will ihn kennenlernen! Ich habe tausend Fragen an ihn: Was er noch von damals weiß, was er mir über meine ersten Lebensjahre berichten kann. Und warum er mich nicht mehr haben wollte." Die letzten Worte äußerte sie sehr leise, dann fuhr sie energischer fort: „Morgen gehe ich bei Oma vorbei. Sie soll mir den Ordner geben. Vielleicht entdecke ich irgendwas." Damit wandte sie sich entschlossen vom Fenster ab. „Und: Ich will meine Schwester wieder haben!"

Aber Anne widersetzte sich Tinas Plänen. „Nein, bitte lass alles ruhen. Es ist schon so lange her. Die Polizei hat ihre Arbeit getan. Du wirst nichts finden! Ich will nichts mehr davon hören, es regt mich zu sehr auf!"

„Anne, du musst nichts befürchten. Ich will doch nur die alte Geburtsurkunde von Katharina und mir und die Adresse von Papas Eltern. Du kennst sie doch, oder? Du brauchst ja nicht mit ihnen zu reden, wenn es dich so aufregt. Aber ich muss nach Deutschland, in den Wald, wo es passiert ist. Rotenackerwald, nicht wahr? Vielleicht erinnere ich mich ja an irgendetwas. Ich war doch dabei.

Oma, versteh doch, ich muss Nachforschungen anstellen! Also fange ich dort an."

Tina konnte schon hartnäckig sein! Von wem hat sie das wohl geerbt? Von dir natürlich, würde Rosie bestimmt behaupten. Bisher hatte sich ihre Enkelin eher angepasst gezeigt, sogar in der Zeit der Pubertät blieben die Diskussionen im Rahmen. Aber dieses Thema hat sie ja auch emotional sehr beschäftigt, deshalb setzt sie sich so ein, setzt sich durch. Macht sie eigentlich ganz gut.

3. Ludwigsburg, Juni 2013

Abends, als die Zwillinge schliefen, setzte sie sich an ihren Schreibtisch und schaute lange auf ihre „echte" Geburtsurkunde: Stuttgart in Deutschland. Dann nahm sie entschlossen den Telefonhörer und wählte die Nummer aus Deutschland, die Anne ihr gegeben hatte: Sybille und Günther Kammler. Ihre Großeltern. Unvorstellbar. Das Telefon klingelte. Dann meldete sich eine Stimme: „Pronto."

Sich räuspernd und unsicher, sagte Tina: „Ich suche das Ehepaar Kammler, Sybille und Günther Kammler."

„Äh, hier nix Kammler, hier Tremante, Sandro Tremante."
Tina durchforstete online das Ludwigsburger Telefonbuch: Es gab 35 Kammlers und keiner hatte den richtigen Vornamen. Nachts lag Tina lange wach.

Als Anne am nächsten Morgen von Tinas erfolglosen Start der Recherche erfuhr, nickte sie erleichtert. „Ich sagte doch: Es ist sinnlos, Tina. Denk nicht mehr daran." Aber genau das tat Tina nicht. Willentlich nicht beein-flussbar, war eine Endlosschleife in ihrem Kopf. Mit frischer Energie nahm sie am folgenden Nachmittag erneut das Telefon zur Hand und kam sich bald vor wie der Buchbinder Wanninger. Immer wieder sagte sie ihr Sprüchlein aufs Neue auf. „Guten Tag. Entschuldigen Sie die Störung. Ich suche einen Klaus Kammler, der vor zwanzig Jahren in Ludwigsburg gelebt habt. Kennen Sie ihn zufällig? Sind Sie vielleicht mit ihm verwandt?" Nach der Wahl der fünfzehnten Nummer setzte sie sich elektrisiert auf, denn eine männliche Stimme am anderen Ende erkundigte sich: „Warum wollen Sie das wissen? Was haben Sie mit ihm zu tun?"

Unsicher schilderte sie ihre Situation.

„Hören Sie, junge Frau. Ich will Ihnen am Telefon nichts erzählen. Aber ich habe tatsächlich einen Cousin namens Klaus. Ich bin gerne bereit, mich mit Ihnen zu treffen. Morgen in der Stadt, wenn Sie wollen."

„Das ist nicht möglich", überlegte Tina, „ich lebe in Salzburg. Aber ich will gerne mehr von Ihnen erfahren, sobald ich es einrichten kann, komme ich nach Ludwigsburg."

Sebastian zeigte sich entschlossen, sie nicht allein fahren zu lassen. „Ich will den Rotenackerwald aufsuchen", sagte Tina bestimmt, „ich komm' schon alleine klar, ich brauche keinen Aufpasser! Du könntest mir helfen, wenn du in den paar Tagen früher nach Hause kommen, und die Kinder nachmittags übernehmen könntest."

„Es wird ein Familienausflug!" Auch Bastian konnte dickköpfig sein.

Als Anne von Tinas Plan hörte, entschied sie sich für eine weitere Beichte: Sie habe nie den Kontakt zu ihrer

Freundin Renate in Süddeutschland verloren. Nun rief sie Renate an, um sie zu unterrichten, dass sie mit Tina und ihrer Familie nach Ludwigsburg kommen werde. Aha! Anne will also dabei sein? Tina lächelte innerlich, als sie Annes telefonische Planung vernahm. Wie Anne vermutlich heimlich gehofft hatte, machte Renate spontan einen Vorschlag. „Ihr könnt hier übernachten. Ich freue mich. Apfelkuchen und Hefezopf gibt es – wie früher!"

Am ersten Vormittag führten Renate und Anne die Familie nach einem ausgiebigen Frühstück ins Blühende Barock, Ludwigsburgs berühmte Schlossanlage, umrahmt von einem beeindruckenden Park, mit farben-prächtigen Blumenbeeten, einer begehbaren Voliere und das Schönste für die Zwillinge: mit dem weithin bekannten Märchengarten. Anne und Renate hatten Lisa und Lena von Rapunzels langem Zopf erzählt, vom Knusper-häuschen, an dessen Zaun man rütteln könne, woraufhin die Hexe aus der Tür komme, und in schönstem Schwäbisch rufe: „Knuschper, Knuschper Knäusle, wer knuschpert an mei'm Häusle?"

„Man kann sogar Boot fahren oder sich als Seerosenprinzessin auf einen Thron heben lassen und noch vieles, vieles mehr." Anne wirkte ganz jung, als sie diese kindlichen Attraktionen vorstellte.

„Euch beiden hat es hier damals gut gefallen.", wandte sie sich an ihre Enkelin, „aber vor der Hexe hattet ihr Angst. Wenn die Hexenhaustür sich knarrend öffnete, habt ihr euch hinter den Erwachsenen versteckt!"

Diese Mosaikstückchen der Erinnerung an meine

Kinderzeit hier sind kostbar! Hoffentlich wird sich Anne noch an viele derartige Erlebnisse erinnern. Ich möchte schöne Kindheitserlebnisse in die andere Waagschale werfen können!

Die Mädchen staunten bei jeder Station.

Beim „Goldesel" stahlen sich Tina und Sebastian nach einem Blick auf die Uhr davon. Der Unbekannte wollte sie im nahe gelegenen Badgarten, einem Gartenlokal, erwarten. Als Erkennungszeichen würde er ein rotes T-Shirt tragen. „Hoffentlich gibt es nicht mehrere Männer in roten T-Shirts", überlegte Tina, als sie die Tische im Schatten der schönen alten Kastanien mit den Augen absuchte, froh, dass Sebastian an ihrer Seite war. Aber ihre Sorge war unbegründet: Nicht alle Tische waren besetzt, sodass der hinten rechts sitzende Mann in seinem roten Polohemd leicht zu finden war. Er gab sich als Thomas, ein entfernter Cousin von Klaus, zu erkennen, bereit, seine Informationen weiterzugeben.

„Am Telefon wollte ich nicht sprechen. Wir haben alle immer noch Angst vor der Presse. Man weiß ja nie, wann die mal wieder was ausgraben, weil ‚Saure Gurken-Zeit' ist. Ich hätte nie erwartet, dich wieder zu sehen, Christina. Ich darf doch Christina sagen? Jetzt bist du verheiratet! Ich habe dich als Baby und als Kleinkind oft gesehen, bis..." Er biss sich auf die Lippen, „bis zu der Tragödie!"

„Ich weiß, dass Klaus und seine Eltern tief getroffen waren, als Katharina verschwunden ist. Warum er dich deiner Oma überließ, das hat keiner verstanden, denn er liebte seine zwei Prinzessinnen, wie er euch uns immer vorgestellt hat, sehr."

„Vielleicht war es zu schmerzlich für ihn, nur ein Kind vor sich zu sehen." Sebastian forschte weiter: „Können Sie uns noch einiges erzählen, das nicht in der Zeitung stand und das Anne, Tinas Oma, nicht weiß?"

„Der Familienklatsch hatte natürlich Hochkonjunktur. Heiß diskutiert wurde, dass Susannes Arzt ihren Ehemann aus ihrem Krankenzimmer hinausgeworfen haben soll. Er hatte dort wohl eine erregte Auseinandersetzung mit seiner Frau geführt. Deine Mutter konnte doch nichts dafür, dass Katharina verschwunden ist! Deswegen wird er ihr doch keine Vorhaltungen gemacht haben!"

„Bitte: ein Radler, zwei Wasser."

„Darf es noch etwas sein?" Der junge Kellner blickte von seinem iPad auf.

„Danke, nein."

„Klaus Eltern, deine Großeltern, haben Susanne sicherlich die Schuld an dem Unglück gegeben, sie waren ja ganz vernarrt in euch beide."

Aber als ich sie gebraucht hätte, haben sie sich in vornehmer Zurückhaltung geübt.

„Susanne war so eine liebevolle Mutter! Bestimmt hat sie gut auf euch aufgepasst. Klaus war sehr impulsiv, immer gewesen. Und aufbrausend! Hinterher hat er es jedes Mal bereut. Als deine Mutter aus dem Krankenhaus verschwand, ist er zusammengebrochen. So ein Schicksalsschlag! Bei der Familie hat er sich nie mehr gemeldet. Seine Eltern haben kurz nach dem Ereignis ihr Haus verkauft und sind nach Spanien übersiedelt."

„Nach Spanien, ach deshalb!"

„Ja, dort haben sie bis zu ihrem Tod gelebt."

„Sie sind gestorben?" *Wieder ein Weg versperrt.*
„Wir denken, dass Klaus Deutschland auch verlassen hat. Für seinen Arbeitgeber, eine Transportfirma, hat er die Balearen und das spanische Festland bearbeitet. Seine Spanischkenntnisse hat er gut einsetzen können. Vielleicht ist er auch in den Süden gezogen."
Sebastian wollte Ergebnisse: „Wir benötigen ein paar Fakten: Können Sie uns sagen..."
„Thomas!"
„Gut! Thomas, kannst du uns sagen, für welche Firma Tinas Vater gearbeitet hat?"
„Hm, darüber denke ich schon seit unserem Telefonat nach. Es war eine hiesige Transportfirma, aber der Name? Nein, es tut mir leid!"

Tina recherchierte im Internet nach Transportfirmen in Ludwigsburg und Umgebung. Sie war überrascht, wie viele es gab: ein erfolgreicher Wirtschaftszweig! Aber nur eine Firma mit Sitz in Ludwigsburg, die Auslandstransporte nach Mallorca anbot! Na, das klingt doch gut! Sie griff zum Telefon. Die Vermittlung meldete sich. Sie verlangte die Personalabteilung.
„Mein Name ist Christina Mayr. Ich suche einen Herrn Klaus Kammler, der vor zwanzig Jahren bei Ihnen gearbeitet hat. Ist er noch in Ihrem Betrieb tätig?" Aber vergebens!
„Klaus Kammler? Noi. Wos hot ea gschafft?"
„Tut mir leid. Das weiß ich auch nicht, aber ..."
Die Stimme unterbrach sie:
„Rufet Se wiedr oa, wenn Se mea wisset!"

Aufgelegt! Schwer verständliche Sprache! Heimweh überkam sie nach Salzburg. Zum Glück war Oma damals ausgewandert! Wieder eine Sackgasse!

„Lasst uns die Zeit hier nutzen.", schlug Anne vor, „Wir könnten mit den Kindern heute in den Bürgergarten in Bietigheim gehen. Der ist wunderschön angelegt: weite Rasenflächen, prachtvolle Blumenbeete und dazwischen Quellwasser, in kleinen Kanälen gefasst. Dort hätten die Mädchen bestimmt Spaß. Eine reizende Stadtsilhouette! Die würde euch gefallen. Ja, die Innenstadt mit dem blumengeschmückten Rathaus ist wirklich sehenswert. Und das ‚Hexenwegle' muss man gesehen haben. Auf einem ganz schmalen Weg, der die hochwassersicheren Brücken verbindet, konnten die Bewohner in früheren Zeiten in ihr Obergeschoss gelangen, auch wenn die Metter unten zu viel Wasser führte. Dort hängt an jedem Eingang mindestens eine besonders geschmückte Hexe! - Lass die Vergangenheit Tina, das tut uns beiden nicht gut!"

„Ja, Oma, du warst schon immer gut im Überreden! Einerseits hast du ja Recht, aber ich möchte heute unbedingt in den Wald gehen, an den ‚Ort des mysteriösen Geschehens' – hat diese Zeitung nicht diese Formulierung verwendet? Das habe ich mir schließlich vorgenommen. Wenn du mir die Stelle beschreibst, dann finde ich sie bestimmt. Du musst dir das nicht antun und mitgehen."

„Du gehst nicht alleine, Tina, auf keinen Fall. Ich komme mit und", wandte sich Sebastian an Anne, „ja, du solltest dir das ersparen. Wir sind schon groß", verschmitztes Lächeln, „das schaffen wir allein. Genieße lieber den Nachmittag mit deiner Freundin, das tut dir bestimmt gut."

So machten sich Tina, Sebastian und die Zwillinge auf in den Wald. Die Zwillinge freuten sich auf die versprochenen Klettermöglichkeiten.

„Ich zuerst, Mama", forderte Lisa.

„Nein, du nicht zuerst! Ich!", bettelte Lena im Auto.

„Wir entscheiden das dort." Ohne mütterliche Diplomatie wäre der Familienfrieden viel öfter gefährdet. Sie fanden den Parkplatz problemlos.

„Seltsam, dass der Parkplatz am frühen Nachmittag so voll ist. Meinst du, wir sind an der richtigen Stelle? Von einem Teich hat Anne nichts gesagt!", wunderte sich Tina, „Aber geradeaus soll es zu einem Gasthaus gehen." „Wir sollen den Weg links am Waldrand nehmen. Bei der ersten Bank könnten wir den kleinen, steinigen Weg durch den Wald als Abkürzung gehen. Wir kämen dann wieder auf den Wanderweg", erinnerte sich Sebastian.

Anne hatte ihnen eine wellenförmige Anlage beschrieben, auf der ihre Enkelinnen damals ‚Flugzeug gespielt' hätten. Sie seien mit ausgebreiteten Armen summend hin und her gelaufen.

„Sieht alles ziemlich verwildert aus."

„Da, da vorne links, schau, die Mugelbahn für die BMX-Fans, wir sind auf dem richtigen Weg." Bastian, der Entdecker. „Aber keinerlei Anzeichen, dass hier je Kletterstangen oder Baumstämme zum Balancieren aufgebaut waren. Zwanzig Jahre sind eine lange Zeit!"

„Hier irgendwo ist es passiert. Auf irgendeinen Baumstumpf hier hat sich Mama hingesetzt, den Schuh ausgezogen. Ach, schau, dort an den Bäumen war früher ein Seil gespannt." Die Zwillinge spürten die Anspannung ihrer Eltern und verhielten sich mucksmäuschenstill.

„Wenn", sagte Tina mit belegter Stimme, „wenn jemand Katharina von hier entführt hat. Und so muss es gewesen sein, denn wohin hätte sie sich von hier aus verlaufen können, kann er doch nur den steilen Weg zum Fluss genommen haben. Alle anderen Wege sind doch auf hundert Meter einsehbar und Mama hat nur höchstens zwei Minuten nicht auf uns geachtet. Es muss der Weg zum Fluss - wie heißt er wieder? - gewesen sein!" Schon begann sie, den Weg hinunterzulaufen, ohne auf die drei anderen zu achten. Sebastian musste bald rufen: „Tina, warte doch. Nimm Lisa an die Hand. Der Weg ist rutschig und viel zu schmal für uns drei."

„Entschuldige! Komm Lisa." Sie nahm sie auf den Arm, weil ihr das einfacher erschien und sie meinte, schneller voranzukommen. In kürzester Zeit waren sie an der Enz und schauten ratlos um sich. „Ich dachte, dass hier vielleicht ein Auto gestanden haben könnte, aber das ist ja nur ein Fußweg, allerdings breit genug. Sollte hier ein Auto gefahren sein – verbotenerweise - wäre es hundertprozentig beobachtet worden. Das wäre viel zu auffällig gewesen! Es muss noch eine andere Möglichkeit geben."

„Ja, vorausgesetzt, Frau Detektivin, es war ein Kidnapper, der sie mit einem Fahrzeug entführen wollte."

„Überhaupt hätte Katharina doch geschrien, nicht wahr?

Oder kannte sie die Person? Wenn sie Katharina nicht fremd war, dann muss sie mir auch bekannt gewesen sein!" Sie machte ein paar Schritte auf das Ufer der Enz zu und ließ sich auf einem breiten quer liegenden Stamm nieder. Die Mädchen kletterten auf den Stamm, suchten ihre Nähe. Sie blickte in das vorbeiziehende Wasser, dann schloss sie die Augen.

„Mama", fragte Lena, „Mama Tankenhaus?" Das war ein eindrückliches Erlebnis für die Kleinen gewesen. Lena hatte viele Tage lang sämtliche Kuscheltiere mit dem „Krankenwagen", einem großen Pappkarton, ins „Krankenhaus" gefahren.

„Nein, nein, Lena", damit öffnete sie die Augen. „Wenn mir doch nur irgendetwas von damals einfiele!" Schweigend betrachtete sie wieder die Strömung, pustete die Haarsträhne weg, sah dann Bastian vielsagend an: „Ja, so war es. Er, es war ein Er! Frag mich nicht, woher ich das weiß. Aber das ist hundertprozentig richtig. Er muss ein Boot gehabt haben! Schau, da drüben, hundert Meter abwärts ist eine Sandbucht und auf der anderen Seite fahren Autos!" Das klang triumphierend.

Am nächsten Morgen machte sich Tina allein auf den Weg zur Speditionsfirma. Sie wollte noch nicht aufgeben. Zielbewusst steuerte sie die Personalabteilung an. Dort stellte sie sich als Reporterin vor, die wegen der Kindesentführung vor zwanzig Jahren erneut recherchieren wolle. Dass der Vater des Kindes hier beschäftigt gewesen war, setzte sie fraglos voraus.

„Ich würde gerne mit ehemaligen Kollegen von Herrn

Kammler sprechen", sagte sie forsch.

„Do mus i z'erscht mei Chef frage", meinte die junge Dame vom Empfang, „i schaff no net lang da."

„Ja, dann erkundigen Sie sich mal."

Man konnte sich einhören in diese ‚Fremdsprache', eigentlich klingt sie ganz gemütlich. Kurz darauf betrat ein älterer Herr den Raum. „Worum geht es denn hier, was soll die alte Geschichte?"

Tina jubilierte innerlich! Er kannte ihren Vater! „Entschuldigen Sie die Täuschung. Ich bin Christina Mayr, eine von den Kammler-Zwillingen. Ich suche meinen Vater, von dem ich nur weiß, dass er bei Ihnen gearbeitet hat."

„Ach so, die Tochter." Ein warmes Lächeln hieß sie willkommen. Ein fester Händedruck. Der kann zupacken! „Ich bin Andreas Spieß. Kommen Sie doch bitte in mein Büro."

„Tina ließ alle höflichen Floskeln weg, sie war zu aufgeregt: „Können Sie mir sagen, wo ich meinen Vater finde? Arbeitet er noch bei Ihnen?"

„Christina! Ihr Vater hat Sie und ihre Schwester einmal zum Betriebsfest mitgebracht. Da konnten Sie gerade laufen! Was für eine Tragödie! Was für ein Jammer!"

„Ja, schon", sagte Tina leicht genervt, „wissen Sie vielleicht, wo ich meinen Vater heute finden kann?" Kopfschütteln, kurzer verwunderter Blick zu ihr. „Nein, tut mir leid."

Ah, er beherrscht sich, stellt keine dummen Fragen.

„Er hat damals eine Auslieferung nach Mallorca kurzfristig selbst übernommen. Dort hat er einen spanischen Fahrer angeheuert und ist nicht mit zurückgekommen. Das ist seine Insel, hat er immer gesagt."

Unwillkürlich stöhnte Tina auf. Überall Sackgassen! Erst hatte es sich so vielversprechend angelassen.

„Tja, wie kann ich Ihnen helfen? Ich lasse Ihnen gerne die Adresse unserer Kontaktstelle auf Mallorca heraussuchen. Vor Ort hat man doch andere Möglichkeiten."

Ein bisschen beschwingt fühlte sich Tina auf der Rückfahrt nach Salzburg. Die Reise war nicht ganz umsonst gewesen. Mallorca, vielleicht ein brauchbarer Hinweis.

Ob sie in ihrem Alter noch einen Vater in ihr Leben neu aufnehmen wollte, darüber war sie sich im Moment gar nicht so richtig im Klaren. Doch vielleicht wäre ein Großvater für ihre Mädchen sehr wichtig? Obwohl sie bereits einen Großvater haben. Bastians Vater liebt „seine" Zwillinge sehr.

Verlässliche Beziehungen zu haben, das gibt Sicherheit fürs ganze Leben. Doch wenn sie von ihren ‚reichhaltigen' Lebenserfahrungen ausging: So viele benötigt man ja gar nicht. Sie hat wenige, aber ausreichend gute.

4. Salzburg, Sommer 2013

Zu Hause nahm sie der Alltag wieder gefangen: Kindergartenzeiten, Schulzeiten, Besprechungen, Unterrichtsvorbereitungen und Korrekturen gliederten die Tage. Anne genoss ihre Bridgepartys, über gesundheitliche Beschwerden klagte sie nicht mehr.

Der vierte Geburtstag der Zwillinge nahte und brachte Ablenkung. Tina besorgte Bastelmaterial und kleine Preise. Eifrig malten und klebten die Zwillinge ihre ersten Einladungskarten für einige Kindergartenfreunde. Sie buken zusammen Muffins, die von Lena und Lisa mit bunten Streuseln und Fähnchen verschiedener Staaten dekoriert wurden. Am Vorabend probierte Sebastian das Clownkostüm an, das sie ausgeliehen hatten. Rührend zu sehen, dass Lisa und Lena ihren Papa sofort als tapsigen Clown akzeptierten, obwohl er das Kostüm vor ihnen übergestreift hatte. Wenn er die Perücke und die rote Knuddelnase aufgesetzte, sahen sie in ihm den lustigen Clown Pipo. Übermütig hopsten sie herum.

Zum Glück erlaubte das Wetter am Freitag, ein Gartenfest

zu feiern. Auf der Wiese hatte Tina einen Verkaufsstand dekoriert für die Muffins und die Orangenlimo, die sie zur Feier des Tages selbst hergestellt hatte. Begeistert übernahmen die Zwillinge die Rolle der Verkäufer. Anschließend spielten Bastian und sie mit allen Kindern Verstecken im Garten. Dann hatte der Clown seinen Auftritt!

„Uff, bin ich nervös", stöhnte Sebastian, „da halte ich ja tausendmal lieber einen Fachvortrag in Englisch als Purzelbäume unter den Blicken der Kinder zu machen."

„Du machst das bestimmt wunderbar", sagte Tina erbarmungslos und gab ihm einen Schubs, sodass er unfreiwillig über die Schwelle der Terrassentür stolperte, was sofort mit Gelächter und Gekreisch der kleinen Gäste begrüßt wurde.

„Vielleicht hast du deinen Beruf ja verfehlt!" Dieses Grinsen! Auch dafür liebte er seine Frau. „Zu meinem Geburtstag könntest du auch den Clown mimen!"

So viele Erlebnisse an einem Tag und so viel Aufmerksamkeit zu bekommen, machte gute Stimmung! Obwohl sie todmüde waren, ließen sich die ‚großen' Vierjährigen des Abends kaum ins Bett bringen, da sie völlig überreizt waren.

Die letzten Schulwochen mit den vielen Konferenzen forderten Tinas ganze Aufmerksamkeit: Letzte Nachzüglerarbeiten warteten auf ihre Korrektur, Noten sollten rechtzeitig eingegeben werden, Bücher mussten eingesammelt werden. Am Ende des Schuljahres lagen die Nerven blank! Zum Glück war der Maturantenball in die offizielle Ballsaison gelegt worden; in der letzten Januarwoche hatte er stattgefunden. Sie hatte sich ein langes Abendkleid nähen lassen. Grün natürlich, ihre Lieblingsfarbe! Seegrün! Maras Schneiderin hatte es aus einem schillernden Stoff gefertigt. Ein Traum! Bastian hatte es sehr gefallen. Zum ersten Mal, seit die Zwillinge auf der Welt waren, hatten sie wieder getanzt!

Der Ball war ein sehr beliebtes Ereignis am Beginn der Ballsaison, das allerdings die Geldbeutel der Eltern immer sehr strapazierte. Für uns Lehrer ist diese Terminierung sehr geschickt: Als weiterer Zusatztermin musste in den Terminkalender nur noch die Übergabe des Maturazeugnisses am Schuljahresende eintragen werden. Diese war mit einer kleinen Festlichkeit verbunden, dann wurden die jungen Menschen ,ins Leben entlassen'. Bei dieser Version, die Hauptfeier vorzuziehen, ging jeder davon aus, dass die Matura bestanden wird.

Jeden Tag auf der Heimfahrt von der Schule spulte sich der Endlosfilm in ihrem Kopf ab: Spielen im Wald. Was ist damals passiert? Gab es einen oder eine Unbekannte oder mehrere? Eine Lösegeldforderung sei nie gekommen, hatte Anne gesagt. Lebt meine Schwester noch? Wo hält sie sich auf? Wieso Amsterdam, Mama? Wo lebt Papa jetzt? Was ist er für ein Mensch? Habt ihr euch geliebt? Warum ist er verschwunden? Neugierig ist sie, ja! Unentschlossen aber auch! Sollte sie? Sollte sie nicht? Es kostet ja auch richtig Kraft.

Nach der letzten Zeugniskonferenz entschloss sie sich zum Handeln. Schließlich gibt es Internet!

Eines Abends, der Vollmond schien ins Fenster, saß sie an ihrem Schreibtisch, das Gesicht in den Händen vergraben, als Sebastian leise ihr Büro betrat: „Na, müde?"

„Nein, erschöpft! Ich habe bis jetzt endlos im Internet recherchiert, wie man jemand auf Mallorca finden könnte. Mit der Insel habe ich begonnen, weil sie von der Größe her überschaubar ist."

„Wenn dein Vater dort lebt, wird er arbeiten und somit muss er registriert sein. Auch in Spanien gibt es eine Verwaltung!"

„Ich habe hier die Anschrift des ‚Ministerio de trabajo e inmigración" und von einem ‚Secretaría de Estado de Administraciones Públicas Extranjería'. Meinst du, ich soll mal eine E-Mail dorthin schicken, mit der Bitte um Hilfe?"

„Warum nicht? Das wäre doch schon mal ein Anfang. Aber, meine Süße, es gibt auch noch die Gegenwart...", murmelte er, beugte sich vor und küsste sie zärtlich. Tina ließ sich gegen ihn sinken, schloss die Augen und murmelte: „Du riechst so gut." Sebastian hob sie auf und trug sie ins Schlafzimmer, wo sie sich langsam und leidenschaftlich liebten.

Vergebens wartete Tina zwei Wochen auf eine Antwort von den Behörden. Ihr Alltagsleben erschien ihr so unwirklich. Zwiegespalten fühlte sie sich: Innerlich in einer Warteposition, nach außen hin funktionierte sie. Ihre Gedanken aber kreisten immer wieder um die gleichen Themen.

Ein bisschen Auftrieb erhielt sie, als Onkel Thomas ihr mit einem Brief ein zwanzig Jahre altes Foto ihres Vaters schickte. Mit einem charmanten Lachen lehnte er an einem Baumstamm. Fasziniert betrachtete sie seine Gesichtszüge, verglich sie mit ihrem Spiegelgesicht. Na, die Augenfarbe stimmt nicht ganz. Meine sind eher graublau. Die Haarfarbe? Die Nase? Hm! Eine gewisse Ähnlichkeit kann man erkennen! Aber schließlich hat Mama ja auch zur Mischung beigetragen.

Das ist es! Eine Suchanzeige mit einem Foto! Ungewöhnlich und Aufmerksamkeit erregend! Die Mallorca-Deutschen lesen doch bestimmt alle die MALLORCA ZEITUNG! Und in der spanischen ULTIMA HORAS wäre es bestimmt auch nicht verkehrt, ein Inserat aufzugeben. Irgendjemand musste ihn doch kennen! Die Deutschen, die dort lebten, hatten bestimmt viele Kontakte mit anderen Immigranten. Jetzt fühlte sie sich wieder lebendig! Sie scannte das Foto ein, probierte verschiedene Formulierungen aus. Eher sachlich? Oder auf die Tränendrüsen drücken? So zwischendrin, das kann nicht verkehrt sein. Schließlich übermittelte sie die Annoncen per E-Mail und überwies den Rechnungsbetrag mit Onlinebanking. Ein Lob dem digitalen Zeitalter!

Wieder begann eine Zeit des Wartens! Geduld war nicht ihre Stärke! Jeden Abend spät und jeden Morgen in der Frühe checkte sie ihren E-Mail Eingang. Vielleicht würde genau nachts die Mail eintrudeln, die ihr Leben verändern würde? Es befanden sich auch immer viele Mails im Posteingang, aber nicht die Mail, auf die sie wartete.

Zwei Wochen später – morgens um 5.45 Uhr - entfuhr ihr ein Freudenschrei: eine Mail aus Spanien mit unbekanntem Absender! Zitternd öffnete sie diese.

From: sanchez@barcelo.com
To: Tina.mayr@gmx.at
Miércoles, el 20 Julio 2013
Liebe Frau Mayr, ich habe im Sommer 1992 im Hotel Son Simón Vell in Alcudia gearbeitet, in dem ein Klaus Kammler den Speisesaal unter sich hatte. Vielleicht finden Sie ihn noch dort. Leider kann ich Ihnen nicht mehr sagen.
Viele Grüße
Klara Sanchez

Zwei Tage später erhielt sie eine weitere Mail:
From: Pérez.J.@gmail.com
To: Tina.mayr@gmx.at
Viernes, el 22 julio 2013
Hola, si, Klaus 1996 fahren Bus für TUI in Soller. Al presente? No. Viel Glück Joaquin Perez.

Langsam trudelten zehn Emails ein, alle von Spaniern. Es schien, als ob sich ihr Vater von seinen Landsleuten ferngehalten hätte.

„Aber weißt du, Sebastian, das hilft mir alles nicht viel weiter. Ich weiß jetzt zwar, dass er als Kellner und Busfahrer gearbeitet hat. Er soll laut Herrn Spieß sogar eine kleine Spedition gehabt haben und im Winter große Villen betreut haben, aber das ist alles viel zu lange her. Die jüngste Nachricht berichtet über eine Tätigkeit von vor zehn Jahren!"

„Das ist wenig hilfreich" stimmte ihr Bastian zu. „Immerhin hast du dadurch die Gewissheit, dass er auf Mallorca gelebt hat." Sebastian nahm ihre Mutlosigkeit wahr.

„Vom Ausländeramt kommt auch keine Antwort", fügte sie traurig hinzu. „Ach, Mara! Ich werde Mara bitten, dort anzurufen. Schließlich unterrichtet sie Spanisch. Dass mir das nicht früher eingefallen ist!"

Am nächsten Tag nachmittags kam Mara vorbei. Zwei jubelnde Rabauken stürzten sich mit Geschrei auf sie. „Pielen, pielen, Tante Mara, tomm piel mit uns!" Da half nichts. Tina und Mara lächelten sich hilflos an. „Ja, Mara spielt mit euch. Aber nicht so wild. Sie ist eigentlich gekommen, um Mama zu helfen." Die Zwillinge hatten gar nicht zugehört und entführten Mara ins Kinderzimmer. Tina folgte. Lena schob sie energisch zurück: „Nur mit uns. Nich' Mama!", und schloss die Tür vor Tinas Nase. Da musste sie lachen. Sehr selbstbewusst, ihre Mädchen. Insgesamt sehr fit, das sah sie ‚ganz objektiv': geistig und sportlich. Wie lange sie inzwischen schon bei einer Bergwanderung mithalten konnten.

Allerdings haperte es etwas im sprachlichen Bereich: Wenn zwei Anfangskonsonanten aufeinander folgten, bereitete ihnen deren Aussprache noch Schwierigkeiten. Vielleicht müsste sie doch gezielter mit ihnen üben? Ob sie doch in den Sommerferien einen Termin bei einer Logopädin ausmachen sollte?

Als sie Mara endlich frei ließen, wartete Tina schon ungeduldig. Ihre Freundin lächelte ihr zu, setzte ihr „Lehrerinnengesicht" auf, wie Tina es nannte, und griff nach dem Telefonhörer.

„Na, dann schau'n wir mal!" Landesvorwahl, Ortsvorwahl, Amts- und Nebenstellennummer, das schien kein Ende zu nehmen. Tina beobachtete, wie sie anschließend lauschte, mit den Fingern der linken Hand trommelte und weiterhin lauschte. Schließlich wandte Mara sich ihr zu: „Tut mir leid Tina, nur der Anrufbeantworter. Heute Nachmittag ist keine Sprech-stunde. Ich nehme die Nummer mit und werde es morgen Vormittag noch einmal probieren."

„Das ist nett von dir. Ich hoffe sehr, dass man mir dort weiterhelfen kann. Aber komm, lass uns noch einen kühlen Drink auf der Terrasse nehmen." Hoffnungsvoll lehnten sich die Zwillinge an den Türrahmen. „Es ist noch Wasser im Schaffl. Ihr könntet doch noch ein bisschen im Sand matscheln, Papa kommt bald."

Aber auch am nächsten Morgen erreichte Mara nichts. Nicht, dass sie keine Verbindung bekommen hätte, das schon, nur wollte man ihr keine Auskunft geben. „Schon gar nicht am Telefon und schon gar nicht irgendwem! Eigentlich gäben sie sowieso nur der Polizei Auskunft und der Steuerbehörde!! Das ist eben das superkorrekte Vorgehen der spanischen Behörden. Einerseits natürlich sinnvoll, aber in diesem Fall ist es nur nervig!"

Den Nachmittag verbrachte Tina mehr oder weniger kraftlos auf der Couch. Am Abend protestierte Sebastian: „Also wirklich Tina! Seit Monaten läufst du 'rum wie eine Mondsüchtige. Du zeigst für nichts mehr Interesse, es geht nur noch um deinen Vater, deine Mutter und immer wieder heißt es ‚mein Vater', ‚meine Mutter' - zur Abwechslung vielleicht ‚meine Schwester'! Die sind nicht da! Aber ich bin da. Die Zwillinge sind da. Anne ist da. Du sollst mit uns leben, nicht mit den Geistern deiner Vergangenheit. Ich bitte dich, lass das doch. Es bringt doch nichts!"

„Ein bisschen Zeit brauche ich noch! Bitte Sebastian! Aber ich verspreche, ich werde mich wieder mehr um uns bemühen!"

Also eine gemeinsame Bergtour. Das war Tinas Allheilmittel! Die Bergschuhe, die die Mädchen zum Geburtstag erhalten hatten, konnten eingeweiht werden. Sie hatte es spannend gemacht: von der Eroberung des Bergs gesprochen, von der Entdeckung eines Gipfelkreuzes und vom Erklimmen großer Felsbrocken nur für Geschickte! Müde, zufriedene Wanderer kehrten abends wieder heim. Gut gemacht Tina. Schließlich muss man sich auch mal selbst loben.

Der wichtigsten Aufgabe, ein neues Au-pair-Mädchen zu finden, fühlte sie sich nicht gewachsen. Kurz vor dem Schuljahrsende fühlte sie sich ein bisschen kraftlos. „Aber es wird Zeit Tina, denn du weißt, es kann Wochen dauern, bis alles organisiert ist.", drängte Sebastian. Ja, natürlich musste sie dringend ihre Fühler ausstrecken. Sie erzählte Mara davon, die gleich eine Idee hatte. „Meine Tante lebt in Madrid. Es gibt so viele spanische Mädchen, die Deutsch lernen wollen. Da die Jugendarbeitslosigkeit in Spanien erschreckend hoch ist, hoffen viele junge Leute auf bessere Chancen durch Beherrschung einer Fremdsprache. Heute Abend könnte ich sie anrufen. Ich gebe dir Bescheid, sobald ich weiß, ob sie jemand empfehlen kann."

Tatsächlich meldete sich Mara noch am gleichen Abend und berichtete, dass ihre Tante mehrere Kandidatinnen habe. „Ich habe deine Mailadresse weitergegeben. Meine

Tante veranlasst, dass du schnell Online-Bewerbungen erhältst." „Gute Idee."

„Du, wir sollten mal wieder etwas gemeinsam unternehmen, wir zwei Mädels, findest du nicht? In Grödig hat eine neue Disco aufgemacht und in der Bar am Rudolfskai, von der die ganze Stadt spricht, war ich auch noch nicht", lachte Mara.

„Ja, vielleicht. Wir telefonieren." Sie hatte doch gar keine Zeit für dieses reale Leben! Sebastian hat eigentlich Recht, sie verbiss sich zu sehr in das Thema. Immer wichtiger war es ihr geworden - wie eine Sucht!

Sommerferien! Freizeit! Was für ein Genuss! Tina wippte in dem alten Holzschaukelstuhl auf der Terrasse auf und ab. Auf dem Tischchen neben sich vier Jugendbücher, die sie aus den österreichischen und deutschen Jugendbuchpreislisten ausgewählt hatte, um sie diagonal zu lesen und zu prüfen, ob sie sich für ein Unterrichtsprojekt eigneten. Teerosenduft wehte herüber, vermischt mit dem des Lavendels. Den Duft des Sommers, wie liebte sie ihn! Etwas wehmütig schaute sie zu den Zwillingen, die mit ihren Puppen „Familie" spielten.
Ich hatte auch einmal eine Schwester!
Hm, den Stuhl sollte ich streichen, die Farbe an den Armlehnen ist schon ganz abgeblättert. Vielleicht in einem hellen Grünton? War sie jetzt doch am Ende der Suche? In drei Wochen fing die Schule wieder an, dann war sie unabkömmlich. Zum Glück hatte das mit dem Kindermädchen geklappt. Dank Maras Tante. Die Familienkonferenz hatte sich für Alicia entschieden, dem

Foto nach zu urteilen, ein fröhliches Mädchen!

„Aber ich will nicht aufgeben! Was wäre, wenn ich morgen nach Mallorca flöge und so lange den Schalter der Behörde belagern würde, bis sie mir die Adresse meines Vaters gäben", murmelte sie halblaut.

„Wenn!", sagte Sebastian, der unbemerkt von ihr mit zwei Gläsern Orangensaft auf die Terrasse getreten war. „Wenn er überhaupt noch auf Mallorca ist, Tina!"

„Ah, da bist du ja. Hm, Saft! Du bist mein Lieblingskellner." Ernster fügte sie hinzu: „Natürlich, das vorausgesetzt! Ich möchte, meinst du das ginge, also...", sie brach unschlüssig ab. „Was möchtest du, Tina?", fragte er sie ernst. „Ich möchte nach Mallorca. Ich habe das Gefühl, dass er noch dort lebt!" „Wer soll bei den Kleinen bleiben, Tina? Mitnehmen kannst du sie nicht." Bastian nahm in dem Korbsessel rechts neben ihr Platz. „Na, nun schau nicht so traurig. Aber vielleicht ist das gar keine schlechte Idee, wenn du hinfliegst, ihn vielleicht wirklich aufspüren könntest. Ich könnte versuchen, immer so gegen fünf Uhr zu Hause zu sein. Wir müssten die eine Stunde zwischen Kindergartenschluss und ..."

„Ja, das wäre die Lösung! Du bist genial! Die eine Stunde müsste sich doch überbrücken lassen. Ich werde morgen deine Mutter und Anne fragen, ob sie sich abwechseln können! „Gut, dann flieg! Tina, das muss dann aber die letzte Aktion sein! So kann es nicht weiter gehen! Du musst - nein, wir alle müssen zur Ruhe kommen! Wenn du nichts erreichst, versprichst du mir dann, es für immer zu lassen?"

„Gut, ich verspreche es."

5. Puerto Christo, August 2013

So ganz konnte es Tina nicht glauben, als am nächsten Morgen Salzburg unter ihr verschwand - traumhaft! In zwei Stunden würde sie in Palma landen. Hoffentlich wird sich der Aufwand lohnen! Da machte sich die Gegenwart lautstark bemerkbar. In der Abflughalle war ihr die Gruppe Männer schon aufgefallen. Sie hatten sich laut unterhalten, unterbrochen von johlendem Gelächter. Mindestens 20 Männer im mittleren Alter! Zwei von ihnen ließen sich jetzt neben ihr in die Sitze plumpsen, während sie sich lautstark mit entfernt sitzenden Gruppenmitgliedern unterhielten. Unangenehm!
Sie versuchte, ihre Ohren zu verschließen. Zum ersten Mal in ihrem Leben verreiste sie allein; früher ausschließlich mit ihrer Oma, dann zwei, drei Sommer mit Freundinnen und seit fünf Jahren mit Sebastian. Er war so fürsorglich, trug die Koffer und kümmerte sich überhaupt um alles Drum und Dran. Sie brauchte sich keinerlei Gedanken machen! Das hätte Anne nicht hören dürfen: Sie steht immer noch auf dem Standpunkt: Selbst ist die Frau! Sogar in ihrem Alter! Ein bisschen verwöhnt werden, tut

doch gut! Der Anblick der Alpen - einer dieser Gipfel muss der Mont Blanc sein - versetzte sie in gute Stimmung. Jetzt beschwerten sich ihre Sitznachbarn in unhöflichem Ton, weil ihnen die Flugbegleiterin kein Bier verkaufen wollte, obwohl andere Fluggäste Alkohol bekämen.

Leise erklärte diese: „Auf dem Flug nach Palma wird von keiner Fluggesellschaft Bier an Männergruppen ausgegeben." Ihr Nachbar fauchte sie an: „Wir gehören nicht zum Pöbel, wir sind nur lustig!" Mit professionellem Lächeln wandte sich die hübsche junge Frau dem Fahrgast in der nächsten Reihe zu.

Das ist keineswegs ein Traumjob! Eigentümlicherweise sorgte aber der kleine Vorfall für ein erheblich zivilisierteres Verhalten der Männer. Das ermöglichte ihr sogar, ein bisschen zu dösen. Erst als Marseille von ihrem Fenster aus zu sehen war, wurde sie wieder richtig wach. Kurz darauf waren sie im Anflug auf Palma de Mallorca.

Der Weg zur Gepäckausgabe schien ihr ein endloser Kreis zu sein. Zum Glück gab es Rollbänder, mit denen man allerdings nur langsam vorankam. Tina, du und deine Ungeduld! Und als sie meinte, ein weiterer Kreis begänne, befand sie sich endlich in einer übergroßen Gepäckhalle. Über zwanzig mehrkurvige Förderbänder reihten sich vor ihr auf. Nur an drei Bändern wurden Gepäckstücke erwartet. Ihr Gepäck kam natürlich ganz hinten in der Halle an Band vier an. Wenn sie da an den Salzburger Flughafen dachte, wie war er doch klein und überschaubar! Und hier diese Massenabfertigung! Ob die anderen Fluggäste sich auch ein bisschen verloren fühlten?

Gut, dass ich mir noch den ‚Travelite scribbeling' gekauft habe, überlegte sie, als die ersten mehr oder weniger edlen schwarzen Koffer auf das Band purzelten. Abgesehen davon, dass er auffällt, ist er wirklich im leeren Zustand sehr leicht. Auch andere Reisende freuen sich jedes Mal über die auf ihm notierten Sätze: ‚Put a smile on your face' oder ‚Don't worry, be happy'.

„Am Ausgang dort hinten finden Sie die Buslinie 333, die sie zu Ihrem Hotel bringt", beantwortete die junge Dame ihres Reiseveranstalters ihre Frage. Also wieder zurück. Das nervt. Wenigstens hat der Koffer Rollen. Ein unüberschaubar großer Busparkplatz mit unzähligen wartenden Bussen. Nach welcher Methode sind hier die Haltestellen angeordnet? Mal schauen.

Sebastian hatte abgeraten, gleich am Flughafen ein Auto zu mieten. „Du wirst müde sein. Komm erst einmal im Hotel an und am nächsten Morgen kannst du dich in Ruhe orientieren und dann losfahren."

So hatte sie für den morgigen Vormittag einen Mietwagen in ihr Hotel geordert. Wegen der guten Beurteilung der bisherigen Hotelgäste auf der Homepage hatte sich Tina für ein Hotel im Nordosten der Insel entschieden. Die Busfahrt war ein Genuss: Entzückt beobachtete sie ein paar Wolken am östlichen Himmel, die sich durch die untergehende Sonne rosa färbten. In der beginnenden Dämmerung erkannte sie Olivenhaine und Bergterrassen mit Zitronenbäumen, dazwischen einzelne Palmen und Oleanderbüsche, mit pfirsichfarbigen Blüten.

Bald war die Umgebung in der Dunkelheit nicht mehr zu sehen. Tina wurde mutlos. Wie sollte sie auf dieser riesigen Insel jemand finden, der vielleicht gar nicht gefunden werden wollte? Zufällig wandte sie sich um und staunte, ein Gemälde konnte nicht ansprechender sein: Der Himmel im Westen schimmerte in Hellblau- und Türkistönen. Die dunkle Silhouette der Sierra de Tramontana zeichnete sich scharf ab. Scherenschnittartig schoben sich einzelne dunkle Baumformen empor. Am Horizont malte die untergehende Sonne einen verblassenden rötlichen Streifen. Wunderschön!

Da: der Abendstern! Sebastian behauptet ja immer, dass der erste Stern am Abendhimmel die Venus sei. Wissenschaft entzaubert die Welt! Ihr erster Stern am Abendhimmel ist schon seit Kinderzeiten der ‚Abendstern'! Für mich wird er das auch immer bleiben! Oma hatte ihr viele selbst erfundene Geschichten vom Abendstern erzählt. Sie hatte die Tradition fortgeführt und ihren Mädchen auch Einschlafgeschichten vom Abendstern erzählt.

Schließlich bog der Bus in eine kleine Straße ab, fuhr eine breite gut beleuchtete Auffahrt entlang und hielt vor ihrem Hotel. Tina staunte über den großen Hotelkomplex, der, soweit sie es im Dunkeln erkennen konnte, in die Felsen über dem Meer gebaut worden war. Das junge Mädchen an der Rezeption reichte ihr den Zimmerschlüssel. Nummer 2063: ein Zimmer mit Meerblick. Allerdings - das konnte man sogar im Dunkeln sehen – befanden sich vor ihrem Balkon, getrennt durch eine großzügige Grünanlage, zweistöckige Häuser! Na, da werde ich mir morgen wohl den Meerblick vorstellen müssen! Ein bisschen einsam fühlte sie sich schon! Also

Bastian eine SMS senden! Schön, wenn er jetzt hier wäre! Irgendwie fühlt man sich fast als halber Mensch, so ohne seinen Alltagsbegleiter! Bald danach legte sie sich bei offener Terrassentür zum Schlafen. Hm, diese milde würzige Luft! Wellenrauschen im Hintergrund. Das Zikadengesurre gehört im Süden einfach dazu! Anne hatte ihr erzählt, dass die Männchen die Weibchen rufen oder dass sie ihr Revier auf diese Weise verteidigen. Sobald man sich anschleicht, verstummen sie. Als Kind hatte sie unbedingt eine fangen wollen, sich einen ganzen Abend lang immer wieder angeschlichen, aber ihr kleines Schmetterlingsnetz blieb leer. Im Traum fuhr sie endlose Straßen, die alle in einer Sackgasse endeten.

Welche Überraschung am nächsten Morgen! Der Hang, bestimmt aus Kalkstein, war so steil, dass die, vor ihrem Standpunkt in einer tieferen Ebene erbaute Häuserreihe, den Blick kaum störte. Diese Weite! Dieses Blau! Mit dem Sonnenschein kehrte ihre Zuversicht zurück! Seit langer Zeit zum ersten Mal bin ich frei! Ich kann allein entscheiden, was ich unternehmen will. Genüssliches Strecken ist schon richtiger Sport – oder?

Zuerst einmal ein richtig opulentes Frühstück auf der Terrasse, das muss jetzt sein! Hoffentlich gibt es guten Kaffee und vielleicht warme Ensaimadas. Ein Frühstück mit Sebastian neben mir würde mir allerdings noch besser gefallen. Freundlich, diese gelben Sonnenschirme. Hier kann man sich einfach nur wohlfühlen!

Ein Prospekt auf dem weißen Tischchen informierte über die Annehmlichkeiten der Hotelanlage. Bis der Wagen von der Vermietungsagentur gebracht wird, habe ich bestimmt genug Zeit, um die hier versprochene ‚großzügige Gartenanlage mit den farbenprächtigen Blumen' zu erkunden. Ein Genuss: die Ruhe und die Meerfarben: Türkis, Grün und Blau und das wenige Weiß der Gischt. Dazu dieser Meersalzgeruch und der Kräuterduft in der Luft! Herrlich! Der kommt wohl vom Hang. Thymian? Rosmarin? Von der rechten Ecke des Felsplateaus, das steil zum Meer abfiel, führte eine schmale Steintreppe wohl zum Strand. Das wäre etwas für den Nachmittag.

Ganz unschuldig hatte sie an der Rezeption um ein Telefonbuch von Mallorca gebeten, aber der junge Mann hatte den Kopf geschüttelt. *„Ninguna guía telefónica de Mallorca."* Das konnte nicht sein! Nicht im ‚Zeitalter der totalen Kommunikation' – wie sie kürzlich gelesen hatte. Also ließ sie sich die Adresse der nächstliegenden Poststation aufschreiben. Zehn Minuten später saß sie im Auto, zuversichtlich, bald ihre erste Aufgabe gelöst zu haben.

Die Fahrt war wunderschön: Hügeliges Land, blaues Meer und hie und da eine kleine Straße, die hinunter in eine der Badebuchten führte. Ein Auto ohne Navigationsgerät – kein Problem!

Schließlich kann sie Kartenlesen! Schon als Kind hatte sie ihre Oma immer im Urlaub durch die Landschaft gelotst. Auf dem Plan im Internet hatte es auch ganz leicht ausgesehen. Nach der Ortseinfahrt von Porto Christo in die dritte Straße links einbiegen und schon müsste sie vor der Poststelle halten. Allerdings wartete ein Kreisverkehr auf sie, ein weiterer Kreisverkehr – jetzt eine

Einbahnstraße! Oh, rechts abbiegen verboten! Auf einmal fand sie sich auf der Uferpromenade wieder: ein Restaurant neben dem anderen und dazwischen Souvenirläden, Postkartenständer neben den Türen. Mist! Da ein Parkplatz! Ohne Blick in den Rückspiegel schlug sie das Lenkrad abrupt nach rechts ein. Geschafft! Beim Aussteigen zuckte sie mit einem Blick auf den nachfolgenden spanischen Autofahrer, den sie zu einer abrupten Abbremsung veranlasst hatte, entschuldigend mit den Schultern, hob die offenen Handflächen in die Luft. Er würde doch bestimmt Verständnis für die Probleme einer Frau im Straßenverkehr haben? Manchmal spielte sie mit den klischeehaften Rollenvorstellungen. Das konnte durchaus hilfreich sein! Eine vor einem Geschäft stehende junge Spanierin, schien ihr für ihr Anliegen geeignet zu sein.

„Mi perdone, - hm – *esta Correos* hier?", fiel ihr ein, wobei sie ihre Worte mit einer Handbewegung unterstützte, die einerseits die Promenade und andererseits halb Mallorca einschloss. Sofort sprang ein Spanier, der die kleine Szene abwartend beobachtet hatte, hilfreich ein.

„Deutsch", fragte er?"

„Ja!"

Peinlich, diese Touristen, die meinen, mit ihrer Muttersprache durch die Welt kommen zu können, hatte sie früher gedacht. Mit Anne auf einer Italienreise hatte sie die freundlichen Bemühungen der Kellner in den Gastländern beobachtet, die sich anstrengten, die heimischen Spezialitäten auf der Speisekarte verständlich an den Mann oder die Frau zu bringen. Jetzt war sie selbst nicht gut vorbereitet! Dem Spanier fehlten nun auch die deutschen Vokabeln. Er kratzte sich am Kopf und malte großräumige Halbkreise in die Luft:

„Directamente, à la derecha, segonda iziquierdìa."

„Muchas gracias!"

Außer der Handbewegung, die wohl ,umdrehen' bedeutete, vermutete sie, zuerst rechts abbiegen zu müssen - das war klar, sie konnte ja schlecht ins Meer fahren. Dann irgendetwas mit einer zweiten – was auch immer dieses „iziquierdia" bedeuten sollte. Die Sträßchen wurden kleiner und enger, jede zweite Straße war eine Einbahnstraße, mal in die eine und dann in die andere Richtung. Ein kurzer Verblüffungsmoment, als die Straßen wieder breiter wurden. Ob das etwa schon...? Ja, sie fuhr bereits wieder aus dem Ort hinaus!

Ein Supermarkt befand sich genau an der richtigen Stelle, sodass sie eine neue Entscheidung traf: Das leibliche Wohl hat Vorrang! Trinkwasser und Obst besorgen! Nach dem Einkauf, der – dem Erfinder von Selbstbedienungsläden sei gedankt - komplikationslos ablief, versuchte sie noch einmal ihr Glück. Aber es war zwecklos. Zwar wussten alle, die sie um Auskunft bat, wo die Post zu finden war - offensichtlich in der Nähe, aber sie entdeckte sie nicht! Verfluchte sich schließlich, dass sie nie Spanisch gelernt hatte. Das Kindermädchen soll mit ihren Kindern auf jeden Fall Spanisch sprechen! Jetzt lernen sie eine Sprache noch ohne Schwierigkeiten. Und ich werde einen Abendkurs belegen!

Vielleicht würde sie in einem anderen Ort mehr Glück haben, die Poststation zu entdecken. Sie nahm die Straße nach Cala Rajada. Ah, hier ist die Cala Gat, in dieser Bucht könnte man eine Pause machen. Schnell schlüpfte sie in ihren Badeanzug und watete ins Wasser. Herrlich! Sie schwamm weit hinaus. Das Leben kann so schön sein! Vielleicht sollte man öfter ein paar Tage ohne die Familie Urlaub machen, dachte sie beim Abtrocknen. Keine Spielideen wurden von ihr erwartet, keine diplomatischen Korrekturen von ungeschickt formulierten deutschen Sätzen des Au-pairs, keine Kirchenbesichtigung – Sebastians touristische Lieblingsunternehmung! Sie hielt an, setzte sich auf einen abgeflachten Felsen und genoss den Blick auf das Meer mit der Gischt. Wie die kleine Meerjungfrau, nein: eher eine große!

Tja, am Wochenende werde ich sicher niemand bei der spanischen Niederlassung der Spedition, wo mein Vater früher gearbeitet hat, erreichen und die Ämter sind auch nicht besetzt. Sei ehrlich, Tina, so einfach ist das nicht: die weite Strecke, die spanischen Schilder und höchstwahrscheinlich alles wieder umsonst! Sollte sie nicht lieber aufgeben, die paar Tage genießen und die Vergangenheit ruhen lassen? Also doch nachträglich auf Anne hören? Kopfschüttelnd packte sie wieder ihre Badetasche. Wenn sie doch nur ein Telefonbuch auftreiben könnte! Vielleicht war es naiv gedacht, doch es ist doch nicht ausgeschlossen, dass sie den Namen ‚Kammler' einfach im Telefonbuch finden könnte - oder?

¿*"Puedo ayudarle?"*

Erstaunt drehte sie sich um, schaute in ein erwartungsvolles Männergesicht.

„No hablo español." Hatte sie beim Kopfschütteln zu laut

geseufzt?

¿"Perdone, esta Alemaña?"

¡"Ja, ähm: si! Alemaña!"

Das spanische Wort für „Österreicherin" kannte sie auch nicht. Diese ganze Reise war sinnlos – eine blöde Idee! Warum hatte sie sich so darauf versteift? Wieder seufzte sie.

Der Mann lächelte und kam näher. Er war bestimmt über dreißig, hatte schwarze Haare und dunkle Augen, die sie mitleidig ansahen – allerdings gab es da noch ganz hinreißende Lachfältchen! Abwehrend streckte Tina die Hände aus.

¿"No, no. Ähm... Austria?" Das englische Wort, ein wenig anders intoniert, tut es seinen Dienst?

„Ich spreche Deutsch. Mein Name ist Sergio. Benötigen Sie Hilfe?"

Tina schüttelte den Kopf. Aber, wenn er nun mal da war? Mit forschendem Blick stellte sie ihre Frage: „Gibt es wirklich kein Telefonbuch von Mallorca?" Sie beobachtete, wie sich ein fassungsloses Staunen auf seinem Gesicht ausbreitete. *¿"Porqué...* denken Sie das?"

„Im Hotel hat man mir gesagt, dass es kein Telefonbuch gäbe und dass ich mir die Nummer im Internet suchen könnte, aber da habe ich nichts gefunden."

„Warum Sie suchen ein Telefonbuch von der Insel? Vielleicht haben sie Sie im Hotel falsch verstanden oder das Hotel hat *ninguna guía telefonica.*"

„Ach", *deprimido* klang die junge Frau jetzt: „Ich suche jemand auf Mallorca, von dem ich annehme, dass er hier lebt, oder sich zumindest vor zehn Jahren hier aufgehalten hat. Es ist sehr wichtig für meine Familie."

„*Venga*, mein Wochenendhaus ist nicht weit. Ich habe Telefonbücher, von Palma und der Ostküste zu Hause. Sie sind alt, aber wir können die Auskunft anrufen, *ningùn problema!*"

Tina sah ihn zweifelnd an.

„Keine Angst, *señora*, ich helfen Ihnen. *Entonces lleverlos a coche* – dann ich bringe Sie zu Ihrem Auto zurück."

Man muss sein Glück beim Schopf packen oder? Es kann doch auch gut aussehende Wohltäter geben, dagegen spricht eigentlich nichts.

„Ich heiße Christina." Das müsste ein bisschen zur Entspannung beitragen!

„Christina!"

Dieser Tonfall! Wie schön ihr Name, spanisch ausgesprochen, klang. Und dieses besondere Lächeln! Sie streifte ihr Kleid über den Badeanzug, nahm Tasche und Flipflops in die Hand.

Als es zu spät war, fragte sie sich, warum habe ich ihm nicht gleich gesagt, dass ich verheiratet und Mutter von vierjährigen Zwillingen bin? Diese Gelegenheit verstrich ungenutzt – war das Schicksal? Wohlüberlegt auf jeden Fall nicht! Aber: Erzählt man einer Zufallsbekanntschaft gleich in allen Einzelheiten seine Lebensumstände?

Sergio zeigte auf die blauen Ringe im Meerwasser: „Dieses Jahr sind sie eine Pest, diese *medusas azul*..." Er suchte nach einem Wort und fand es nicht, „diese Tiere!"

Innerlich lachte Tina. Das waren Quallen! Und sie hatte sie einen Moment lang für Kondome gehalten und sich gewundert: diese Mengen! Sie war wirklich ein Kind der

Berge: Wer denkt da an Quallen?

Sergio plauderte freundlich mit ihr, während sie den Fußpfad durch das kleine Wäldchen nahmen. Mit kurzen Überlegens-Sprechpausen zeigte er beachtliche Vokabelkenntnisse. Als er die Tür zu einem kleinen Bungalow öffnete, bekam Tina wieder Hemmungen.

„*No tengas miedo,* meine Schwester ist da."

Aus dem Garten hörte man Stimmen. Christina kam sich wie ein Eindringling vor, aber Sergio ging mit großen Schritten auf die Terrasse und sprach in schnellem Spanisch auf die dort Sitzenden ein. Eine dunkelhaarige Frau mit einem besonders aparten Gesicht sprang auf und kam mit ausgestreckten Armen auf Christina zu.

„Meine Schwester Maria, sie spricht kein Deutsch. Das ist Alejandro, ihr Ehemann. Und das ist ihre Tochter Christina."

„Ach, wie ich!" Tina lachte.

Interessiert kam ein hübsches, etwa achtjähriges Mädchen näher und musterte den unerwarteten Besuch aufmerksam. Sie sah niedlich aus mit diesen langen dunklen Locken! Ihr Onkel übersetzte Tinas Lachen. Seine Schwester Maria, leger den Arm um Tinas Schultern gelegt, sprach unentwegt auf Tina ein. Der Mann an ihrer Seite bot dem Gast mit einer einladenden Handbewegung sein ganzes Terrassenreich an.

„Maria sagt, das Essen ist in *trienta minutos* fertig. Sie sind eingeladen."

„Nein, nein", wehrte Tina ab, ich will doch nur das Telefonbuch einsehen."

„*Si, primero!*" Und wieder ging das Gerede zwischen den

Geschwistern los.

„Es gibt *caldereta de langostas*; und Maria ist *la reina*, die Königin von der *sofrito*, Soße, *si*?"

Diesem einladenden Lächeln konnte man nicht widerstehen! Wann hat man je die Möglichkeit eine typische mallorquinische Mahlzeit mit einer ‚echten' mallorquinischen Familie teilen zu dürfen? Mit einem erfrischenden Fruchtsaft konnte sie ihren Durst löschen. Bald darauf brachte Maria ein dickes Buch. Mit Herzklopfen schlug Tina es auf:

„K, Ka, Kal, Kam... Sie blätterte und fuhr die Reihen mit dem Zeigefinger entlang. Dann schüttelte sie den Kopf und sah Sergio enttäuscht an.

„Was ist sein *profesión*, seine Arbeit? Wir sehen in *paginas amarillas*."

„Transport, Hausmeister."

„Hausmeister?"

„Ja, er soll die Villen deutscher Familien, die nur zeitweise hier sind, betreut haben."

Wieder setzte eine erregte Diskussion ein, an der sich nun auch Alejandro beteiligte. Sogar ihre kleine Namensschwester schaute interessiert in das Buch. Dann griff Maria zum Telefon, nachdem sie sich den Namen ‚Klaus Kammler' notiert hatte.

Nach einer Viertelstunde saßen alle resigniert um den Tisch. Dieser Name war nicht auffindbar. Nun schaltete sich Alejandro wieder ein und Maria und Sergio hörten interessiert zu, Sergio nickte und lächelte Tina zu. Schließlich griff Alejandro zum Telefon.

„Cousin von Alejandro hat Freund Ramon, *trabaja* im

Ministerium. Vielleicht ..., Ramon kann helfen", erklärte Sergio. Nach einer halben Stunde und mehreren Gesprächen lächelte Alejandro Tina beruhigend zu.

„Am Montag, telefoniert er!", versicherte Sergio und Maria trug das Mittagessen auf, einen Hummereintopf mit einem köstlichen Sud. Sergio nahm Tinas Hand und zog sie an den langen Holztisch auf der Veranda zu dem Platz neben sich. Tina begann, sich im Kreis dieser freundlichen Menschen wohlzufühlen.

Das Essen war köstlich! Der mallorquinische Weißwein war angenehm leicht und schmeckte fruchtig. Alle aßen und tranken mit Begeisterung; viele Worte flogen hin und her, einiges übersetzte ihr Sergio, sodass sie sich manchem Lachen anschließen konnte. Anschließend bedankte sie sich herzlich und wollte sich verabschieden.

„Warum", fragte Sergio.

„Ich wollte heute noch zur Eremità de Betlèm und nach Artà."

Da rief die kleine Christina: „Si...", den Rest verstand Tina nicht, aber beide Eltern schüttelten den Kopf.

„Me gustaría, no, ich begleite dich", meinte Sergio, einfach zum „du" übergehend, „die Straße ist gefährlich." Da lachte Tina: „Genau deswegen. Solche Straßen liebe ich. Außerdem soll man dort wandern können." „Ich komme gerne mit dir, con gusto!" Tina strich sich die Haare hinter die Ohren. „Danke, ich würde mich freuen." He, Tina, was soll das? Sonst schließt du dich doch nicht so schnell fremden Menschen an.

Unterwegs unterhielt Sergio sie mit mallorquinischen Anekdoten. Manche spanischen Worte, die er ab und an verwendete, musste sich Tina aus dem Kontext erschließen, aber das klappte recht gut. Er beschrieb ihr die schönsten Gegenden, die man seiner Meinung nach gesehen haben musste. Geheimtipps hatte er parat! Nur für sie!

„Nur mit dir als Führer hat man also eine Chance das ursprüngliche Mallorca zu sehen?", grinste Tina. Die Anrede kam ihr bereits vertraut vor.

Sergio lachte auch. „*Si*, ich bin dein Führer."

Während Tinas waghalsiger Fahrt die Passstraße hoch, schwieg Sergio heldenhaft. Bei dem Blick von oben auf die kleine Anlage, bestehend aus einem grauen Steinhaus und einer kleinen graue Kirche, murmelten die beiden wie aus einem Mund: „*Muy lindo!*" „Sehr schön!"

Die Rückfahrt war wieder ein Genuss für Achterbahnliebhaber, obwohl sie zwei-, dreimal die Luft anhielt, wenn sie haarscharf an einem entgegenkommenden Wagen vorbeikamen. Gelernt ist gelernt! Immer mal wieder fehlten in den Linkskurven die Begrenzungsmauern. Das war schon eine besondere Herausforderung. Im Tal angekommen, bogen sie zum Wanderparkplatz ab. Vor ihnen erstreckten sich einige Gipfel der Sierra de Llevant, die am Cap de Ferrutx steil zum Meer abfielen.

„Lass uns hier ein bisschen gehen!"

Sie wanderten in Richtung Puig de sa Tudosa. Auf dem Weg erzählte Tina von ihren verlorenen Eltern und ihrer verschwundenen Zwillingsschwester, von ihrer Anne-Oma und... Schweigen! Ob er alle Einzelheiten verstanden hatte? Das war nicht wichtig, merkte sie. Es half ihr,

Klarheit zu gewinnen, wenn sie die vergangenen Geschehnisse strukturiert zusammenfasste.

Auf einmal nahm Sergio sie zärtlich in die Arme. *„Pobrecita."*

Zuerst sträubte sich Tina, aber dann fühlte sie sich seltsam getröstet und behütet in seinen Armen. So hielt er sie lange. Wortloses Verstehen auf einer anderen Ebene. Als er sie schließlich losließ, gingen sie wie selbstverständlich Hand in Hand weiter.

„Morgen ist Sonntag. Ich habe Zeit für dich! Darf ich dir Cap de Formentor zeigen? Und Pollença?"Hinter seinen Vorschlägen spürte sie die Begeisterung desjenigen, der sein Land liebt.

„Donde dein Hotel in Porto Christo? Ich hole dich ab und ich fahre, ja,? Gibst du mir deine Telefonnummer?"

„Langsam Sergio. Eins nach dem anderen. Morgen zum Cap Formentor? Ja, das würde ich gerne machen. Aber wir nehmen mein Auto. Es ist sowieso bezahlt und ich möchte auch gerne fahren. Wir können uns ja abwechseln. Ich habe nämlich gelesen, dass es eine sehr interessante Bergstraße ist. Wäre das okay für dich?", fragend sah sie ihn an.

„De acuerdo, es ist dein Urlaub, darf ich mitkommen, *por favor?"*

Tina lächelte. „Natürlich tauschen wir die Telefonnummern aus, damit ich dich anrufen kann, falls du dich nicht meldest!"

Er legte seine Hand auf sein Herz:„Mi cariño, was sagst du!" *Diese Spanier, immer übertreiben sie, aber nett.* „Ich vergesse zu rufen an? No es posible." Wahrscheinlich war ihr Lächeln zu einem Grinsen geworden.

In einer kleinen Bar tranken sie noch einen roten vino de la casa: fruchtig! Sergio erzählte von seiner Familie: seinen Eltern, die gerne in Palma leben, seinem Bruder, der Anwalt ist wie Alejandro, und dass er selbst Architektur studiert habe. Ein Auslandsstudienjahr habe er in Berlin verbracht. Aha, deshalb seine Deutschkenntnisse!

Aus der altmodischen Jukebox erklang mitreißende rhythmische Latinomusik, ein spanischer Text, aber die Melodie kam ihr irgendwie bekannt vor, ein Mambo, der Rhythmus ging in die Füße! Sebastian und sie hatten zwei Tanzkurse mitgemacht, um lateinamerikanische Tänze zu erlernen – in einem anderen Leben...

„Ah, das ist jetzt doch...“

„*Qué serà*! Von José Feliciano.“

Der Wein und die gelöste Stimmung veranlassten Tina, die Haare über die Schulter zu werfen, Sergio anzulachen und die englische Version mitzusingen „*what ever will be, will be...*“ Ihr Gegenüber sah sie bedeutungsvoll an und stellte die südländische Philosophie dagegen: „*Que sera de mi vida ...*“

„Eigentlich ein alter Song, aber er hat Charme!“

„*Si!*“

Puh! Durst! Sergio strich ihr eine Haarsträhne hinter das Ohr. „Ich hätte studiert in Salzburg, *mi amor*, wenn ich wusste, dass du lebst in der Stadt in Austria und studierst Lehrerin.“ Es habe ihm in Berlin gefallen, aber das Heimweh nach seiner Insel sei stärker gewesen. Hier habe er vor zwei Jahren an der Planung einer Feriensiedlung mitgewirkt, aber eigentlich sei er dagegen, so viel Land zu verbauen für Häuser, die nicht wirklich bewohnt würden. Seit er die Chance zur Renovierung einer großen alten Finca bekommen habe, den Auftrag habe ihm Alejandro vermittelt, sei er zufriedener. Diese Arbeit mache ihm viel, viel mehr Spaß.

„Diese Gebäude haben Atmosphäre, *mi* Christina, und man kann viele Ideen zeigen. Natürlich mit mehr Geld von Besitzer – mehr Ideen." Seitdem sei er dabei, sich mit seinen Renovierungen einen Namen zu machen. Nachdem es in Fachzeitschriften mehrere gute Fotoserien von seinen Arbeiten gegeben habe, könne er sich seine Kunden aussuchen. Nicht nur auf Mallorca! „Stell dir vor, eine Anfrage aus Francia! Man will, dass ich komme, ein Schloss zu renovieren, ein kleines!"

„Oh, zeigst du mir mal eine deiner Fincas? Das würde mich sehr interessieren. In Salzburg haben wir auch ein altes Haus renoviert, ich weiß genau, was du unter ‚Atmosphäre' verstehst."

„Wir?"

„Na, mein - meine Oma und ich."

Verflixt, wieder hatte sie, eine Möglichkeit verpasst, Farbe zu bekennen. Er gefällt mir gut, er gefällt mir sogar sehr gut, lüge ich deshalb? Ist ‚Verschweigen' schon ‚Lügen'? Wahrscheinlich, wenn man es genau nimmt. Auf der Rückfahrt schlug Sergio vor:

„Morgen Abend gehen wir tanzen, *d'acuerdo mi cariño*?"

„Ja, ich glaube, das ist eine gute Idee, das bringt mich auf andere Gedanken." Der Radiosender brachte jetzt einen Song, den sie auch mochte: „Oh, 'Stay' von Rihanna!" Den Refrain sang sie halblaut mit und klatschte im Rhythmus.

Sergio fiel laut ein. Eine besondere Stimmung legte sich um sie. Beide schwiegen eine Weile. Es stimmt: *„Ein Freund ist jemand, mit dem man ohne Unbehagen schweigen kann“*,

das hatte sie mal irgendwo gelesen. Jeder, der mit dem richtigen Menschen zusammensitzt, kann das nachvollziehen!

„Ich bin dir so dankbar Sergio, ohne dich würde ich mutlos am Strand oder im Hotel sitzen!“ Sie hielten vor seinem Wochenendhaus. „No, nicht dankbar“, murmelte Sergio beugte sich vor und küsste sie auf den Mund. Tina erstarrte. Wie warm seine Lippen sind. Fest und weich. „Morgen neun Uhr dreißig am Hotel. Adios!“

Damit war sie entlassen. Ihre Abfahrt glich mehr einer Flucht. An diesen Abend rief sie Sebastian nicht an.

Keine Kräuterdüfte und kein Meeresrauschen halfen ihr beim Einschlafen: Tina wälzte sich unruhig herum. Den Kuss kann sie nicht vergessen! Vor allem ihr Gefühl dabei nicht. Wie ein Stromschlag war es durch sie hindurchgefahren. Sie ist Mutter von vierjährigen Zwillingen! Lena, Lisa, eure Mama weiß nicht, was sich gehört! Sebastian habe ich doch unbedingt gewollt, schon damals im Schwimmkurs mit vierzehn! Ich liebe ihn doch! Auf ihn kann ich mich verlassen – in jeder Situation! Bestimmt hat der Kuss nichts zu bedeuten. Spanier sind doch so expressiv! Sie wird das nicht überbewerten.

Diese Musik war zu verführerisch! Also morgen ohne Musik! Und den Wein lassen wir auch besser weg! Sie würde den Ausflug genießen. Zu zweit ist es viel lustiger und Sergio kennt sich gut aus, sie kann davon profitieren.

In fünf Tagen ist das Abenteuer Mallorca vorbei und am Montag darauf würde sie vor ihrer Schulklasse stehen. Also Tina, jetzt übertreibe nicht wieder! Das ist ganz harmlos. So ein kleiner Ferienflirt ist doch wohl erlaubt! Jetzt schlaf endlich ein! Überhaupt: Zittrige Beine, wegen eines Abschiedskusses, das ist doch heutzutage voll out! Wenn sie hiervon ihren früheren Studienkolleginnen berichtete, würde das wie Kinderkram klingen, gegenüber dem, was die so erlebt hatten.

Also wirklich Tina! Jetzt schlaf! Zähl Schäfchen, das muss helfen!

6. Mallorca, Formentor

Ein bisschen nervös wartete sie am nächsten Morgen auf ihren Reiseführer. Ihr Begrüßungslächeln fühlte sich angespannt an. Doch Sergio gab den höflichen Spanier, hielt ihr die Tür des Autos auf, Küsschen links, Küsschen rechts, strahlendes Lächeln und Abfahrt. Die Sonne schien. Die Luft war noch frisch. Es würde ein herrlicher Tag werden.

Zuerst nahmen sie die Autobahn, dann bot sich ihnen die aufgeräumte Landschaft entlang schmalerer fast leerer Straßen dar. In den kleinen Dörfern der Ebene fuhren sie immer durch „el centro", damit Tina das mallorquinische Flair besser erfassen konnte. Pflanzen in Tontöpfen geben vielen Häusermauern mit dem warmen Gelbton den typischen südländischen Charme. Das gefiel ihr. Oder die Bougainvilleas, diese Wunderblumen mit ihrem Blütenreichtum. In dem spanischen Klima haben diese Südamerikaner eine gute Heimat gefunden. Nahm man die Pflanzengröße als Maßstab, fühlten sie sich in ihrem

Wintergarten zu Hause wohl nicht richtig wohl. Die steilen Gipfel der Tramontana kamen näher und sahen ein bisschen bedrohlich aus. Als sie Pollença erreichten, hatten beide gleichzeitig denselben Gedanken.

„Sergio ...", begann Tina.

„Christina ...", sagte Sergio. Beide lächelten.

„*Café?*", fragte Sergio.

„Kaffee!", bestätigte Tina.

Auf der Plaça genossen sie die Wärme der Sonne. Noch waren wenig Menschen unterwegs. *„Esta una - no*: ein schöner Ausflug. In Formentor ist ein, eine herrliche Badestrand, wo wir sehen auf die *Badia de Pollença*."

„Tja, es gibt Frauen, die denken mit. Ich habe meinen Badeanzug natürlich dabei."

Ihr verschmitztes Lächeln wurde mit einem intensiven Blick aus braunen Augen mit Lachkräuselfältchen vergolten. Jetzt wird das hier doch ein bisschen gefährlich! Nachdem sie Port de Pollença verlassen hatten, führte die Straße in Windungen steil nach oben. Reger Verkehr erforderte die Konzentration des Fahrers. Radfahrergruppen schienen diese Strecke auch zu lieben! Da muss es wohl irgendwo ein Nest geben! Tina war jetzt doch froh, dass Sergio fuhr, so konnte sie den Blick zurück auf das Hafenstädtchen und die wechselnde Landschaft genießen.

„Ist das schön!"

„Meine Insel, Christina", freute sich Sergio stolz.

Aus dem Autoradio erklang *„vivir mi vida"*, Tina liebte diesen Song, Mara hatte ihn ihr schon vorgespielt. Sergio summte ein paar Takte mit und Tina klatschte den

Rhythmus. So eine lebensfrohe Stimmung in der Melodie! Der kann man sich nicht verschließen! Schließlich sangen sie zwei, drei Zeilen zusammen auf Spanisch, dann musste Tina passen. Nach einiger Zeit entdeckte sie ein Schild mit einem Fotoapparat. Das braucht man nicht zu übersetzen, grinste Tina innerlich. Sergio reihte sich in die vielen Parkplatz suchenden Autos ein. Wo kamen die plötzlich alle her? Der kleine Parkplatz war überfüllt. Hier muss es schön sein: Hunderte Touristen können sich nicht irren! Gourmets hatten die Möglichkeit, sich bei einem Verkaufswagen zu verköstigen, der überteuertes Eis und - allerdings kühle - Cola anbot. Misstrauisch blickte Tina ihren „Reiseführer" an, der beruhigend nickte.

„*Si, si*, komm Christina!"

Einige Treppen führten zu einem Denkmal, das dem Erbauer dieser Straße gewidmet war, weitere Treppen brachten sie nach hundert Metern zu einer ummauerten Aussichtsplattform. Wenn man sich diese vielen Ameisenmenschen wegdenkt, ist das hier natürlich ein traumhafter Platz!

„Schau, Sergio, es führt auch eine Straße auf diesen Berg mit dem Turm. Können wir da hochfahren? Keiner biegt dahin ab. Weniger Menschen in dieser herrlichen Landschaft wären schön "

„*Si, princesa*. Die Straße ist sehr steil und am Schluss sehr schlecht, aber komm!" Sergio nahm sie an der Hand und zog sie zum Auto. Tina verstand bald, warum dieser extrem schmale Verkehrsweg gemieden wurde: Es gab im oberen Bereich keine Begrenzung mehr neben dem senkrecht abfallenden Berghang. Sergio fuhr tadellos durch die zahlreichen Schlaglöcher.

„Mallorquiner können auch Bergstraßen fahren, nicht nur *la princesa austríaca*", neckte er Tina. „Ein Stopp für Touristen! Bitte aussteigen, meine Dame."

Ein kräftiger, kühler Höhenwind verkürzte diesen Moment: zwei Menschen allein in ungezähmter Natur mit dem Blick auf tiefblaues Meer und schroffe Felsen, außerhalb von Zeit und Raum. Nun wieder das von der Sonne erwärmte Auto aufzusuchen, war nicht die schlechteste Idee. Wie eine schützende Höhle. Beim Anschnallen berührten sich ihre Hände zufällig. Übte Sergios Hand absichtlich ein wenig Druck aus? Tina wagte es nicht, ihm einen Blick zuzuwerfen. Und nun? Tina, was nun?

Das Straßenband schlängelte sich wieder abwärts durch einen herrlichen Wald. Bei Formentor wies Sergio auf die gegenüber liegende Seite: „Der Parkplatz und der schöne Strand, Christina. Wenn wir zurückkommen, wir machen einen Stopp."

„Ist es noch weit bis zum Cap?"

„Wir haben die Hälfte. Es sind noch 9 Kilometer."

Neun Kilometer auf diesem Sträßchen, das würde noch eine Weile dauern! Tatsächlich brauchten sie noch lange bis zum Leuchtturm, denn an schnelles Fahren war wegen des zunehmenden Ausflugsverkehrs und der vielen Fahrradfahrer nicht zu denken. Sie sprachen nicht viel, manchmal wies der eine oder andere auf einen schönen Ausblick hin.

Tinas Unruhe, die sie seit Annes Erklärung nicht mehr losgeworden war, verschwand. Sie fühlte sich wohl. Die

Sonne schien und Sergio war so ein netter Begleiter.

Aber die Terrasse des Leuchtturms war überfüllt. Sie lehnten sich eng nebeneinander gegen die Balustrade. Tina trank die Aussicht. „Diesen Anblick schließe ich in meinem Herzen ein. Ich werde ihn nie vergessen!"

„*Te quiero, mi amor*", flüsterte Sergio, zog Tina an sich und küsste sie.

Tina vergaß alles um sich herum, schloss die Augen. Lautes Weinen! Ein Kind, wenige Schritte von ihnen entfernt, war hingefallen. Tina erschrak, drehte sich hastig um. „Es ist so voll hier. Komm, lass uns zurückfahren!"

„*Si, mi tesoro*, lass uns zum Strand fahren."

„Ist der Wind heute nicht zu kalt zum Baden?"

„*El frio*, die Kälte – ja? Ist nur hier oben. Komm."

Tinas Befangenheit war verflogen. „Jetzt, *señor*, jetzt fahre ich." Als sie um die erste Kehre fuhr, winkten zwei Anhalterinnen im Großmutteralter. „Die nehmen wir mit, okay?"

„Es ist dein Tag. Du machst, was du willst!"

Durch das geöffnete Fenster erfuhren sie: „Oh, we would like to go to Formentor, to the bus-stop."

„Okay, come in. Wir fahren auch dahin."

Die beiden Damen waren froh, eine Mitfahrgelegenheit gefunden zu haben. Sie hätten die Strecke ursprünglich zu Fuß gehen wollen. Neun Kilometern hätten sie sich durchaus gewachsen gefühlt. Aber der Weg sei sehr steinig. Zudem habe man bisher schon große Höhen-unterschiede überwinden müssen. Sie seien ja so dankbar, dass man angehalten habe. In Formentor beschlossen beide Damen, ebenfalls den Abstecher zum Strand zu machen. Der Bus würde später auch noch fahren. Aufatmend winkte Sergio den beiden hinterher, nachdem diese sich endlich am Strand zu einem Spaziergang verabschiedet hatten. Sich bewegen zu können, nach dem langen Sitzen im Auto, das war jetzt das Richtige! Mit großen Sprüngen war Sergio als erster im Wasser. „Komm Christina, das Wasser ist wunderbar!" „Ich komme, ich komme schon!"

Christina kämpfte noch mit ihrem Badeanzug und lief schließlich lachend in die Wellen, Sergio hinterher. Den braun gebrannten Mann, der sich schnell nach ihr umgedreht hatte, hatte sie gar nicht bemerkt.

Während dieser der langbeinigen jungen Frau nachsah, hörte er sich in einer anderen Zeit rufen: ‚Komm Christina!' Und eine Kinderstimme hatte geantwortet: ‚iss tomme, iss tomme ssoon!' Er schauderte.

Eine Frau, Anfang vierzig, ging auf ihn zu. „*¿Qué pasa, Carlos? ¡Oh! ¡Carlos!* Sag, schon!"

Er antwortete ihr auf Deutsch. „Ich habe einen Geist gesehen."

„Welchen?"

„Meine Frau, meine erste Frau, Susanne. Sie nennt sich Christina und spricht Deutsch."

„Wenn sie Christina heißt, dann ist es nicht ihr Geist, beruhige dich!" In seinen Augen las sie Angst. Diesen Blick kannte sie. „Ich hole die Kinder, wir fahren *de la nuestra casa de campo*."

„Nein. Du verstehst nicht. Natürlich ist es nicht Susanne. Aber vielleicht Christina, meine Tochter! Kann das sein?

Sie wäre, nein, sie ist jetzt sechsundzwanzig Jahre alt."

Er beobachtete das Paar ununterbrochen. Klaus, der in seinem jetzigen Leben Carlos genannt wurde, weil „Claus" als spanischer Mädchenname zu Irritationen führen könnte, sah eine blonde Dreijährige vor sich. Er schüttelte sich ein bisschen. Alkohol spielte doch keine Rolle mehr in seinem Leben! War das eben eine Halluzination gewesen? Das konnte gar nicht sein. Es gab keinen Grund. Seine kleine Familie hätte das nicht verdient: Louisa, sowie seine Töchter Elena und Sofia. Du hast noch zwei andere Töchter: Christina und Katharina. Vergessen? Nein, nie! Kein Tag verging, an dem er es schaffte, die Gedanken an sie wirklich zu verdrängen, bis auf die, mit dem Psychologen vereinbarten, täglichen fünf Minuten! So schwach war er damals gewesen! Keiner wird ihn je von seiner Schuld freisprechen können. Keiner! Er sich selbst am Allerwenigsten!

„Sprich sie an, damit du Klarheit hast."

„Ja, das mache ich."

„Ich packe unsere Sachen."

Seine Frau: bodenständig, einfühlsam. Vor zehn Jahren hatte er Louisa kennengelernt, eine Immobilien-maklerin. Die Tochter eines Mallorquiners und einer Deutschen war zweisprachig aufgewachsen. Ihre Zusammenarbeit hatte sich im Zusammenhang mit seinem damals erfolgreichen Hausmeisterservice ergeben. Er war von der quirligen, fröhlichen jungen Frau gleich fasziniert gewesen. Louisa wiederum zog das Melancholische, das der Deutsche ausstrahlte, an.

Obwohl ihr Vater sein Einverständnis zu der Hochzeit

seiner einzigen Tochter nicht geben wollte, heirateten sie. Inzwischen war Carlos von ihrer Familie akzeptiert worden, denn Louisa wirkte glücklich. Ihre beiden Töchter, heute acht und sechs Jahre alt, hatten das letzte Eis zum Schmelzen gebracht.

Seufzend setzte Louisa viel Energie ein, um ihre Kinder aus dem Wasser zu holen. Es war noch viiiel zu früh und sie hatten gerade sooo viel Spaß gehabt! Sofia maulte ein bisschen, aber Elena lachte: „Darf ich dann noch reiten?"

„Aber ja, mein Schatz, sicher. Wir nehmen Papás Sachen auch mit, er wartet da vorne auf uns."

„Warum?"

Die gepackte Badetasche geschultert, ging Louisa voraus. Ihr Mann stand immer noch an der Stelle, wo sie ihn verlassen hatte. „Carlos, deine Kleider. Können wir dann gehen?" Carlos war, ohne den Blick vom Wasser zu wenden, in seine Shorts geschlüpft und hatte sein T-Shirt übergezogen. „Geh hin, frag sie! Wir warten beim Auto."

„Nein, Louisa, ich will warten, bis sie alleine ist." Mit einem Blick auf das junge Pärchen meinte Louisa lakonisch: „Da musst du lange warten. Änderung Mädchen: Wir gehen auf die Terrasse des Hotels zum Eis essen. Du holst uns dann dort ab, ja? ¡Vamos!"

„Aber Mama", jetzt war Elena unzufrieden, „du hast doch gesagt, dass wir nach Hause fahren und dass ich noch reiten kann." Schon tropften Tränen aus ihren blauen Augen. Normalerweise ein hundertprozentiges Erfolgsrezept. Allerdings nicht heute. Ihr Papa sah sie gar nicht an und Mama strebte zielsicher auf die Hotelterrasse zu. „Los jetzt, kommt Mädchen, keine Widerrede!"

Lachend kamen Tina und Sergio aus dem Wasser und ließen sich auf dem Badetuch nieder – versehentlich ein wenig dicht beieinander. Sie fühlte sich herrlich lebendig. Wie unbeabsichtigt berührte sie seinen Oberarm. Ein Schauer rann durch ihren Körper. Das ging nun überhaupt nicht! Sie setzte sich wieder auf und rubbelte ihre Haare trocken. „Ein herrlicher Blick. Schade, dass die Sicht nicht ganz klar ist", schlüpfte sie in die Rolle der Touristin.

„Wir sollten uns wieder anziehen. Du musst doch Hunger haben, Christina." Nach seinem Shirt greifend, beugte er sich über Tina, hielt inne, ein liebevoller, ernster Blick, dann ein Kuss! Nein, der Kuss der Küsse! Atemlos schob sie ihn irgendwann mit Mühe ein bisschen weg.

„Ja, ich glaube auch, dass wir uns anziehen sollten."

Sie stand rasch auf. Nanu? Ihre Beine schienen nicht einsatzfähig zu sein! Sie hatten eher die Konsistenz von Pudding angenommen! Vorsichtig probierte sie einige Schritte, um ihre Tasche und die Kleidung aufzunehmen. Etwas zittrig bewegte sie sich Richtung Parkplatz. Im Schutz der ersten Bäume wechselte sie ihre Kleidung. Ihr Gesicht brannte. Verlier' nicht den Kopf, Tina! Contenance!

„Ich kenne ein herrliches Lokal in Alcúdia. Willst du?" Sergio hatte sie eingeholt.

„Ja." Auf einmal merkte sie, dass auch sie Hunger hatte – und zwar nicht wenig, nach der Wasserorgie. Im Gleichschritt nebeneinander, ohne sich zu berühren, stiegen sie die den Trampelpfad zum Parkplatz gemeinsam hoch. Die Luft zwischen ihnen schien Tina wie

Cava zu prickeln. Ob es Sergio auch so empfand?

Die Zeitmenge, die beim Eis essen verbraucht werden kann, ist begrenzt. Vor allem mit einem Mädchen, das dringend noch reiten möchte und einem, das friert, ausgekühlt vom langen Aufenthalt im Wasser. Nachdem sie jetzt auch noch dem aufkommenden Wind auf der Hotelterrasse ausgesetzt waren, erklärte Louisa diesen Programmpunkt als beendet. An den Strand zurückgekehrt, blickte Louisa suchend umher, konnte aber das Pärchen und Carlos nicht mehr entdecken.

„Nun", sagte sie hilflos zu den Mädchen, „wir werden hier warten, bis Papa zurückkommt. Er muss hier vorbeikommen." Sie kniete sich in den Sand. Hoffentlich kommt er auch bald! Das erinnerte sie an die erste Zeit mit Carlos, als sie oft frustriert auf ihn gewartet hatte, sich immer wieder vertrösten ließ und er dann doch nicht kam! Wie oft hatte sie versucht, die Beziehung zu beenden, und doch hatte sie sich nicht auf Dauer von ihm fernhalten können. Wenn er nüchtern gewesen war, war er so zärtlich, so lieb gewesen, hatte ihr jeden Wunsch von den Augen abgelesen. Dann war er wieder in der Vergangenheit versunken, nicht ansprechbar. Sie hatte damals versucht, ihn dazu zu bringen, sich den lange zurückliegenden Geschehnissen zu stellen, Kontakt mit den Töchtern über deren Oma zu suchen und dieser sowie seinen Töchtern seine Gefühle zu erklären. Aber sie hatte ihn nicht gedrängt. Wenn Carlos so weit war, würde er diesen Weg gehen. Später hatte sie ihm erneut Mut gemacht, dass die Mädchen ja jetzt junge Frauen seien, und sicher durchaus fähig, beide Seiten der Angelegenheit zu sehen. Aber das hieße ja, ihre Mutter anzuklagen, war sein Einwand gewesen, und das könne und wolle er nicht. Das hatte sie sogar ein bisschen stolz gemacht. Eine Schuld wird nicht kleiner, indem man versucht, einen Teil an jemand anderen weiterzugeben; das war seine Ansicht. Lieber hatte er weiter gelitten – endlich allerdings einen wichtigen Schritt getan, indem er sich zu einer Therapie bereit erklärt hatte. Louisa vertraute zudem auf die Selbstheilungskräfte, die jeder Mensch besaß.

„Mama", jammerte Sofia, „jetzt warten wir hier schon so lange. Da hätten wir doch noch im Wasser bleiben können!"

„Sei still!", fauchte Elena, die spürte, dass ihre Mutter unter großer Spannung stand, „du nervst!"

„Du nervst selber!"

„Du kannst noch gar nicht richtig schwimmen, außerdem ist es heute viel zu kalt. Ich will nach Hause, mein Pferd muss schließlich bewegt werden." Eingeschüchtert verstummte Sofia und kuschelte sich an ihre Mutter im Sand.

„Da, da kommt Papa!" Sofia sah ihn als Erste und hüpfte ihm entgegen.

„Hast du einen Zettel und einen Stift?"

„Was ist passiert?" Louisa kramte in ihrer Handtasche.

„Papa gehen wir jetzt?"

„*Si*", das galt Elena und Carlos. Sie reichte ihm beides.

„Sie sind mit einem Mietauto weggefahren. Meinst du, du könntest über Pablo Namen und Adresse desjenigen herausfinden, der das Auto gemietet hat?"

„Papa!"

„Natürlich, wozu habe ich Familie", lachte Louisa. Ihr Bruder Pablo war ihr bester Freund und Helfer. Außerdem gab es in ihrer weitverzweigten Familie immer einen Cousin oder eine Cousine, die jemand kannten, der einem gerne weiterhalf.

„Dann können wir jetzt zurückfahren." Klaus wuschelte beiden Mädchen durch die Haare. Madre de Dios, er will die Sache nun angehen! Vielleicht ist der Bann gebrochen und das könnte sich positiv auf alle Beteiligten auswirken. Einem gemütlichen Essen auf der Terrasse der Finca heute Abend würde nichts im Weg stehen.

Tina und Sergio betraten Alcúdias eindrucksvolle Altstadt durch die Porta de Sant Sebastiàn, die sie eine Weile entlang bummelten. 15 Uhr war für spanische Verhältnisse ein bisschen spät für das Mittagessen, deshalb gelang es ihnen, einen freien Tisch zu ergattern. Sergio war hier bekannt und wurde mit Handschlag begrüßt.

„Lass uns *sopes mallorquìnes* bestellen."

„Gerne", lachte Tina, „ich weiß zwar nicht, was es ist, aber es hört sich gut an. Eine Suppe?"

„Ein Eintopf. Ein typisch mallorquinisches Sonntags-essen der Landbevölkerung. Und ich denke, wir könnten uns ein Glas Rotwein gönnen, *mi amor*. Sie haben hier einen wunderbaren Rioja."

„Hm wenn du fährst, könnte ich ..."

Tja, so ist das eben manchmal mit den guten Vorsätzen: kein Wein, Tina, wo bleibt deine Charakterstärke?

„Ja", lachte Sergio „und wenn du fährst, könnte ich ..., also können wir beide!" Gemeinsames Lachen tut einfach gut.

Der Wein funkelte in den bauchigen Kelchen, das deftige Mahl war genau das Richtige für den leeren Magen. Anschließend fühlten sich beide wohlig müde. Zufrieden lehnte sich Tina zurück. So gut hatte sie sich schon lange nicht mehr gefühlt! Der Grund ihrer Reise war in den Hintergrund getreten, sogar die Kinder sind gerade nicht wichtig!

„Ich zeige dir noch die Finca Son Réal. Sie liegt auf dem Rückweg."

„Ich glaube, ich will heute nichts mehr besichtigen. An so ein Leben könnte ich mich gewöhnen! Wenn ich daran denke, dass ich in fünf Tagen wieder in Salzburg sein und bald wieder arbeiten werde!"

„*No, mi tesoro*, nicht an morgen und nicht an Freitag denken! Lass uns den Tag genießen." Er stand auf und hielt Tina die Hand hin. Sie ergriff sie und er zog sie hoch. ‚Versehentlich' verlor Tina das Gleichgewicht. Mit einem kleinen Seufzer ließ sie sich gegen ihn sinken. Sergio hielt sie fest und küsste sie auf das Ohrläppchen. „Wo sind Maria und Alejandro und die kleine Christina?"

„Sie machen heute einen Besuch bei den Eltern von Alejandro. Dann fahren sie nach Hause. Alejandro hat *una reunión – muy* wichtig."

Tina warf ihm einen Blick zu, hielt den Atem an. „Wir sind hier allein?"

„Mi Christina, *no tengas miedo, excepto estas de acuerdo* – außer wenn du willst!" Samtige Stimme, begleitet von einem Blick, der sie bis in die Zehenspitzen elektrisierte. Der Kuss kam nicht unerwartet! Es fühlte sich gut an, schien eine Sehnsucht zu stillen, die schon immer im

Unbewussten geschlummert haben musste. Sie schmiegte sich in seine Arme und überließ sich seinen Lippen und seinen Händen.

Irgendwann verständigten sie sich erhitzt mit einem Blick, und dieser fremde, vertraute Mann trug sie ins Schlafzimmer. Sie entkleideten sich gegenseitig. Küssend und streichelnd erkundete er ihren Körper, erhitzte sie, hielt inne, sodass das Begehren nur größer wurde. Er brachte sie zu einer Ekstase, die sie glaubte, noch nie erlebt zu haben.

Anschließend lagen sie erschöpft ineinander verschlungen. Tina fühlte sich eins mit dem Universum: Es war richtig, wo sie war! Es war traumhaft, wie es war - die reale Welt war ausgeblendet! „Te quiero" kam über seine Lippen.

Ein fröhliches Singen weckte Tina am nächsten Morgen. „Que serà, serà ..."

„Wer...? Mein Gott geht es mir gut!" Sie streckte sich. Sergio kam mit nassen, verstrubbelten Haaren aus der Dusche. „Guten Morgen, *mi cariño*. Leider muss ich ins Büro." Ein flüchtiger Kuss auf jedes Auge.

„Wie spät ist es?"

„*Mi perdona*, dass es so früh ist. Ein Kunde wartet. Heute Abend ich komme zu dir. Wir haben Zeit für alles." Ein Kuss in die Halsbeuge. Dass er beschlossen hatte, sich die nächsten Tage freizunehmen, sagte er nicht.

„Ich frühstücke im Büro, *solò un café*. Du wirst im Hotel frühstücken?"

„Dein Deutsch ist über Nacht viel besser geworden! Woher kommt das nur?" Herausfordernd lächelte sie ihn an. Sein zerstreuter Blick zeigte ihr, dass die Zeit wirklich drängte. Zu einer kurzen Dusche reichte es ihr noch. Eine gute halbe Stunde später setzte er Tina am Hoteleingang ab und küsste sie zärtlich. „Bis heute Abend. Alejandro spricht heute mit Ramon. Christina, ich rufe an."

Mit dem Alleinsein kamen die Skrupel und das schlechte Gewissen. Was hatte sie getan? Wie konnte sie sich auf so ein Abenteuer einlassen? Es ist kein Abenteuer! Verliebtheit? Nein, ich liebe ihn. Eine Urlaubsliebe. Das muss mehr sein, so angefüllt mit Glück fühlte sie sich. Liebe, nach einem Tag? Ha! Entsteht Liebe erst nach zwei oder mehr Tagen? Wenn Sebastian und sie 'echte' Liebe verbinden würde, hätte das mit Sergio doch gar nicht passieren können – oder?
Ach Tina, mach es dir nicht zu einfach! Wie soll das jetzt weitergehen? Also darauf wollte sie gar keine Antwort finden müssen.
Eine SMS: +34 8321 56721108   te quiero! Bis später 17 Uhr! S.
Sergio! Lächelnd verließ sie den Frühstücksraum, nahm ihre Umgebung nur schemenhaft wahr.
„Christina Mayr?"
Bei der Nennung ihres Namens zuckte sie zusammen. Ein älterer Herr hatte sich ihr unbemerkt genähert. Ob er schon länger mit ihr redete? Abweisend blickte sie ihn genauer an: In einem sanft gebräunten Gesicht, umrahmt von silbergrauen Schläfen, nahmen einen die türkisblauen Augen gefangen. Sehr gepflegt wirkte er.
„Verzeihen Sie, dass ich Sie anspreche, aber ich muss wissen, ob Sie, - wer Ihre Mutter ist? Nein! Kann es sein,

dass Sie Christina Kammler sind?" Sein Deutsch ohne Akzent! Seine Stimme war immer leiser geworden. „Und dass Ihre Mutter ,Susanne' heißt?" Fragend, fast bittend suchte er in ihrem Gesicht nach - ja, nach was denn? Tina landete abrupt in der Wirklichkeit. Seltsame Situation! „Christina Kammler? Ich hieß vor meiner Heirat Christina Schuster."

„Oh, dann entschuldigen Sie!"

„Nein, warten Sie. So warten Sie doch!" Tina ging dem Mann, der sich entfernt hatte, schnell nach und hielt ihn am Ärmel seines Hemdes fest. Konnte es sein? Hatte Alejandros Freund etwas erreicht? „Doch, ja, es gab eine kurze Zeit, in der ich den Namen ,Kammler' getragen haben muss. Wer sind Sie? Kennen Sie vielleicht Klaus Kammler, meinen Vater?"

Ein Nicken kam als Antwort.

„Gehen wir auf die Terrasse", schlug Tina vor, sich sicherer gebend, als sie sich fühlte. Ohne darauf zu achten, wie der Fremde ihren Vorschlag aufnahm, wandte sie sich um, und ging mit zitternden Knien voraus. War es das, was man mit ,Gehen wie auf Eiern' bezeichnete? Sie sank auf den nächstbesten Stuhl. Die Sonne blendete. Sie griff nach der Sonnenbrille. Ja, die bot Schutz. Auch Schutz vor den tastenden intensiven Blicken, die ihr schweigendes Gegenüber, ohne zu lächeln, über ihr Gesicht gleiten ließ. „Bitte", sagte Tina, „nun sprechen Sie doch! Ich bin nach Mallorca gekommen, um meinen Vater zu suchen. Ich bin schon fast verzweifelt und nun kommen Sie und stellen diese Frage!"

„Sie sehen meiner Frau so sehr ähnlich!"

Er legte kurz die Hand über die Augen.

Was sollte das? Theatralisch!

„Und Ihre Stimme!"

Was soll mit meiner Stimme sein? Den freundlichen Kellner winkte sie weg.

„Ich habe von der Mietwagenfirma erfahren, dass eine Frau Christina Mayr aus Salzburg das Auto gemietet hatte, mit dem ich Sie gestern auf dem Parkplatz gesehen habe."

Bei der Mietwagenfirma war er? Woher...? Verfolgt er mich? Aber er kennt Klaus. Eine Chance bekommt er noch.

„Ja, das bin ich. Seit meiner Heirat trage ich diesen Namen. Sie haben sich bei der Mietwagenfirma erkundigt? Aus welchem Grund?"

Wieder ließ er sich Zeit mit einer Antwort. Strich sich über die rechte Augenbraue. Das zögernde Verhalten ihres neuen Bekannten machte Tina kribbelig. Fast hätte sie jetzt seine Antwort verpasst, weil sie überlegte, ob sie einen Deutsch sprechenden Spanier vor sich hatte oder einen...

„Ich bin Klaus Kammler, Christina. In Formentor am Strand habe ich dich gesehen und deinen Namen rufen gehört."

„In Formentor? Kammler? Sie sind - du bist mein Vater?"

Tina nahm ihre Sonnenbrille ab. Jetzt war es an ihr, unter den neuen Voraussetzungen weitere visuelle Informationen aufzunehmen. Gut sieht er aus.

„Wie Susanne! Der Augenschnitt." Kopfschütteln.

„Sie - du bist wirklich Klaus? Aus Deutschland?

„Sí! Ja, in persona!"

Ihre Anspannung ließ nicht nach. Ein Fremder! Ein Vertrautheitsgefühl empfand sie nicht. Freude? Nein.

„Ist Katharina auch hier?"

Was soll das jetzt? „Katharina? Hier? Nein!"

In dem Moment klingelte sein Handy. Typisch! Handyklingeltöne sind die modernen Kommunikationskiller! Dass sie in dieser Situation derart Nebensächliches denken konnte! In Gedanken versunken schien er nichts aus seiner Umgebung wahrzunehmen. Das Handy meldete sich ununterbrochen weiter, bis die Reizschwelle seines Besitzers erreicht war und er mit entschuldigendem Blick zu Tina, schließlich doch abnahm. Tina verstand nicht viel von der Unterhaltung, schloss aber aus seiner Körpersprache, dass er sich mit „discúlpeme" ent-schuldigte.

„Si, si, inmediatamente!"

Dürfte nicht so schwer sein, manches verstand man ja ganz leicht. Spanisch lernen, das würde wirklich ihr neues Projekt!

„Bitte, es tut mir so leid. Ein Notfall. Ich muss mich dringend darum kümmern. Komm heute Abend zu mir, gegen acht Uhr. Wir müssen reden. Hier ist die Adresse." Er reichte ihr eine Visitenkarte. „Es ist in der Nähe von Pollença. Bitte, Christina, bitte!"

Verwirrt nickte sie. „Natürlich komme ich, deswegen bin ich doch hier." Noch immer fassungslos sah sie ihm nach, als er durch die Terrassentür schritt: groß, schlank, aufrechte Haltung. Nur die schönen Augen hatten ein bisschen verschleiert gewirkt. Das ist er also! Ihr Vater! Dass er zufällig auch in Formentor gewesen war! Zufall?

Schicksal? Eigentlich müsste ich doch etwas fühlen – oder? Irgendwie ist da wohl eher eine große Leere in mir! Auch im Kopf. Sicher war: Sergio mit seinen Verbindungen war nicht die Ursache für das Zusammentreffen, aber ihr gemeinsamer Strandaufenthalt. Eigentlich egal. Sie hatte doch ihr Ziel erreicht. Und jetzt, Tina?

Vom Hotelzimmer aus rief sie in Salzburg an, aber Sebastian war wohl schon früher zur Arbeit gefahren, niemand nahm ab. Sollte das neue Au-pair-Mädchen nicht schon da sein? Also eine Nachricht über Whatsapp:

Stell dir vor, mein Vater hat MICH gefunden. Ich treffe ihn später. Muss gleich wieder weg, dann habe ich kein WLAN mehr. 1000 Bussis an Lena und Lisa

Anschließend wählte sie Annes Nummer.

„Wer weckt mich so früh am Morgen. Wehe, es ist nicht wichtig!"

„Doch Oma, es ist wichtig, obwohl ich eigentlich noch gar nicht viel weiß! Nur das ist sicher: Ich habe vor fünf Minuten mit meinem Vater gesprochen. Ich kann es noch gar nicht glauben."

„Der Mann lebt? Na, da kann ich ihn wenigstens noch erschießen! Nein, entschuldige Tina, das meine ich nicht so, aber wieso, wieso lebt er einfach auf dieser Insel? Einfach, ohne uns Bescheid zu geben? Warum, Tina?" Annes Stimme war ganz zittrig geworden.

„Omalein, nicht weinen! Ich weiß noch nicht viel. Aber ich muss es doch jemand erzählen. Es wird sich bestimmt alles klären!" Dass ihr erster Gedanke gewesen war, Sergio die Neuigkeit berichten zu wollen, konnte sie ihr schlecht sagen. Würde er sich freuen?

„*Madre de Dios*, das ist ja fantastisch, *mi amor*. Ich komme mit. Um fünf Uhr bin ich bei dir. Bis später!"

Noch sieben Stunden! Wie sollte sie sich die Zeit vertreiben? Schwimmen! Immer eine gute Idee! Das Meerwasser war herrlich! Weit schwamm sie hinaus und legte sich anschließend erschöpft auf die beschirmte Sonnenliege, orderte beim Service einen „zumo de naranja natural." Köstlich! Nach fünf Minuten sprang sie wieder auf. Das halte ich nicht aus, dieses Herumliegen. Sie zog ein T-Shirt über und begann den Strand entlang zu joggen, bis ihr die Puste ausging. Noch einen zumo. Die Orangen schmecken hier einfach süßer. Zufriedenheit, weil sie ihre Suche nun von Erfolg gekrönt war, empfand sie, genau genommen, auch nicht! Und wohin ist ihr Urlaubsgefühl verschwunden? Zurück aufs Zimmer zum Duschen, Blick in den Spiegel: Sah sie ihm ähnlich? Groß und schlank war sie auch. Nun ja, relativ schlank. Blaugraue Augen, immerhin, die Farbrichtung stimmt. Seien Haare gewellt, ihre höchstens ein bisschen. Anschließend suchte sie die Fotos heraus. Sie hatte doch, in Erwartung genau dieses Moments, eine Reihe Fotos vorbereitet. Angefangen von sich und Katharina, ein Foto von Anne, ein Foto von ihrer Mutter. Zweifelnd betrachtet sie das Bild. Sehe ich dir wirklich so ähnlich, Mama? Ich denke das eigentlich nicht, aber vielleicht kommt es ja davon, dass ich mich an dich nicht mehr erinnere. Hm, vielleicht der Mund? Die Augenbrauen? Die Haarfarbe, ja!

Aber Locken habe ich nicht und die weißblonde Haarsträhne vorne rechts sowie der Wirbel an der Stirn sind meine persönlichen Markenzeichen, wie Anne ihr immer wieder beim Kämmen versichert hatte.

Von meiner Schwester weiß ich gar nichts mehr. Traurig nahm sie das Zwillingsbild wieder in die Hand. Wo bist du nur Katharina? Wie konnte dich jemand entführen? Unser Vater denkt anscheinend, dass wir beide zusammen gelebt haben und hier zusammen aufgekreuzt sind! Eigenartig! Ob er meine Wissenslücken über die Familienvergangenheit schließen kann? Natürlich hatte sie auch Fotos von Lena und Lisa dabei und von Sebastian. Scheu betrachtete sie Bastian, der sie vom Bild her anlachte.

„Du bist zeitlebens für den verantwortlich, den du dir vertraut gemacht hast."

So oder so ähnlich hat das doch der Fuchs zum kleinen Prinzen gesagt. Das hat mich in der Schule schon beeindruckt, da fand ich Saint Exupéry ganz schön weise! Und jetzt? Jetzt will ich nicht so viel Verantwortung zugeschoben bekommen! Darf man seinen Partner so hintergehen? Es tut mir wirklich leid, Sebastian. So eine Enttäuschung, eine Verletzung würde es für ihn sein! Wenn sie nicht an ihn dachte, fühlte sie sich wieder ganz leicht, schwebend zwischen diesen weißen Schleiern am klaren Blau des Himmels. Mit offenen Augen träumend ließ sie sich auf das Bett sinken und dann forderte die äußerst kurze Nacht ihren Tribut und sie schlief ein. Das Klingeln des Handys passte zum Traum, war aber so anhaltend, dass sie aufwachte.

„*Hola*?"

„Tina, hast du geschlafen?", Sebastian klang fassungslos, „dass du in so einer Situation schlafen kannst, ist bewundernswert. Anne hat mich angerufen. Das sind ja fantastische Neuigkeiten, das reinste Wunder! Anne sagt, er hat dich am Strand gefunden. Übrigens musste ich Anne abhalten, zum Flughafen zu fahren und die nächste Maschine nach Mallorca zu nehmen. Gleich Lisa, ja du auch, Lena! Tina, die Zwillinge wollen dich sprechen."

„Mama, wann tommst du?" Im Hintergrund hörte sie Lena weinen:

„Ich auch - auch Mama pechen!"

„Mein Liebling. Wie geht es euch? Lisa? Seid ihr brav? Wie war es heute in der Kita?"

„Marie ist trank geworden, heute mittag. Hat Husten. Lissi tocht Nödel."

„Wer ist Lissi, mein Schatz?"

Aber nun war Lena an der Reihe:

„Mama, mein Daumen hat aua!"

„Ach, mein Liebling, dein Finger ist verletzt?

„Nein, Daumen!"

„Mama pustet, so: pffff, dann wird alles wieder gut!"

Dann kam Sebastians Stimme wieder: „Nicht, dass du auf falsche Gedanken kommst: Lissi ist das neue Au-pair." Aus dem Hintergrund hörte sie ein Kreischen der Zwillinge, dann einen großen Krach. „Krise! Ich muss aufhören, bis bald mein Liebling. Wir vermissen dich!"

Ein Blick auf die Uhr: die Zeit! Ins Badezimmer: duschen, Haare waschen, föhnen, Wimperntusche, Lippenstift - reicht! Jetzt das größte Problem: Was sollte sie anziehen?

Warum hatte sie nur so einfache, sportliche Sachen dabei? Sergio sollte der Atem stocken. Na ja, weißer Rock, weiße Bluse und das Medaillon von Mama. Bei dem vielen Weiß wirkte sie schon richtig braun! Noch ein letzter, prüfender Blick: OK!

Zehn Minuten später strahlte sie ein müder Sergio an.

„Lass mich fahren, wir brauchen mindestens eineinhalb Stunden. Du kannst ein bisschen ausruhen. Ich kenne die Strecke ja von gestern."

„Dein Zimmer ist", ein Kuss, „gemutlich?" Noch ein Kuss. Schaut die Rezeptionistin schon her?

„Wir müssen los, Sergio."

„*Si*, aber Zeit kann man schöner verbringen als mit Arbeiten oder im Stau stehen!" Tinas Ohrläppchen wurde geküsst. Ihre Augen wurden mit leichten Küssen verschlossen – dann zog er Tina zur Treppe und sie ließ es bereitwillig geschehen. So eine halbe Stunde kann man wirklich angenehmer verbringen als mit Arbeit oder im Stau zu stehen!

„Sergio, nicht einschlafen! Wir müssen jetzt wirklich los." Wortlos zog er sie noch einmal zu sich herunter und wieder verschmolzen ihre Lippen. Gegen ihren Willen löste sich Tina von ihm und schob ihn energisch zur Bettkante.

7. Mallorca, Sa Torre

Unterwegs berichtete Sergio, er habe Alejandro informiert, dass Tinas Problem gelöst sei. Tja, da sagst du was! Problem gelöst! Schön wär's! Tina hatte das unbestimmte Gefühl, als ob sie im Moment vor einem unbezwingbaren Berg voller Probleme stehen würde. Angefangen bei der selbst gestellten Aufgabe, die Beziehung zu einem unbekannten Vater auszuloten bis hin zu der unabdingbaren Notwendigkeit, ihre diversen Zweierbeziehungen lebbar zu entwirren. Ganz zu schweigen von einer weiterhin abwesenden Schwester. Eins nach dem anderen: Also erst mal nach Pollença. Sergio war eingeschlafen.

Im Auto fühlte sich Tina wie in einem eigenen Universum: nur sie und Sergio. Absolute Nähe! Das Paradies. Sie hätte endlos so weiterfahren wollen, aber mangelnde Ortskenntnisse standen dem entgegen. In der Ortsmitte hielt sie am Straßenrand und beugte sich über Sergio, streichelte über seine Haare, küsste die Lachfältchen neben dem linken Auge.

„*Por favor*, du musst mir helfen, das Haus zu finden."

„Ich helfe immer erst nach drei Küssen!" Anschließend

verschwand er im nächsten Café, wo er sich kundig machte. „Wir müssen Richtung Lluc fahren, außerhalb des Ortes ist es dann der dritte oder vierte Weg. Es muss aber ein Hinweisschild geben. Sa Torre, ein größeres Gebäude auf einem Hügel."

Als sie sich Sa Torre näherten und durch das offene Gittertor fuhren, staunte Tina. „Wie schön das hier ist. Umwerfend!" Sie gönnte sich einen Rundumblick und nahm die von der Abendsonne vergoldete Aussicht in sich auf. Ihr seelisches Magendrücken war vorübergehend verschwunden.

„Ich komme in *quinze minutos,* wenn du...", damit neigte er sein Ohr gegen ein imaginäres Handy, geformt aus seiner rechten Hand.

Klaus stand vor dem Haus und erwartete sie. „Elena, Sofia, kommt, Christina ist da." Louisa eilte die Stufen herab. „Herzlich willkommen auf Sa Torre. Darf ich dir unsere Töchter vorstellen?"

Zwei Mädchen mit dunklen, langen Haaren waren an den obersten Treppenabsatz getreten, jedes einen Hund an seiner Seite. „Nun kommt schon, Mädchen, ich habe es euch doch erklärt: Christina ist eure große Schwester. Wir haben uns zwanzig Jahre nicht gesehen, aber nun, denke ich, werden wir sie und Katharina öfter sehen." Tina schaute ihn verblüfft an, schwieg aber. Die Mädchen kamen mit den Hunden die Stufen herunter.

„*Hola*", kam es wie aus einem Mund. Keines der beiden Mädchen reichte Christina die Hand. Sie lächelten nicht. Die beiden sind ja richtige Schönheiten: große, blaue

Augen und kohlrabenschwarzes seidiges Haar! Tina probierte jetzt eine Annäherung und streckte beiden je eine Hand entgegen. Aber diese verschränkten die Arme vor der Brust, wobei die kleinere, Sofia, zuvor einen schnellen Blick zu ihrer Schwester warf. „Ich freue mich, euch kennenzulernen. Ihr sprecht Deutsch? Das ist prima, ich kenne nur ganz wenige spanische Wörter." „Das sind unsere Hunde Nero und Blanca. Sie sind zwar Wachhunde, aber zu unseren Freunden freundlich." Klaus wollte wohl den kühlen Empfang durch ihre Halbschwestern überspielen. Beide Hunde setzten sich neben ihre Herrinnen und starrten Tina aufmerksam an. „Kommt", sagte Louisa, „lasst uns essen. Ich habe auf der Terrasse gedeckt."

Sich immer wieder umschauend, um die Aussicht zu genießen, stieg Tina hinter den anderen die hellen Stufen hinauf, während Louisa erklärte: „Meinem Bruder und mir gehört dieses Landhaus. Es ist schon seit sehr vielen Generationen im Besitz von *mi familia*. Vor zwanzig Jahren hat mein Vater hat das Haus renovieren lassen. Meine Eltern und mein Bruder mit seiner Familie verbringen hier oft *las vacaciones*. Zu Festen treffen wir uns gerne hier. Im Moment sind wir aber allein." Eine großzügige Halle mit einer geschwungenen Treppe ins Obergeschoss wurde durchquert, dann nahm sie das vom Abendlicht durchflutete Wohnzimmer auf. Schwere, dunkle Holzmöbel, eine einladende weiße Sitzgruppe und Bilder mit üppigen Blütenarrangements bestimmten den Raum. Am anderen Ende, auf einer kleinen Erhöhung, stand ein Flügel.

Tina wandte sich Elena und Sofia zu: „Spielt ihr Klavier? Ich habe früher gerne gespielt, aber leider haben wir jetzt keinen Platz mehr dafür!"

Elena ignorierte sie, aber die kleine Sofia sprudelte hervor: *„Me gusta tocar el piano también!"*

„Ja, sie spielt erst seit einem Jahr, aber sie macht das hervorragend!"

Das gab Tina einen Stich: Einen Vater, der einen so liebevoll lobt, hatte sie nicht gehabt! Sie blickte zu Boden und schwieg. Auf der Terrasse wartete ein geschmackvoll gedeckter Tisch: Ein Gesteck mit Orchideen in verschiedenen Aubergine- und Erikatönen zog den Blick auf sich, umrahmt von funkelnden Windlichtern und bauchigen Gläsern.

„Rosalia", rief Louisa und klatschte in die Hände, „du kannst auftragen. Sie ist uns eine große Hilfe: Haushälterin, Köchin und Kinderfrau, ihr Mann verrichtet Gärtnerarbeiten und handwerkliche Aufgaben." Sie nickte Carlos zu, damit er seine Rolle als Hausherr wahrnahm: „Wein oder Wasser?" „Wasser, bitte."

„Der Großteil des Landes hier ist verpachtet. Also keine Angst, wenn springt dir *una cabra* – Ziege entgegen. Ich habe Tapas und Melonen mit Schinken bestellt. Anschließend gibt es *cabrito asado* und zum Schluss *gatò di almendra*. Dieser Mandelkuchen wird ohne Mehl und ohne Milch gebacken.", wurde sie von Louisa informiert.

„Danke, ich habe keinen Hunger!" Ich bin doch nicht zu einem Höflichkeitsbesuch hier! Interessiert es mich, wie sie hier leben? Das ist nicht meine Familie! Warum war sie jetzt eigentlich so widerborstig? Konnte sie die heile Welt hier nicht ertragen? Die Mädchen, Elena und Sofia, behielten ihr ablehnendes Schweigen bei und starrten sie an, was bei ihr ein unangenehmes Gefühl hervorrief. Aus den Augenwinkeln versuchte sie diesen Mann, ihren Vater, zu beobachten, der auch schwieg. Also doch noch einen Versuch mit den Mädchen wagen. Halbschwestern, das ist doch auch Familie? Mensch Tina, du bist aber auch engstirnig!

„Ihr geht doch bestimmt schon in die Schule. Gefällt es euch da?" Die Ältere zuckte mit den Schultern doch die Jüngere nickte eifrig. Na, immerhin ein minimaler Fortschritt! Um sich zu beschäftigen, nahm sich Tina drei Oliven.

Die Einzige, die sich weiterhin um Konversation bemühte, war Louisa. „Sie gehen in Palma zur Schule. Die Ferien verbringen sie oft hier."

Eine Olive ließ sich nicht richtig aufpieksen, kullerte vom Teller und landete auf den schönen Fliesen, ehe sie sie einfangen konnte. Die Kleine kicherte. Tina lächelte ihr zu.

„Wie kommt es, dass du in Salzburg lebst?", wollte Klaus wissen.

„Ich bin bei meiner Großmutter aufgewachsen, habe in der Stadt meinen Mann kennengelernt und lebe heute mit ihm und meinen Kindern in Parsch."

Die Mädchen hörten interessiert zu.

„In Salzburg bist du aufgewachsen? Das verstehe ich nicht. Warum hast du eigentlich überwiegend den Namen ‚Schuster' getragen, wie du mir bei unserem Gespräch heute Morgen mitgeteilt hast? Auf deiner Geburtsurkunde muss doch mein Name stehen. Wir waren doch verheiratet, deine Mutter und ich. Ich selbst habe deine und Katharinas Geburtsurkunde beim Standesbeamten beantragt und abgeholt", wandte Klaus ein.

„Nein, auf meiner Geburtsurkunde steht nur der Name meiner Mutter: Susanne Schuster."

„Schuster. Das kann nicht sein. Dann bist du, pardon: sind Sie, doch nicht meine Tochter. Wie kommen Sie dazu, zu sagen, Sie seien Christina Kammler?" Klaus warf die Serviette auf den Tisch, erhob sich, stützte die Hände auf die Tischplatte, während Louisa ihre Hand beruhigend auf seine rechte legte. Nein, die Deutschen sind wirklich nicht alle ruhig und besonnen, sie stehen den Spaniern in nichts nach – zumindest ihr Mann, wenn er herausfordernde Situationen erlebte. Obwohl, die junge Frau machte es gut, ließ sich nicht einschüchtern! Ein trotziger Zug um den Mund und das energische Zurückwerfen der blonden Haare ließen Louisa gespannt auf die Antwort warten.

„In meinen Papieren steht: ‚geboren am 28. Februar 1984 in Salzburg'! Erst vor ein paar Wochen habe ich von meiner Großmutter erfahren, dass ich in Süddeutschland, in Stuttgart, zur Welt gekommen bin." „Ah, Stuttgart!" Der Blick von Klaus zu seiner Frau entging Tina nicht.

„… dass mein Vater noch lebt. Auch dass meine Mutter tödlich verunglückt ist, als sie Katharina gesucht hat, hat mir keiner mitgeteilt. Bis dahin dachte ich, sie sei in Salzburg gestorben. Ihre Grabstelle auf dem Kommunalfriedhof habe ich oft besucht." Tina verstummte.

Louisa musste bewusst ihre Schultern entspannen, so sehr

hatte sie diese knappe Darstellung von Fehlinformationen, Halbwahrheiten und Lügen mitgenommen. Wie schwierig musste es erst für die betroffene junge Frau sein, damit umzugehen! Freundlich lächelnd hatte Rosalia inzwischen die Platte mit Fleisch und Gemüse auf den Tisch gesetzt.

„Gracias!" Louisa nickte Rosalia zu und lächelte Tina auffordernd an, die sich gerade auf die Darlegung ihres Anliegens zu konzentrieren schien. Schließlich sollte dieser Abend dazu dienen, sie ihrem Ziel näher zu bringen.

„Meine Zwillinge, Lena und Lisa, vier Jahre sind sie jetzt alt." Sie kramte das Foto aus ihrer Tasche. „Jetzt möchte ich meine Zwillingsschwester finden. Wie sie heute aussieht, weiß ich nicht." Ein weiteres Foto von dreijährigen Zwillingen wurde neben das erste gelegt. Die Mädchen hingen die ganze Zeit über fasziniert an ihren Lippen. Sofia drehte aufgeregt an ihren Haaren, Elena hatte schon lange aufgehört zu essen. So spannend waren die Geschichten, die am Esstisch erzählt wurden, sonst nicht. Die Fotos ließen sie lange vor sich liegen, betrachteten sie immer wieder, flüsterten miteinander. „*Tú has sabido* - nein! Du hast nicht gewusst, dass du eine Schwester hast?"

Das war für Louisa schwer vorstellbar! Klaus beugte sich vor. „Du suchst deine Schwester?"

Tina nickte. Sollte er nur nicht denken, sie verzehre sich vor Sehnsucht nach ihrem Vater!

„Verdrängen ist nicht immer die beste *resolución*, wie du jetzt und Carlos schon früher", Louisas Handbewegung schloss beide ein, „feststellen musstet."

„Meine Oma musste ja mit allem alleine fertig werden. Ich verstehe, dass sie die schlimmen Erlebnisse in sich verschlossen hat." Ein Seitenblick zu Klaus. Musste sie noch deutlicher werden? Sie wunderte sich: Wie leicht fiel es ihr nun, die verständnisvolle Position zu übernehmen, da sie das Verhalten ihrer Anne von den Fremden nicht kritisieren lassen wollte. „Ich dachte, du weißt etwas, dass mir weiterhilft." Sie blickte ihren Vater, ungewohnt, diese Inbesitznahme eines eigentlich Fremden, auffordernd an. Ihren Teller, auf den Louisa ein wenig von dem köstlich duftenden Gericht gefüllt hatte, betrachtete sie nachdenklich, nahm ohne es zu merken eine Gabel voll. „Ach übrigens: Du hast dich gar nicht einfach finden lassen! Wenn man es genau nimmt, hast du ja jetzt erst deine Deckung aufgegeben."

Klaus verfolgte noch einen anderen Gedanken, er fragte nach: „Du meinst, Susanne hat damals Katharina gesucht?" Tina nickte. „Katharina ist nicht bei euch? All die Jahre kam sie nicht zurück? Mein Gott!" Er vergrub sein Gesicht in den Händen.

„Elena, Sofia, esst den Kuchen in der Küche. Sagt ‚gute Nacht' zu Christina und Papa." Damit stand Louisa auf und winkte die Mädchen und die Hunde weg. „Ich bin im Wohnzimmer", sagte sie zu Klaus und Tina.

Außer dem Wind in den Oleanderbüschen und den Mandelbäumen war einige Minuten lang nichts zu hören.

„Lass uns ein paar Schritte gehen, Christina." Er stand auf. Durch eine zauberhafte Gartenanlage führte er sie: Blühende Büsche und immergrüne Pflanzen schufen windgeschützte Nischen, die Sonnenliegen abschirmten. Eine knorrige verwitterte Holzbank neben einem Orangenbaum lud ein, die im Tal wie ein gewebter Teppich ausgebreitete Landschaft zu betrachten. Hier konnte man aufatmen! Ein ganz privates Paradies hatte sich diese Familie hier geschaffen.

„Du, Pa...!" Gerade noch mal gut gegangen! „Papa" ist ja wohl nicht ganz angebracht.

„Warum hast du mich alleine zurückgelassen? Warum hast du Mama nicht bei der Suche nach Katharina geholfen?"

„Ja, ja! Natürlich! Ich versuche, es dir zu erklären: Ich habe deine Mama geliebt, wir hatten zwei süße Mädchen, dich und Katharina, wir waren glücklich, eine Bilderbuchfamilie! Zumindest dachte ich das. Aber, wer oben ist, kann tief fallen!"

Er blickte nachdenklich an Tina vorbei in die Ferne, dann neigte er sich zu ihr, sah ihr in die Augen. „Der eine Tag hat unser Leben zerstört: Unser Kind war auf mysteriöse Weise verschwunden. Du hast selber Kinder und kannst dir vielleicht vorstellen, wie uns zumute war. Susanne kam mit einem Schock in das Krankenhaus! Sie war unruhig, als ich frühmorgens zu ihr kam, obwohl sie starke Beruhigungsmittel bekommen hatte, wie mir der Arzt später berichtete."

Ein Film mit so klaren Bildern, als seien sie mit modernster Technik aufgenommen worden, lief vor ihm ab. Wie er verzweifelt wegen der unverständlichen Vorkommnisse im Wald und mit Angst um Susannes Befinden das Krankenzimmer aufgesucht hatte.

Schneller! Schneller! Es geht nicht! Meine Beine! Wenigstens die Kurve erreichen! Dort, der Panther! Er lauert! Zum Sprung bereit. Die Bäume stehen immer dichter. Ich bleibe mit dem Pyjama hängen – komme nicht durch! Ich sehe... nein, alles Grau in Grau! Doch, bei der Kastanie! Nackt! Über die Nabelschnur krabbeln Käfer! Eine Decke für beide, sie werden erfrieren! Jo, bitte! Eine Brezel, nur eine! Ich komme nicht hin! Verschütte heißen Kakao auf mein Bein. Neiiin. Nicht. Die Falltür!

Vor der Tür hatte er schon ihr Rufen gehört: ‚Nein! Nicht!' Sein Streicheln hatte sie nicht beruhigen können. Sie schien Albträume zu haben, warf sich im Bett hin und her. Ein Name tauchte immer wieder auf. ‚Jo!' Und wie sie sich im Wachwerden an ihn geklammert hatte, ihre flehentliche Bitte, ihr zu verzeihen. Tina entging nicht, dass er die Hände zu Fäusten ballte.

„Tränen liefen ihr über die Wangen, als sie die Worte aussprach, die mich in die Hölle stürzten. Worte, die ich nie vergessen werde: Klaus, du musst mir glauben: Ich liebe dich, ich hätte es dir früher sagen sollen!" Er erinnerte sich sogar noch genau an seine wachsende Spannung bei der zunächst undurchschaubaren Rede, dass nie der rechte Zeitpunkt da gewesen sei. Zeitpunkt wofür? An das Gefühl von Kälte, das er damals plötzlich vermeint hatte zu spüren, noch ehe das Gehirn die Bedeutung des Gesprochenen hatte erfassen können.

Über ihre weiteren Worte ist noch immer ein Nebelschleier ausgebreitet, denn damals hat er nur Fetzen mitbekommen, weil seine Gedanken sich gleichzeitig überstürzten, seine Gefühle Geisterbahn fuhren in roten Tunneln. ‚Bevor wir... damals... Stuttgart ... Oper im Stadtgarten am Teich trafen, ... langjährige Bezieh... mit einem Studienkollegen, Jo, wir dachten ... lieben und ... zusamm..., ging er für drei Monate nach Kenia, um dort zu arbeiten, ... lernte dich ... und lieb..., bitte glaube mir, ... mit Sicherheit ...‘

Tina lehnte sich gegen die Mauer und übte sich in seinen langen Gedankenpausen in Geduld, doch insgesamt musste sie sich sehr konzentrieren, um alle Informationsteilchen zu speichern. Unvorbereitet traf sie der gequälte Tonfall seiner folgenden Worte und unvorbereitet traf sie deren Bedeutung:

„Sie war mit euch schwanger von ihm, diesem Jo."

Sie hielt die Luft an, erhob sich. „Wie bitte? Du bist gar nicht mein Vater?"

Klaus nahm ihre Frage nicht auf. „Sie hat kaum atmen können, sich an mich geklammert nach diesem Traum! Sie war außer sich! Ich wollte, dass es ihr wieder gut geht."

Jetzt am besten nicht unterbrechen!

Einige Minuten vergingen schweigend. Tina bemühte sich, ein klares Bild zu erhalten und erfuhr, dass Klaus ihrer Mutter versichert hätte, dass sie alles klären würden, Hauptsache, sie komme wieder auf die Beine. Wie er sie angefleht habe, dass ihre kleine Tochter - du, Christina, - und er sie doch gerade jetzt bräuchten! Unverzichtbar für

Susanne natürlich sein Versprechen, Katharina, die Zwillingsschwester, ganz, ganz sicher zu finden.

Fledermäuse flogen herum. Im Tal unten boten die erleuchteten Häuser ein ansprechendes Bild.

„Aber zu Hause, später – nein, ihr Schweigen all die Jahre war Betrug! Erst zu Hause habe ich versucht, die Fakten in die richtige Reihenfolge zu bringen, um zu verstehen: Ja, Jo, Susannes Liebhaber vor meiner Zeit, ist euer Vater."

„Jo?"

„Ich war nur zufällig in einem passenden Moment in Susannes Leben aufgetaucht, Jo war damals gerade ins Ausland gegangen!" Die Bitterkeit in seiner Stimme machte Tina betroffen.

„Aber wieso? Ich verstehe nicht!"

„Euer biologischer Vater ist dieser Jo."

„Aha, der biologische Vater!"

Inzwischen hatte sich die Dunkelheit fast unmerklich eingeschlichen. Sie setzten sich wieder an den abgedeckten Terrassentisch. Abwesend zündete Klaus die Kerzen in den Windlichtern an und trank ein ganzes Glas Wasser aus. Dann schenkte er ihnen beiden wieder nach. Sie schaute ihn an, konnte eine leichte Enttäuschung nicht unterdrücken. Ich dachte, trotz allem, ich hätte meinen Vater gefunden und nun, was nun Tina? Ihr wurde kalt.! Die Traurigkeit ihrer Kindheit wegen ihres verschwundenen Vaters war wieder da.

„Irgendwann hat er vermutet, dass ihr seine Kinder seid. Er bedrängte eure Mutter, mich zu verlassen und mit euch zu ihm zu kommen."

Tina seufzte. Das war ja ein Gefühlschaos gewesen, sie hätte das nicht leben mögen!

„Susanne hatte den Verdacht, nein, sie war sich sicher, dass Katharina von Jo mitgenommen worden war, dass er sie damit erpressen wollte, damit sie sich für ihn entscheidet. Sie überlegte, ob es richtig gewesen sei, die Polizei einzuschalten. Wenn sie früher zu Jo gefahren wäre, mit ihm doch ein offenes Gespräch geführt hätte, vielleicht wäre uns allen dieses nervenaufreibende Erlebnis erspart geblieben!"

„Ein Vater als Kidnapper? Mein Vater? Das ist ja grauenhaft!"

„Vergiss nicht, er war vielleicht auch eifersüchtig und kam mit der Situation nicht klar, dass seine Kinder bei einem anderen Mann aufwuchsen. Tja, so klug kann ich auch erst heute reden! Damals war ich fassungslos! Ich konnte gar nicht alles aufnehmen, was da auf mich eingestürzt ist."

Er war aufgestanden, lief auf der Terrasse hin und her, schüttelte immer wieder den Kopf. „Zugegeben die Eifersucht, die Enttäuschung, das Gefühl, ungerecht behandelt worden zu sein: In mir wuchs eine unendliche Wut. Am nächsten Morgen – nach einer schlaflosen Nacht - stürmte ich ins Krankenzimmer deiner Mutter, ich beschimpfte sie, wollte ihr nicht zuhören - ich wurde laut! Ein Arzt verwies mich des Zimmers. Schließlich stünde meine Frau immer noch unter Schock. Ja und ich? Ich stand inzwischen unter Doppelschock! Ich ging schnurstracks zu meinen Eltern, unüberlegt erzählte ich ihnen alles. Sie waren zutiefst entsetzt. Vielleicht ist mein damaliges Verhalten verständlich, aber du weißt nicht, wie viele Male ich es seitdem bereut habe, dass ich so unüberlegt gehandelt habe!"

Warum beschrieb er ihr so genau seine Gefühle? Die interessierten sie im Moment nicht. Es fehlen doch noch so viele Informationen!

„Meine Schwester ist nicht gekidnappt worden? Nur in die Arme ihres Vaters gelaufen?" Tinas Formulierung kam nicht gut an, das konnte sie an seinen zusammengepressten Lippen erkennen. „Wo ist sie denn dann? Bei diesem Jo? Wo lebt der?"

„Ich weiß es nicht, Christina. Ich dachte, er würde zurückkommen, um auch dich zu holen, um Susanne zu holen. Spätestens nach zwei, drei Tagen würde er mit Katharina wieder auftauchen. Seinem eigenen Kind würde er sicher nichts antun. Deshalb machte ich mir keine größeren Sorgen mehr um Katharina. Nina, hast du sie in liebevollen Momenten genannt. Ihr wart ein Herz und eine Seele und hattet sogar eure eigene Sprache entwickelt, mit der ihr euch wunderbar verständigt habt. Dass Jo vorhatte, er musste euch ja gekannt haben, euch für länger zu trennen, konnte ich mir auch damals nicht vorstellen. Deshalb war ich so sicher, dass er zurückkommen würde, beziehungsweise, dass Susanne zu ihm gefahren war. So seltsam das klingt: Ich habe mich immer wieder gefragt, wie konnte sie nur ohne ihren Kuschelhasen einschlafen? So oft habe ich ihn ihr nachts aufgehoben, wenn er aus dem Bettchen gefallen war!"

Tina sah in seinen Augen die unverstellte Trauer, die tiefe seelische Verletzung. Sie begriff: Hier sitzt ein Vater, der seine Tochter – seine Töchter? – geliebt hat! „Hat ein biologischer Vater denn das Recht, der Mutter das Kind wegzunehmen?"

„Es war auf jeden Fall unrecht und hätte rechtliche Konsequenzen gehabt. Juristisch gesehen, war ich der Vater. Aber wir hätten doch eine Lösung finden können, so schmerzlich es anfangs auch gewesen wäre."

Wieder die Bilder, die ihn jahrelang nicht losgelassen hatten, denen er lange Zeit nur mithilfe von Alkohol meinte, entfliehen zu können. Er wartete in der Eingangshalle des Krankenhauses, um Susanne nach Hause zu holen – die Station war ja tabu, da hatte er eindeutig Mist gebaut – und wer nicht auftauchte, war Susanne! Schließlich die Eröffnung des Arztes, dass sie das Krankenhaus vorzeitig auf eigenen Wunsch verlassen habe. „... dass sich meine Frau - war sie jemals meine Frau, auch das habe ich infrage gestellt - ohne mich zu benachrichtigen, auf den Weg gemacht hat! Wohin? Nach Hause? Nein, dort war sie nicht! Also, so schloss ich, ist sie zu ihm. Dich würden sie sicher auch bald holen."

Klaus stand auf, ging zur Balustrade. „Natürlich hätte ich gerne Antworten bekommen: Hatten sie es zusammen ausgeheckt? Oder hatte sie die Wahrheit gesagt: Waren bei ihr wirklich keine Gefühle für diesen Jo mehr im Spiel gewesen? Warum ist sie dann nicht nach Hause gekommen – zu uns? Christina, ich weiß nicht, warum sie Katharina alleine gesucht hat. Ich kann es dir, verdammt noch mal, nicht sagen, sie hat nicht mehr mit mir gesprochen."

Ist womöglich die Bindung einer Frau zu dem leiblichen Vater ihrer Kinder lebenslang stärker als die zu jedem nachfolgenden Partner? Darüber muss ich in Ruhe nachdenken, später.

„... rumsitzen mit dem Gedankenkarussell im Kopf? Ging nicht!" Klaus setzte sich wieder zu ihr. „Das verstehst du vielleicht. Ich konnte es zu Hause nicht aushalten." Fragend suchte er ihre Augen. Ihr Nicken signalisierte Verständnis.

„Also ab auf die Insel. Auf Mallorca bin ich richtig versumpft. Ich bin bestimmt nicht stolz darauf! Ich betäubte mich mit Alkohol. Weißt du, hier findet man immer Kumpel zum Trinken. Es gibt viele verkrachte Typen, die hier landen. Manche kriegen die Kurve, irgendwann. Ich war überzeugt, der Mensch zu sein, der von allen am schlimmsten betrogen und belogen worden war. Ich meinte, alles Recht auf meiner Seite zu haben, wütend sein zu dürfen und hatte gleichzeitig das Gefühl der absoluten Hilflosigkeit! Nichts konnte ich tun, gar nichts!"

Klaus ballte die rechte Hand und schlug sie in die linke.

Das Zikaden Konzert hatte bereits wieder eingesetzt, die Luft duftete würzig, doch Tina konnte sich momentan nicht auf eine wohltuende Atmosphäre einlassen. Sie rutschte sich vorsichtig ein bisschen bequemer auf dem Terrassensessel zurecht.

„Erst später wurde mir klar, dass ich ja rechtlich gesehen immer noch der Vater bin. Als ich durch meine Eltern die Nachricht von Susannes Tod erhielt, suchte ich mir kurz entschlossen einen Notar, um Anne, deiner Oma, der ich voll vertraute, das Sorgerecht für euch zu übertragen. Dem Vaterschaftsstreit mit Jo wäre ich nicht gewachsen gewesen. Dann lieber gleich verzichten."

Ach nein, so'n bisschen hat er seinen Verstand ja dann doch benutzt! Reicht ihm das wirklich, um überzeugt zu sein, er sei seiner väterlichen Verantwortung gerecht geworden? Oder durfte man nicht mehr erwarten - von einem – Stiefvater?

Klaus ließ Tina keine Zeit zum Nachdenken. „Ich habe es noch nicht kapiert: Ist dieser Mann nie bei euch aufgetaucht?"

„Nein. Allerdings ist Anne doch nach Österreich umgezogen, da hat er uns vielleicht nicht gefunden."

„Hm."

„Was hast du dir denn überlegt, wie es mir geht, wenn du mich verlässt? Ich war doch noch sehr klein! Für mich warst du doch mein Papa."

Komisch, das Wort auszusprechen. Ungefähr so alt wie jetzt ihre Zwei daheim war sie damals. Nie würde sie ihre beiden Mädchen für immer verlassen wollen und Bastian auch nicht, da war sie sich sicher.

„Entschuldige Christina. Ich kann dich gar nicht genug um Verzeihung bitten, ich verstehe ja meine Schwäche von damals auch nicht, verstehe nicht, warum ich mich zu nichts mehr aufraffen konnte!" Er schenkte Sprudel nach und stürzte das Glas wieder in einem Zug hinunter. „Ich liebte dich doch. So sehr habe ich mich nach eurem Geplauder und eurem Lachen gesehnt. Susanne fehlte mir so sehr! Aber Susanne war tot. Wozu weitermachen? Wie weiterleben? Ja - und dann: Ich war sicher, dass Jo euch beide bei sich haben wollte und ich fühlte mich nicht in der Lage diesem Mann gegenüber zu treten. Meine Kinder! Wie hätte ich zusehen können, wie ihr von mir zu ihm gegangen wäret?"

Trotzdem verantwortungslos! Verhaltenstraining für Eltern müsste es geben, das hatte sie schon manchmal gedacht.

„Ja, aber zulassen, dass ich von heute auf morgen keinen Vater mehr hatte, das konntest du! Hättest du nicht mit mir reden können? Später irgendwann? Während meiner ganzen Kindheit war ich auf alle Kinder neidisch, die einen Vater hatten. Ich wollte so gerne auch einen haben! Ich habe jedes Jahr das Christkind gebeten, mir meinen Vater zu bringen."

„Christina, verzeih! Es tut mir so leid. Ich habe damals keinen anderen Weg gesehen. In meinem Kopf - das Karussell! Eine Unterschrift, ein paar Scheine, damit wollte ich mir Ruhe im Gehirn verschaffen!"

Und im Herzen? Hatte er wirklich Ruhe finden können? Sollte man wirklich so schonungslos mit seiner Tochter reden? Meine Gefühle waren ihm völlig egal! Dürfen Eltern ein so egozentrisches Gefühlsverhalten ausleben? Tina schüttelte sich ein bisschen.

„So komisch das für dich klingen mag, irgendwie habe ich diesen Schlussstrich gebraucht! Ich habe minimal Boden unter die Füße bekommen und bin nur noch in größeren Abständen in ein Loch gefallen. Die nächsten Jahre konnte ich mich mit verschiedenen Jobs durchschlagen. Man findet immer wieder mal jemanden, der einem weiterhilft. Die Uhren ticken hier anders. Und die Natur, diese Natur hier", er wies mit einer Armbewegung zum Garten und über das unten liegende Tal, „die hilft einem beim Gesundwerden!"

Das glaubte Tina sofort! Hatte sie nicht auch hier besser schlafen können als im ganzen letzten Jahr? Besser atmen können? Sich innerlich freier – nein befreit – gefühlt? Fast hätte sie ihr wichtiges Thema am zweiten Tag ad acta gelegt!

„... auch in der Immobilienbranche, so haben wir uns kennengelernt. Für Louisa lohnte es sich, wieder zu leben, die Wirklichkeit zu spüren! Sie ist stark, sie ist seelenklug! Wir waren drei Jahre lang nur befreundet, bis ich soweit gesund war, um wieder eine Herzensbindung einzugehen. Unter ihrem Einfluss habe ich den Alkohol besiegt. Ich trinke nicht mehr."

Wollte sie eigentlich diese Lebensbeichte hören? Was brachte ihr das? Brauchte er einen seelischen Mülleimer? Wollte er Absolution? Verbindet uns das jetzt: so als Vater und Tochter, weil das Schicksal mit uns beiden so umgegangen ist? Oder ist das seine Absicht: Beziehung erzeugen, um Schuld nicht wahrnehmen zu müssen?

„Entschuldige, dass ich so viel von mir erzähle. Ich weiß nicht so genau, was für dich wichtig ist, damit du deinen Weg findest, das Geschehene zu verstehen und in dein Leben richtig zu integrieren. Vielleicht hoffe ich auch, dass du siehst, dass hier jemand sitzt, der viele Fehler begangen hat, aber eben auch ein Mensch mit Gefühlen. Das habe ich von Louisa gelernt: Wir haben nur Worte, um uns eine Basis für das Verstehen zu schaffen! Das erforderte in diesem Fall schon auch Mut, den ich nicht wirklich hatte. Louisa hat mir den Schubs gegeben und ich weiß, dass das hier für dich und mich die einzige Chance ist. Worte sind oft zu wenig, ich weiß!"

Nun blickte Tina ihm in Augen, sah die Bitte, atmete tief ein: „Das ist ein bisschen viel Neues, ich weiß nicht, ob ich deine Perspektive so schnell aufnehmen kann, ob ich sie teilen will." Sie wollte ehrlich sein. Wind kam auf, die Kerzen flackerten, sie fröstelte: „Ja, du hast Recht: Wir haben nur Worte – aber du solltest es auch so sehen: Es ist gut, dass wir Worte haben!"

Ein orangefarbiger großer Mond am Horizont tauchte die Umgebung in ein sanftes Licht. Tinas Abendstern blitzte auf – nein, die Venus stand am Himmel, sie ist schließlich kein Kind mehr! Großes Heimweh nach den Zwillingen erfasste sie. Jetzt mit Lena und Lisa knuddeln! Ein wenig kann man verloren gegangenes Familienleben mit eigenen Kindern nachholen, das wurde ihr schlagartig bewusst.

„Klaus", Papa schien ihr nicht angebracht – mag er auch noch immer ihr gesetzlicher Vater sein, „Klaus, mir geht es gut. Anne war die beste Ersatzmutter, die ich mir vorstellen kann. Sie hat für mich eine neue Heimat geschaffen, mir auch ihre Liebe zu ihrer – zu unserer - Heimatstadt mitgegeben. Mir ist bewusst, dass alles, was geschehen ist, mein Leben ausmacht und natürlich meine Persönlichkeit geprägt hat. Ich habe zwei ganz goldige Mädchen, die unser großes Glück sind!"

Sie hatte 'unser' gesagt! Diese enge Verbindung zu Sebastian, die Gefühle des Partners zu kennen, würde sich nie verlieren! „Sie sind jetzt so alt, wie..."

„Zwillinge!" Klaus schüttelte den Kopf. "Die großen Hunde, das ist meine Versicherung, damit mir niemand die Kinder wegnehmen kann! Noch einmal würde ich das nicht überleben!"

„Du hast sehr hübsche Töchter, die schönen blauen Augen haben sie von dir."

„Dass Anne dir aber auch nie etwas erzählt hat!"

„Lass sie da raus!" Selbst erschrocken über ihren scharfen Ton, erläuterte sie milder: „Sie muss unendlich gelitten haben als Mutter, als Großmutter, auch als Schwiegermutter! Du hast sie durch dein Schweigen sehr verletzt. Aber das musst du mit dir selber ausmachen!"

Also Tina: zielorientierter! Mit Ich-Botschaften soll man doch weiter kommen! „Wenn ich meine Schwester finden will, müsste ich mich an diesen ‚Jo' wenden, habe ich das richtig verstanden? Er ist das Bindeglied. Was weißt du über ihn?"

„Deine Mutter und er haben zusammen Anglistik studiert, zumindest ein oder zwei Jahre. Mehr kann ich dir nicht sagen. Tut mir Leid."

„Ja? Ich unterrichte Englisch."

„Vererbung?" Klaus lächelte sie an. Das tat richtig gut in dieser angespannten Atmosphäre.

„Kennst du noch Namen von anderen Freunden oder ihren Freundinnen?"

„Ihre beste Freundin wohnte in Stuttgart-Bad Cannstatt. Sie hieß – warte mal - ja, Claudia. Sie wurde deine Taufpatin. Du wirst das als Mutter von Zwillingen nachvollziehen können, dass wir in den ersten Jahren nach eurer Geburt rund um die Uhr vollauf mit euch beschäftigt waren. Da ist der Kontakt zu den meisten Freundinnen eingeschlafen, außer zu Claudia. Mit der hat Susanne immer stundenlang telefoniert. Ich sehe sie noch vor mir: in der Küche stehend, den Hörer zwischen Hals und Schulter geklemmt ..."

Gedankenverloren schaute Tina auf die Kerzen in den Windlichtern und versuchte sich vorzustellen, wie ihr Leben ausgesehen hätte, wenn Susanne sie von Anne abgeholt hätte. Wäre Klaus dann auch wieder bei ihnen aufgetaucht? Das hilft niemand weiter! Ihren Kindern will sie allerdings eine heile Familienwelt als Rahmen bieten! Sie stand auf: „Ich muss wieder nach Hause. Meine Familie braucht mich."

„Christina, lass uns in Verbindung bleiben. Lass mich wissen, ob du Katharina findest, bitte. Und sage Anne, ich schäme mich unendlich für mein Verhalten und ich bäte sie um Verzeihung."

„Schreib ihr das doch einfach", meinte Tina etwas ungeduldig, da sie jetzt genug gehört hatte von diesen Schuldgefühlen und der ganzen Gefühlsduselei. Ein bisschen mehr Verstand und weniger Ich-Bezogenheit hätten zumindest einen Teil dieser Katastrophe verhindern können! Was soll's? Die Vergangenheit kann nicht umgeschrieben werden. Wollte sie Klaus kennen lernen? Eine Beziehung aufbauen, nur weil er drei Jahre ihr „Papa" gewesen war? Die Entscheidung musste nicht jetzt getroffen werden! Sie zog ihr Handy aus der Tasche und rief Sergio an:

„Bitte hole mich ab!"

„Vielleicht können wir uns noch einmal sehen, bevor du zurückfliegst?"

„Ich glaube nicht, für übermorgen ist mein Flug gebucht. Nächste Woche beginnt wieder der Unterricht."

„Du bist berufstätig? Mit den Zwillingen?"

„Ja, mit einem halben Lehrauftrag. Ich will doch nicht umsonst studiert haben! Wir haben immer ein Au-pair-Mädchen. Sebastian hilft auch viel."

„Ich will dir nicht zu nahe treten, Christina, doch ich frage mich, wie passt dieser Sergio dazu?"

Sie war diesem Mann keinerlei Erklärung schuldig! Trotzdem zog sie die Schultern hoch, blickte zur Seite. Aber wer saß hier im Glashaus und warf mit Steinen? Trotzig reckte sie den Kopf und warf sich die Haare über die Schulter. Darüber diskutiere ich nicht. „Du entschuldigst mich bei deiner Frau? Deine - meine Stiefschwestern werden froh sein, dass ich wieder weg bin."

Seinen prüfenden Blick von der Seite nahm sie aus den Augenwinkeln wahr. Klaus begleitete sie zum Tor. „Verstehst du, wie ein einigermaßen intelligenter Erwachsener so viel Leid in eine Familie bringen kann? Dich, kann ich, sehr schwer zwar, aber immerhin doch irgendwie, verstehen. Aber diesen Jo, wenn er wirklich die Tat begangen hat, den hasse ich! So einen Vater brauche ich nicht." Gar keinen Vater brauchte sie.

Am Tor legte Klaus vorsichtig die Arme um sie, gefasst darauf, dass sie sich entwinden würde. Sie machte sich nur steif, wollte keine Wärme zulassen. Scheinwerfer kündeten Sergios Kommen an. „Wenn ich könnte, würde ich die Geschichte umschreiben, glaube mir, Christina, ich bin in Gedanken bei dir."

Schweigend hob Tina die Hand zu einem kurzen Abschiedsgruß, wandte sich ab.

Unerträglich laut die Zikadenrufe! Richtig kühl ist es auch geworden! Olivenbaumgespenster am Straßenrand. Nachtschwärze. Sergio schwieg, warf nur von Zeit zu Zeit einen Blick auf ihr gesenktes Gesicht. Als er bemerkte, dass Tina die Tränen über die Wangen liefen, hielt er an und nahm sie in die Arme.

Mi amor. Sanft streichelte er über ihre Haare. "Alles wird gut, *mi querída.*" Unglaubhaft, aber tröstlich! Irgendein kluger Mensch hat philosophiert, dass das Leben nur in der Schau nach rückwärts verstanden werden könne, aber in der Schau nach vorne gelebt werden müsse. Genau das ist jetzt meine Situation! Schließlich lenkte Sergio den Wagen mit einer Hand, der andere Arm, um ihre Schultern gelegt, gab ihr Wärme.

Wie in Trance ließ sich Tina in das Wochenendhaus führen, entkleiden und ins Bett bringen. Als sie so an ihren 'heißblütigen Spanier' – wie sie ihn heimlich ironisch bezeichnete - gekuschelt lag, erwachten ihre Lebensgeister wieder und sie drängte sich an ihn.

8. Palma de Mallorca

Am nächsten Morgen, als sie erwachte, war der Raum schon in Sonnenlicht getaucht, obwohl die Holzläden geschlossen waren. Es musste spät sein. Eine Uhr konnte sie nicht entdecken. Sergio schlief noch fest, eine Hand um ihre linke Brust gelegt. Sie schlüpfte vorsichtig darunter hervor. Ah, jetzt eine erfrischende Dusche! Anschließend setzte sie sich, ins Handtuch gehüllt, an den Bettrand und beobachtete ihn.

Er war nicht wirklich schön. Seine lachenden Augen, seine Art sich zu bewegen, zu reden, machten seinen Charme aus. Habe ich für Sebastian je so empfunden? Obwohl - wir dachten doch, es würde für ein ganzes Leben reichen! Ist dies diese berühmte südländische Leidenschaft? Ein bisschen prickelnder Sex? Sebastian ist der Vater meiner Kinder. Mein Zuhause. Mein Leben! Doch wie kann ich jemals wieder mit ihm zärtlich werden? Wäre Sebastian gestern auch so zärtlich, einfühlsam gewesen, wie Sergio? Sebastian hätte mir Trost zugesprochen, verbal Verständnis gezeigt, dabei - eine lange Umarmung sagt mehr als hundert Worte. Ein Klischee, ja, aber ein wahres!

Das Objekt ihrer Gedanken öffnete die Augen, blinzelte und strahlte sie an. Mit Lachfältchenkränzen.

„Musst du nicht zur Arbeit?"

„*No!*" Er zog sie zu sich herunter, das Handtuch öffnete sich und sie landete auf seinem nackten Körper, denn er hatte blitzschnell die Bettdecke weggeschubst. „Hm, du riechst gut", murmelte er und küsste sie in die Kuhle neben dem Schlüsselbein. Irgendwann schafften sie es auf die Terrasse und Sergio brachte Kaffee und aufgebackene Croissants. „Jetzt ist die Küche leer", lachte er. Dass er sich frei gemacht hatte, für zwei Tage, erfuhr sie nun. „Was denkst du: Ich zeige dir heute Palma, meine Stadt. Wir können in einem der *patios* Paella essen, Wein trinken, *antemano* die cathedral sehen und einkaufen. Was hältst du davon?

„Das fände ich wunderbar, aber vorher müssen wir im Hotel vorbeifahren, damit ich mir andere Kleidung holen kann."

Vor allem muss ich telefonieren! Anne und Sebastian warteten bestimmt schon darauf. Gestern hatte sie vor dem Gespräch mit Klaus ihr Handy abgestellt.

Während Sergio einen *cortado* auf der Hotelterrasse nahm und sich ausgiebig mit EL MUNDO beschäftigen wollte, zog sich Tina im Zimmer um. Nachdenklich packte sie ihre Tasche.

Als sie das Gefühl hatte, jetzt könnte sie mit Sebastian reden, wählte sie die häusliche Telefonnummer. Wie sie heimlich gehofft hatte, blieb ihr noch eine Galgenfrist: Sebastian war nicht zu Hause. Dem neuen Au-pair-Mädchen, Lissi - fröhlich und selbstsicher klang sie –

erklärte Tina, dass sie gegen sechs Uhr abends nochmals anrufen würde.

Dann versuchte sie es bei Anne. Die nahm bereits nach dem ersten Klingeln ab. Ein Zeichen, dass sie schon lange auf ihren Anruf wartete.

„Ach, Tina! Sag, war es der Richtige? Ich bin doch neugierig!"

„Ja, es war Klaus. Es wäre besser, ich würde dir das alles mündlich erzählen."

„Tina", kam es energisch und zittrig zugleich, „bitte sprich. Ich will nicht noch länger warten müssen!"

„Er versteht nicht, warum Katharina nicht zurückgebracht wurde." Rauschen in der Leitung.

„...s soll das?"

„Also Oma, er ist nicht unser Va..." Knacken in der Leitung.

„Tina? Nicht euer Vater? Tina! Bist du noch dran?"

„Ja!"

„Wie? Wieso nicht euer Vater? Was soll das? Natürlich ist er euer Vater. So ein Unsinn! Er war doch bei der Geburt dabei. Denkt er, man hat euch vertauscht?"

„Nein. Das nicht. Aber Mama... Knistern in der Leitung.

„Was sagst du?"

„Sie war schon schwanger, als sie ihn getroffen hat."

„Schwanger? Vorher? Susanne? Nein, das hätte ich gewusst!" Extrem viel leiser klang ihre Stimme jetzt. Brummen in der Leitung.

„Oma? Anne? Sag doch was! Bist du noch da?"

Die Leitung war tot.

Als sie in Palma gegen Abend aus Sergios Badezimmer trat, wo sie sich zurechtgemacht hatte, riss Sergio die Augen auf und sank mit der rechten Hand auf dem Herzen in die Knie: „Ihr Diener, *princesa!*"

Tina musste lachen. „Eine barfüßige Prinzessin! Können wir irgendwo ein Paar High Heels für mich kaufen? Ich habe nur flache Sandalen dabei."

„*Como deseo, Princesa.*" Er erwies sich als kompetenter Berater. Mit weißen Sandaletten schwebte Christina an seinem Arm aus dem Schuhgeschäft! Nach Paella und Rotwein meinte Tina verlangend: „Könnten wir irgendwohin tanzen gehen? Musik und Tanzen sind so gut für die Seele." Sergio erwies sich als ein begnadeter Tänzer! Als kurz vor Mitternacht „*besame mucho*" erklang, fand Tina die Musik gar nicht kitschig, sondern schmiegte sich zärtlich in seine Arme.

„*Te quiero!* Komm, *mi alma*, lass uns nach Hause gehen", flüsterte Sergio mit rauer Stimme.

Am nächsten Morgen erwachte Tina vom Klingeln des iPhones. Verschlafen griff sie danach:

„*Hola?*"

„Tina, wo bist du?"

„Bastian!" Sie setzte sich auf, gähnte, „Ich...", blickte auf den braun gebrannten Rücken neben sich, schlüpfte aus dem Bett, „du rufst früh an."

„Du hast gestern Abend nicht angerufen. Was, um Himmels Willen, ist los?" Bastians Stimme war ärgerlich und das zu Recht. Vorsichtig schloss sie die Badezimmertür von innen.

„Stell dir vor, mein Vater, nein, Klaus ist gar nicht mein Vater!"

„Was sagst du da?"

„Zuerst habe ich keinen Vater. Jetzt habe ich zwei. Oder eigentlich doch keinen! Denn Klaus ist ja mein Stiefvater! Und unser ‚Biopapa' hat meine Zwillingsschwester entführt und ist untergetaucht."

„Tatsächlich? Das ist ja ein halber Krimi!"

„Ich bin jetzt alt genug, sodass ich keinen Vater mehr brauche! Vielleicht ist ein Vater nur für Kleinkinder wichtig!"

„Beide Elternteile haben ihre Aufgabe in der Familie, zeitweise vielleicht unterschiedlich intensiv. Wir reden, wenn du zurück bist!"

„Wie geht es Lisa und Lena? Ich vermisse sie so."

„Wir vermissen dich auch alle, mein Schatz. Komm schnell zurück. Dieses Wühlen in der Vergangenheit ist vielleicht doch nicht hilfreich gewesen. Es scheint, als hätte Anne Recht gehabt, oder? Ich muss los. Lass uns heute Abend telefonieren ja? Bussi."

„Auch Bussi!"

So, jetzt half nur noch Verdrängen!

„Au!"

Rosen im Bett stören einfach bei jeder Bewegung, das musste Tina beim Umdrehen im Halbschlaf am Donnerstagmorgen erfahren. Sie suchte die Quelle des Schmerzes zunächst mit tastenden Fingern, piekste sich wieder, hob die Hände wie zum Klavierspielen an und öffnete nun doch die Augen. Das Bett war übersät mit lauter dunkelroten und korallenroten Rosen. Duftrosen.

Sergio kam gerade mit zwei Gläsern Cava aus der kleinen Küche.

„Christina, *por favor, quedate conmigo! ¡No te vayas!* Bleib immer bei mir! Verlass mich nicht! *Creo que nunca me sentí tan feliz en toda mi vida.* Du bist meine Liebe!" „Ich liebe dich auch", flüsterte Tina und brach in Tränen aus.

„Aber, aber *mi querìda,* das ist kein Grund zum Weinen." Sergio stellte die Gläser ab, um sie zu umarmen. Aber Tina schob sich in die andere Richtung unter der mit Rosen bedeckten Sommerdecke an die Bettkante, fort aus dem Zauberkreis seiner Arme, tapste nackt zu ihrer Handtasche und kramte darin herum. Wo habe ich es denn hingesteckt? Dann brachte sie ihm ihre Morgengabe: ein Foto. Unsicher suchte er ihren Blick. Doch das in Blau- und Terrakottatönen eingelegte Bodenmosaik schien ihren Blick hinter dem blonden Haarvorhang geradezu magisch anzuziehen.

¿*"Quiènes son estos*? Wer ist das?"

„Das sind meine Töchter Lisa und Lena. Sie sind vier Jahre alt."

„Deine Töchter? Du hast Kinder? Haben die Kinder einen Vater?"

„Ja", nickte Tina, weiterhin intensiv das Mosaik des Bodens betrachtend.

„*Me mentiste!*", Sergio räusperte sich. Schuldgefühl und Tränen untersagten Tina, sich zu rechtfertigen.

„Warum Christina? *Eso es inadvisible!*"

Er griff nach dem Autoschlüssel und verließ mit langen Schritten die Wohnung. Sekunden später malträtierte er den Motor seines Wagens. Erstarrt hockte Tina auf der

Bettkante. Merkte nicht, dass sie auskühlte. Wischte schließlich einige Rosen auf den Boden und rollte sich in Embryostellung zusammen. Zog die Decke über den Kopf. Zwei Stunden später musste sie sich der Tatsache stellen, dass Sergio nicht zurückkommen würde. Sie fühlte sich einfach nur elend! Dennoch musste sie sich anziehen. Anstrengend! Es fiel ihr schwer, ihre Sachen zusammenzusuchen. Noch schwerer, die Tasche anzuheben und gar einen Fuß vor den anderen zu setzen. Bevor sie die Wohnung verließ, hinterließ sie ihm eine Lippenstiftnachricht auf dem Bade-zimmerspiegel. Zwei fast gleichgroße Herzen malte sie: und schrieb hinein:

,Sergio' und ,Lisa y Lena'.

Sie irrte durch die Straßen. Wie sollte sie ins Hotel finden? Eins ist sicher: Die Stadt ist unüberschaubar groß. Endlich ein rettendes Taxi.

„Bus. Autobús. Nach Porto Christo."

„*Si, si señora.*"

Dass er ein lebenserfahrener Taxifahrer war, bewies er, als er mit der linken Hand das Lenkrad bewegte, während er ihr nach rechts ein Päckchen Papiertaschentücher reichte, denn die Tränen flossen schon wieder. „*Este autobús va a Puorto Christo*", er deutete auf den dritten Bus, der an der Busstation hielt.

„*Graçias.*"

Total erschöpft kam sie im Hotel an, gab den Autoschlüssel des Mietwagens an der Rezeption ab und bat die Rezeptionistin, ihn dem Vertreter der Agentur auszuhändigen. Mit ihrer Badetasche bewaffnet und auf der Nase die dunkelste Sonnenbrille, die sie mitgebracht hatte, allerdings auch ihre einzige, ließ sie sich so weit entfernt von den anderen Touristen, wie möglich, eine Liege aufstellen. Dass das Trinkgeld wohl viel zu hoch ausgefallen war, merkte sie an dem erstaunten Blick des Boys und seinem überfreundlichen Dank. Besonders klare Umrisse wiesen die dreidimensional vorbeiziehenden Wolken auf, so durch die Sonnenbrille betrachtet. Gestern haben wir in Deià... nein, Tina, denk nicht mehr daran! Es ist vorbei.

Realistisch betrachtet, hätte diese Beziehung ja sowieso keine Zukunft gehabt. Urlaub und Alltagsleben sind zweierlei! Hätte ich das überhaupt wirklich durchziehen wollen? Du hast dein Leben in Salzburg, Tina. Mit Sebastian, mit Lena, mit Lisa und mit Anne. Mit deinem Beruf und mit Mara! Wolltest du nach Salzburg fliegen, die Zwillinge holen und hierher zu Sergio zurückkehren? Ja, genau! Genau das will ich! Wirklich? Was ist mit Anne? Hat sie nicht schon genug verloren? Soll jetzt der Rest der Familie, der ihr geblieben ist, auch noch verschwinden? Willst du Spanisch lernen, Tina, im Ausland leben? Jemand hat ihr mal gesagt, dass Streiten in einer Fremdsprache schwierig sei. Ist das nun gut oder wäre das schlecht für eine Beziehung? Was ist mit Sebastian? Wir haben uns versprochen, zusammenzubleiben. Ihm die Kinder stehlen? Vielleicht hat ihr dieser Jo sein Verbrechergen vererbt? Ich will mit Sergio leben, alles andere ist mir egal!

Die Wolkentiere über ihr änderten ihre Formen jetzt schneller. Gut eigentlich, dass Sergio so reagiert hat. Das nimmt ihr die Entscheidung ab, obwohl es doch gar keine andere Entscheidung geben kann! Sie muss natürlich bei Sebastian bleiben. Den Mädchen ihren Vater nehmen, das geht gar nicht! Dieses Schicksal soll sich nicht wiederholen! Trübsinnig sah sie vor sich hin. Seufzte tief. Ein Schatten fiel auf sie.

„Christina", stöhnte Louisa, „endlich habe ich dich gefunden. An der Rezeption habe ich erfahren, dass du vielleicht am Strand bist. Ich suche schon eine Zeit lang. Ich darf?", fragte sie und setzte sich auf die Nachbarliege, die sie zu Tina hin zog. Diese schaute zwar kurz zu der Sprecherin, gab allerdings kein Zeichen des Erkennens von sich. Die konnte sie jetzt gar nicht brauchen! Ihre Sonnenbrille nahm sie nicht ab. Um Himmels willen, nein! Niemand sollte ihre verweinten Augen sehen. Während Tina den Kopf wieder langsam in Richtung Meer drehte, erklärte Louisa: „Ich wollte deinem Vater einen Gang abnehmen."

Tina murmelte etwas vor sich hin.

„Wie bitte?", fragte Louisa befremdet.

„ER IST NICHT MEIN VATER!"

„Nun, doch, vor dem Gesetz. Und in seinem Herzen hast du..., haben du und deine Schwester, immer einen Platz gehabt. Ich habe hier einen Brief von ihm an deine Großmutter. Ich wollte ihn dir bringen *en persona*. Klaus ist der Brief sehr schwergefallen. Es hat ihn getroffen, dass Katharina nicht wiedergekommen ist! Jetzt macht er sich Vorwürfe, dass er damals zu schnell aufgegeben hat." Sie verstummte, denn Tina machte eine abwehrende Handbewegung. Schnee von gestern! Das war jetzt wirklich nicht ihr Thema! Sie stand auf, nahm ihre

Sonnenbrille ab und streckte Louisa die Hand zum Abschied hin.

„*Por amor de Dios*! Tina, was ist denn los mit dir? Was ist denn so schlimm? Schsch! Nun beruhige dich. Es wird bestimmt wieder alles gut", stotterte sie, als Tinas Tränen wieder zu fließen begannen.

„Gar nichts wird gut. Überall nur Probleme! Ich will das nicht mehr leben müssen. Aber Lena und Lisa sollen nicht darunter leiden", schluchzte Tina.

Louisa lächelte und nahm sie in die Arme: „Nun erzähle, *què pasa*?" Aufmerksamkeit war gefragt, um die Bruchstücke zusammensetzen zu können, die aus Tina herausfielen: ein interessanter Mann - Suche nach ihrer Schwester - hilfsbereit - Ehemann betrogen - einfach so passiert – Heiratsantrag - Sebastian wartet.

„*Si, no es fácil*, das sind viele *problemas*! Ehe und Kinder sind sehr wichtig! Das ist dein Leben, du hast ‚ja' dazu gesagt! Du bist zu Hause in Austria! Deine Kinder brauchen *mamácita und papá*! Du bist nicht frei!

„Ja, ich weiß."

„Sergio war Mallorca, Freiheit! Denkst du an Sergio, denkst du an Sonne, Meer. Ein großes Gluck für dich: eine Sommerliebe! Er war da, als du *ayuda* - Hilfe benötigt hast. Fühle dich gut, wenn du denkst an ihn! Aber: Lösche seine Nummer von deinem Handy und vertreibe ihn aus deinem Herz! Liebe ist nicht immer Feuer! Es gibt ein – wie sagt man – Sprichworte? Nein? Bei uns: *La felicidad* – das Gluck ... oft hängt ab von Entschließung glucklich sein zu wollen."

„Und Sebastian?"

„Du hast einen guten Mann? Er wird klug sein! Du mit ihm, ihr werdet einen Weg finden, zusammen!"

„Tina, siehst du, wie deine Mutter", setzte sie fassungslos hinzu und plumpste auf die Liege zurück.

„Das Leben hat Wiederholung!"

Tina überlegte eine Weile. „Ja, ein bisschen. Ich habe noch gedacht - warum macht sie so einen Kuddelmuddel aus ihrem Leben? Eigentlich war ich böse auf sie."

„Siehst du. Du kennst den Weg. Du bist stark.

So hätte Anne sie sicher auch aufgebaut. Ja, sie ist stark.

„Danke, Louisa."

„Und Tina: *Anda con cuidado! Recuer* - nein: vorsichtig sein!"

„Ja, ich verstehe." Tina wunderte sich über sich selbst, wie viele Worte sie inzwischen zumindest ihrer Bedeutung nach verstehen konnte.

„Erinnerungen an *un paraíso perdido* machen dir *problemas* für dein Leben in die *presente*!"

Tief aufseufzend erwiderte Tina die herzliche Umarmung Louisas.

„Komm, *con tuya familia*, besuche uns, den anderen Teil deiner Familie - *nos allegraría mucho*."

2:30 Uhr. Den praktischen Reisewecker hatte ihr Sebastian geschenkt. Schlaflos wälzte sich Tina auf dem Hotelbett hin und her. 3:00 Uhr. Eine bleiche Mondscheibe schielte durch den Vorhangspalt. Sebastian würde sie sicher abholen. Würde sie ihm in die Augen sehen können? 3:30 Uhr. In zehn Stunden würde sie ihm gegenüber stehen. Und dann, Tina? Was dann? Das muss ich jetzt noch nicht entscheiden! Er war doch einmal der Fels in ihrem Leben gewesen!

Ihr Handyton, ‚*I belong to you*‘. Sebastian hatte ihn ihr installiert. Musste sie auch mal ändern! Elektrisiert setzte sie sich auf und starrte auf das Display.

Sergio! Sie hatte seine Nummer nicht gelöscht. So viel zu Louisas Rat. Soll ich? War das ihr Herz, das da so wild klopfte? Oder soll ich lieber nicht? Das Handy klingelte weiter: *I belong to you*. Irgendwie makaber! Schließlich verstummte es, um sogleich wieder mit *'I belong to you'* zu beginnen. Diesmal nahm sie entschlossen ab: „Sergio?“

„Christina, *mi querída*, ich kann dich nicht gehen lassen mit dem Ende. Ich will dir sagen, du bist meine große Liebe. Ich werde dich nicht vergessen, *jamas*. Du hast Kinder. *Aceptarlo*, aber mein Herz weint! *No me olivides, por favor*, vergiss mich nicht.“

„*No, jamas*.“ Um den Kloß im Hals herum zu schlucken, war gar nicht so einfach!

„*Adios mi amor*.“

„*Adios!*“

Dann drückte sie den roten Knopf. Wo sind diese blöden Papiertaschentücher? Etwa schon alle verbraucht?

9. Salzburg, Herbst 2013

Mit kleinen Rosensträußchen in der Hand standen Lena und Lisa in der Ankunftshalle des Salzburger Flughafens. Tina entdeckte sie sofort, als sich die automatischen Glastüren öffneten.

„Meine Lieblinge", rief sie, ließ ihren Koffer stehen, breitete beide Arme aus. Die Zwillinge stürzten sich auf sie und klammerten sich an ihren Hals. Sie nahm beide auf die Arme. Sebastian half ihr beim Aufstehen und umarmte seine drei Frauen zusammen. „Hallo Sebastian!" Er lächelte sie froh an. „Mein Schatz. Willkommen daheim. He, „bringt Eure Mama nicht um, Mädels. Ihr könnt doch schon selber laufen - oder?"

Als die Zwillinge in ihren Autositzen festgeschnallt waren und der Koffer verstaut war, beugte sich Sebastian zu Tina und umarmte sie. Er küsste sie und streichelte ihr anschließend liebevoll über die Wange. Vertraut fühlte es sich an. „Heute Abend kommt Anne vorbei. Sie will alles noch einmal ganz genau hören und vielleicht kannst du ja auch ein paar Fotos zeigen?"

„Ja, ein paar", nickte Tina, erleichtert, dass sie den ersten

Abend nicht allein mit Sebastian verbringen musste. Dann fiel ihr siedend heiß ein: Ich hätte die Fotos während des Fluges kontrollieren müssen und einige löschen! Für weitere Überlegungen ließen ihr die Zwillinge keine Zeit. Sie redeten während der ganzen Fahrt auf Tina ein, meistens gleichzeitig, bis sie sich wieder stritten, wem jetzt Mamas Aufmerksamkeit zustand.

Sebastian meinte amüsiert: „Die Meinung, dass Zwillinge immer lieb zueinander sind, ist ein Märchen. Gestern haben sie sich über den neuen Roller so in die Haare gekriegt, ich meine, richtig in die Haare, dass es ein Wunder ist, dass Lena heute nicht eine Kurzhaarfrisur hat!"

„Is mein Roller, Tante Dani sagt", tönte es von der Rückbank. „Nein, Tante Dani sagt uns beide. Is auch mein Roller", kam Lenas Stimme leicht klagend dazu.

„Jetzt ist Mama wieder ganz lange da. Ihr habt noch viel, viel Zeit, Mama alles zu erzählen", sagte Tina ein bisschen hilflos. Sie war noch nicht angekommen. Ein bisschen viel Watte zwischen ihr und der Umgebung!

Sie begrüßte das neue Au-pair-Mädchen freundlich, das inzwischen für alle zu ‚Lissi' geworden war und versuchte die Zwillinge zu bewegen, mit ihr im Kinderzimmer zu spielen, damit sie ihren Koffer ungestört ausräumen konnte. Im Endeffekt wurde der Koffer zu dritt geleert, während Lissi ihnen zuschaute. Auf dem gemütlichen Sitzkissen im Kinderzimmer machte es sich Tina anschließend bequem und las ihren beiden, die sich rechts und links an sie kuschelten, aus verschiedenen Kinderbüchern vor. Jede versuchte möglichst viel Platz an ihr zu erobern. Wehe, wenn eine Hand zu weit auf die andere Hälfte rutschte, dann wurde sie energisch weggeschubst.

„Siehst du, dafür braucht man zum Beispiel einen Papa in der Familie. Wenn man drei oder vier Eltern hätte, gäbe es immer genug Kuschelplatz auch für weitere Geschwister!" Sebastian war hereingekommen, hatte ihr bei den letzten Worten zugezwinkert und betrachtete liebevoll die drei wichtigsten Menschen in seinem Leben. „So, ihr beiden, ab in die Wanne! Lissi hat ein Schaumbad vorbereitet und wartet auf euch."

Mit ihrem iPhone zog sich Tina auf die Toilette im Erdgeschoss zurück. Ach, eine Mail aus Spanien. Warum klopfte dieses Herz jetzt wie verrückt? Musste während des Flugs angekommen sein. Nur drei Worte „Quédate conmigo. Sergio." War das nicht ein Song? Sofort in den Papierkorb und den löschen! Sie betrachtete die Mallorca-Fotos. Das hier könnte sie zeigen, mit dem Blick auf die Bucht vom Hotel aus, das hier auch mit dieser fantastischen Felsenbucht. Nein, das hier nicht! Die wichtigsten Bilder hatte sie sowieso in ihrem Inneren aufgehoben. Ein einziges Foto gönnte sie sich: Ein lachender Sergìo, den Meereswellen trotzend, das schickte sie sich per Email auf ihren Account. Vielleicht könnte sie die letzte spanische Nachricht später im Internet googeln? Nur wenige Fotos konnte sie aufweisen! Das wird doch wohl jeder verstehen, dass ich bei der ganzen Aufregung nicht daran gedacht habe, Fotos zu machen.

Anne war bereits angekommen, hatte den Mädchen schon

durch die Badezimmertür bei ihren Wasserspielen zugeschaut, jetzt umarmte sie Tina herzlich. „Du bist ja richtig braun geworden mein Liebling. Wie eine echte Urlauberin!" Vorsichtig erforschte sie Tinas Gesicht, meinte, Zurückhaltung wahrzunehmen.

Zum Abendessen saßen alle um den großen Esstisch, auch die Zwillinge, bereits in ihren heiß geliebten pinkfarbenen Schlafanzügen, und Lissi. Dadurch verbot sich jedwede Erwähnung von Tinas Anliegen auf Mallorca. Sie erzählte vom schönen Sand am Strand und den Ausblicken auf Meeresbuchten, von den Zitronen und Orangen an den Bäumen und den vielen Blüten, von den Windmühlen und den malerischen Kirchen. Schließlich war es an der Zeit, die Zwillinge in ihr Bett zu bringen. Von beiden Eltern ins Bett gebracht zu werden, welch ein besonderer Genuss! Lena stellte unschuldig die richtige Frage: „Mama beibt hier?" Lisa schloss sich an: „Lisa auch! Meine Mama! Mama soll nich Fugzeug fiegen!" Sebastian legte den Arm um Tinas Schultern zog sie näher an sich. Dieser Kloß im Hals! Tina schüttelte den Kopf, streichelte beiden über die frisch gewaschenen Haare, musste sich abwenden.

Lissis fröhliches „Adios" kam im richtigen Moment. Mit dem Abräumen des Tisches hatte sie ihre letzte Aufgabe an diesem Tag erledigt und klapperte nun mit ihren Sandalen in einen sommerlichen Feierabend.

„Herrlich, so jung sein.", lächelte Anne.

Später erzählte Tina weitere Einzelheiten ihrer Mallorca-Erlebnisse – die realen Geschehnisse wurden allerdings - kreativ bearbeitet – an die Zuhörer angepasst weitergegeben. Sebastian schüttelte den Kopf.

„Da soll noch mal einer sagen, es gebe keine Zufälle. Kaum zu glauben, wirklich."

Ein leichtes Lächeln schob sich über Annes angestrengte Gesichtszüge: „Ja, ich erinnere mich, Du hast in vielen Situationen ganz eifrig ‚Iss tomme ssson' gerufen und bist dann, so schnell du konntest, herbeigerannt. Katharina hatte eher die Ruhe weg, die musste man oft zweimal rufen, wenn sie nicht gleich aus Neugier mit dir mitgelaufen kam."

„Hier! Hier habe ich ein Foto von dem Landhaus. Ein wunderschönes altes Haus auf einem Hügel von Pollença mit einem herrlichen Blick."

Tina stand auf, verließ das Wohnzimmer und kam kurz darauf mit einem Briefumschlag zurück. „Dieser Brief ist von Klaus an dich, Oma."

Anne öffnete den Umschlag, nahm ihre Brille aus der Tasche, setzte sie auf und las. Einige Male atmete sie tief ein. Endlich ließ sie das Blatt sinken.

„Was schreibt er?", fragte Sebastian gespannt.

„So ein dummer Junge", sagte Anne, mit Tränen in der Stimme, „so ein dummer Junge. Susanne hat ihn so geliebt. Sie hatte bestimmt nie vor, ihn zu verlassen!" Sie sah Tina und Sebastian ratlos an. „Aber Kinder, ich habe keine, absolut keine Ahnung, wer dieser Jo war. Nachdem Susanne ihr Studentenzimmer bezogen hatte, haben wir natürlich ihre Freunde nicht mehr alle kennengelernt."

Tina freute sich, die Kollegen zu sehen. Am ersten Schultag ging noch alles ganz entspannt zu. Man hatte ja Kraft in den Ferien gesammelt. Mara strahlte sie besonders herzlich an. Sie schlug ein Treffen im Posthof in der Kaigasse vor. Sie sei neugierig und wolle alles wissen. Ob ich mich Mara anvertrauen kann? Ich bin kein Typ für Geheimnisse. Ich hab' so ein schlechtes Gewissen! Während Sebastian mit ihr geschlafen hatte, hatte sie nichts empfunden. Ein bisschen Schauspielerei war nötig gewesen. Er hatte sie prüfend angesehen, aber kein Wort gesagt.

„Also, erzähl' mal", auffordernd nickte ihr Mara zu. Nee, diese Aufforderung blockiert das Gehirn ja total. Eigentlich wollte sie gar nicht mehr über diese anstrengende Vergangenheit reden. Ist nicht die Gegenwart viel wichtiger? Aber auch die schien ihr gerade nicht so erzählenswert. Über Sergio kann sie doch nicht sprechen, das ist noch viel zu früh! Nicht einmal mit ihrer besten Freundin. Und jeder denkt, eine Freundin bietet eine Schulter zum Anlehnen. Mara schaut mich schon ganz seltsam an.

„Interessant war es", sagte sie matt, „ich habe meinen Vater gefunden, obwohl er nicht mein Vater ist. Meine Mutter war schon schwanger, als sie heirateten."

„Ach herrje", entfuhr es Mara, „und jetzt? Hilft dir das Wissen um deine frühere Familiensituation? Du, Vatersein entsteht doch im Alltag, also müsste doch damals eine gewisse Bindung entstanden sein oder denkst du nicht? Gerade die ersten Jahre sind doch besonders wichtig, oder?"

„So einfach ist das auch wieder nicht. Ach, das ist schwer zu erklären."

„Was willst du jetzt unternehmen?"

„Ich weiß noch nicht genau. Irgendwie stecke ich fest. Eigentlich hatte ich Sebastian versprochen, nach meinem Mallorcatrip aufzugeben."

Mara beobachtete sie aufmerksam: Tina klang sehr resigniert, so leer!

Über ihren Aktionismus, den Tina sich verordnet hatte, wunderte sich Sebastian: Zoobesuch und Hallenbadbesuche mit den Zwillingen, eine Theatervorstellung und Lerngänge mit ihren Schülern, sowie ein Spanischkurs an der Volkshochschule für sie selbst. Er vermutete, dass sie sich über die mangelhaften Ergebnisse ihrer Suche in Spanien hinwegtrösten wollte. Zwischendurch zog sie sich zeitweise ganz in sich zurück, wohl um ihren Gedanken nachzuhängen, hörte mehr Musik – spanische Songs. „Quedate conmigo" von Pastora Soler gesungen, schien ihr besonders zu gefallen. War das nicht der spanische Beitrag für den letzten Eurovision Song Contest?

Eines Nachmittags meldete sich Anne von ihrer Sizilienreise zurück. So stürmisch warfen sich die beiden Mädchen bei der Begrüßung in ihre Arme, dass sie strauchelte. Tina konnte sie gerade noch auffangen, die Reisemitbringsel für die Zwillinge landeten auf dem Boden.

„Oh, die Cremeschnitten! Ich war extra in der Stadt. Sie sind vom Schatz!"

„Ich habe sie gerettet, keine Sorge! Einen Häferlkaffee oder einen großen Braunen?"

Anne sah Tina nachdenklich an. Was war mit ihrer Enkelin los? Schmal ist sie geworden. Ihre Augen sind so glanzlos, die Stimme klingt viel zu geschäftig!

„Zur Cremeschnitte einen Häferlkaffee, bitte. Wo ist deine Mallorcaerholung geblieben?" Nanu, hatte sie Tränen in Tinas Augen gesehen? „Liebes, stell dir vor, mir ist eingefallen, dass damals mit euren Kinderzimmermöbeln auch Kartons mit Susannes Habseligkeiten bei mir abgeliefert wurden. Es war mir nicht möglich, sie zu öffnen. Vielleicht möchtest du sie durchsehen? Sebastian kann sie holen."

Tina wurde etwas lebendiger. Überrascht sagte sie: „Du hast noch Sachen von Mama, wirklich? Wo hast du sie die letzten 20 Jahre versteckt? Wie kannst du die denn vergessen haben? Ich habe dich so oft nach Fotos von Mama und mir gefragt. Jetzt hast du noch Kartons!"

Stimmt. Und zwar in der hintersten Ecke des Dachbodens, versteckt unter einem blauen Tuch. Was hatte sie damals veranlasst, sie überhaupt aufzuheben? Sicher hatte sie damals nicht vorhergesehen, dass eine junge Frau dereinst ihre Wurzeln suchen würde. Und dass sie selbst jemals das Bedürfnis haben könnte, in die Intimsphäre ihrer Tochter einzudringen, indem sie die ungeordneten Überbleibsel eines kurzen Lebens durchforsten würde – dieser Gedanke, hätte ihr nicht fremder sein können.

„Möglicherweise enthalten sie auch Fotos, auf denen du zusammen mit deiner Schwester zu sehen bist."

„Aber du hättest dir doch denken können, dass ich mich für alles, was mit meiner Familie zusammenhängt, interessiere!" Jetzt kommt sie sich selbst wie eine patzige

Jugendliche vor.

„Morgen Abend könnten wir vorbeikommen und schon mal zwei abholen." Sebastian war gerade hereingekommen, hatte die angespannte Stimmung gespürt und war bemüht, sie etwas zu lockern. Aber am nächsten Tag vergaß er sein Angebot, denn er kam spät von einer Besprechung, bei der man ihm einen interessanten Auftrag übertragen hatte. Es gehe um die Präsentation eines großen Unternehmens, mit Niederlassungen in verschiedenen Ländern Europas. Das bedeute auch die Übersetzung in verschiedene Sprachen, natürlich vor allem in Englisch, aber auch in Spanisch, Italienisch, Französisch und Türkisch.

„Stell dir vor, Tina, auch in Russisch und kyrillischer Schrift! Ich kann mir fünf Mitarbeiter dafür suchen. In drei Monaten müssen wir das Projekt allerdings abgeschlossen haben. Das ist ein enger Zeitrahmen, aber eine tolle Herausforderung!" Er strahlte. „Das ist der Durchbruch, mein Schatz! Wenn das problemlos über die Bühne geht, kann ich mir die zukünftigen Aufträge aussuchen! Du musst verzeihen, wenn ich in der nächsten Zeit nicht pünktlich um fünf Uhr zu Hause bin!"

Damit hatte er schwer untertrieben. Er kam oft erst nachts gegen elf Uhr und war um sechs Uhr morgens schon wieder auf dem Weg zu seinem Arbeitsplatz. Gut so – einerseits! Die Zeit für ihre spanischen Musikträumereien konnte sie sich nun unbeobachtet nehmen! Im spanischen Sprachkurs, in dem eine temperamentvolle Vierzigjährige unterrichtete, fühlte sie sich wohl: Das Vokabellernen bereitete ihr keine Schwierigkeiten. Fantastisch, so schnell immer mehr Sprachverständnis aufbauen zu können! Anne hatte ihr immer schon eine gut ausgebildete linke Gehirnhälfte bescheinigt, O-Ton: ‚genau wie deine Mama!' Samstags sah sie ihren Angetrauten auch erst zur abendlichen Mahlzeit, sonntags musste er sich erholen: lange schlafen, joggen, fernsehen. Sämtliche eheliche Kontakte waren auf ein Minimum beschränkt.

„Kein Problem", versicherte Tina, wenn Sebastian halbherzige, Verständnis heischende Erklärungen versuchte, dass ja nur momentan dieser wichtige zeitfressende Auftrag zu erledigen sei. Bald kämen auch wieder ‚andere Zeiten', dann stehe er wieder als Tanz- oder Wanderpartner zur Verfügung. So kann man es besser verschleiern, wenn ich keine Lust mehr auf dich habe. Sie schämte sich ein wenig für diesen Gedanken, baute aber absichtlich das Bild einer gestressten Lehrerin und Mutter auf. Er musste doch Verständnis haben, wenn sie nach ihrem anstrengenden Tag mit den Zwillingen, dem Unterricht und dessen Vor- und Nachbereitungen schon früh ins Bett ging. Sie schlief, wenn Sebastian nach Hause kam, der sich dann - aufgedreht und völlig kaputt gleichzeitig – im Wohnzimmer vor den Fernseher setzte. Ob ihm überhaupt auffiel, dass sie sich langsam entfremdeten? Früher hatten sie sich abends immer ihre Tageserlebnisse und die dazu gehörenden Gedanken und Gefühle mitgeteilt.

„Bastian, ich will dich nicht einschränken. Aber sonntags solltest du dich deinen Töchtern widmen! Zumindest am Nachmittag! Das ist ein absolutes MUSS, hörst du?" Dass er es schaffte, so neben seinen drei Frauen her zu leben! Früher hatten alle ihren Spaß an der abendlichen Toberei gehabt.

Im November holte Tina sich drei Kartons selbst bei Anne ab und machte sich mit einem beklommenen Gefühl daran, sie zu öffnen. Man sah ihnen ihr Alter an. Einer enthielt Kleidung: bunte Sommerkleider, mit engem Oberteil und Glockenrock, Pullover mit mexikanischem Muster und einfarbigen Hosen. Das war also Susannes Stil gewesen. Und da: jede Menge englische Bücher, Krimis von Agatha Christie bis Klassiker, wie Oliver Twist sowie Reclamhefte mit Shakespeares gesammelten Werken. Na, das ist ja gar nicht so schlimm! Sie würde die Bücher einfach zu ihren dazustellen. Etwas von ihrer Mama wäre dann bei ihr. Was sie mit den Kleidern anfangen sollte, war ihr noch nicht klar. Ah, hier, ein alter Fotoapparat.

„Aber, da ist ja noch ein Film drin", entfuhr es Tina überrascht. Im Fotogeschäft in der Nähe der Schule, könnten sie bestimmt die Kamera öffnen und den Film entwickeln. Erleichtert ging sie ins Schlafzimmer und lachte Sebastian an: „Du, das war ja ganz harmlos. Meine Angst war unnötig. Ich gehe noch kurz unter die Dusche, dann komme ich auch ins Bett."

„Schön, dein getreuer Ehemann harret deiner!"

Tina zuckte zusammen und verschwand eiligst im Bad. So ganz selbstverständlich war der Sex mit Bastian für sie noch nicht wieder. Sie blieb lange unter der Dusche, in der Hoffnung, dass Sebastian vielleicht eingeschlafen sein würde, bis sie kam. „Was haste denn so lange gebraucht?", nuschelte er, „jetzt bin ich zu müde! Gute Nacht." Er drehte sich um und war im nächsten Moment eingeschlafen.

Sie dachte an Sergio und meinte, seine Lippen auf ihren zu spüren, rollte sich in ihre Decke ein. Jetzt in Sergios Armen liegen! Die Stunden mit ihm noch einmal erleben dürfen! Nein, unwiederholbar! Tina, das ist vorbei! Schlaf jetzt! Nach einer Stunde schlaflosen Herumwälzens, schob sie sich vorsichtig aus dem Bett, tapste leise zu ihrem Sessel im Wohnzimmer, wickelte sich in ihre weiche Decke ein, den nächtlichen Panoramablick vor sich. Du hast die richtige Entscheidung getroffen, jetzt schau auch, dass du deinen Kindern wirklich ein liebevolles Familienleben mitgibst, du selbst hast das in der Hand, Tina. Erwachsensein ist nicht leicht!

Als sie wieder ins Bett kroch, fühlte sich das große Loch in ihrem Inneren nicht mehr ganz so unergründlich tief an. Sebastian schlief friedlich. Sie streckte ihre kalten Füße unter seine Beine. Wozu ist man schließlich verheiratet!

Am nächsten Abend konnte sie es kaum erwarten, den nächsten Karton auszupacken. Ja, das hatte sie sich erhofft: Fotos. Ein Fotoalbum mit Hochzeitsfotos und zwei Alben mit Kinderbildern. Es gab Fotos von ihr und ihrer Schwester. In der Badewanne, im Bett, im Kinderwagen und auf einem Schlitten - meist ‚zu zweit alleine‘, aber auch mit ihrer Mama. An ihr saugte sich Tinas Blick fest. Ja, sie hatte Mamas Augenschnitt geerbt und wohl auch die Augenfarbe. Ah, da war eins mit Klaus, auf jedem Bein saß ein Zwilling! Tja, seine Nase hatte sie wohl doch nicht geerbt. Geht ja nicht. Hier ist Oma mit uns in ihrem Garten. Die Blumenbeete im Hintergrund: wild, bunt, kaum gezähmt! Wie sie selber. Und das, das musste Opa sein: am Grillfeuer. Dies vielleicht die anderen Großeltern? Oh, das ist besonders schön: wir beide, Katharina und ich Hand in Hand, auf dem Weg in den Wald. Jetzt kommt eine richtige Fotoserie von ihnen beiden mit Klaus: beim Baden, beim Wickeln, beim Frühstück, beim Ballspiel. Ein Bilderbuch-Papa. Ob er das auch gemacht hätte, wenn er rechtzeitig die Wahrheit gewusst hätte? Ein fremdes unbekanntes Leben. Die Erzählungen dazu fehlten. Tina blieb lange am Boden sitzen, dann legte sie die Alben in den Karton zurück. Die Kinder auf den Fotos wurden älter, aber immer lächelten sie glücklich. Ob Klaus noch Familiengeschichten erzählen könnte aus dieser Zeit?

Am darauffolgenden Abend gab sie sich einen Ruck und wagte sich wieder auf die vergangenen Pfade ihrer Mama. Im Karton befand sich eine Schachtel, gefüllt mit verschiedenfarbigen Herzen aus Glas, ein wenig Schmuck, einem besonders schönen Brieföffner, Glückwunschkarten, - alles wohl Dinge, die Susanne etwas bedeutet haben mussten. Scheu betrachtete Tina den Inhalt, dann wandte sie sich den Papieren zu. Sie suchte gezielt nach einem Adressbuch, fand aber keins. Ganz unten versteckte sich ein dünnes Büchlein mit einem gemusterten Umschlag aus roter Chinaseide. Die erste Innenseite aufschlagen und es sofort entschlossen wieder zuklappen, war eine emotionale Aktion. Tina legte es zunächst beiseite: Eine Zeichnung auf der Innenseite hatte sie erblickt und Susannes Schrift. Ihr Tagebuch? Warum ist sie so erschrocken? Eigentlich hatte sie doch insgeheim gehofft, etwas Derartiges zu finden! Das kann ich nicht! Ja, Anne kann ich jetzt besser verstehen: Das hier ist viel zu persönlich!

Als sie am nächsten Tag nach dem Nachmittagsunterricht heimkam, fand sie ihre Zwillinge mit Susannes Ketten geschmückt auf dem Wohnzimmerteppich kniend vor. Zwischen, den in einer Reihe angeordneten Glasherzen und der halb geleerten Schachtel, beschäftigten sie sich, die Karten und Fotos hin und her zu schieben.

„Was macht ihr denn da?", fragte Tina ein bisschen gereizt.

„Wir spielen Swatzer Peter, Mama."

„Na gut, aber anschließend kommt alles wieder in die Schachtel, ja?"

Als Lissi die Kinder ins Bett gebracht hatte und Bastian und Tina ins Wohnzimmer kamen, lagen die Fotos weit verstreut auf dem Fußboden. „Also nein", schimpfte Tina, „ich hole sie gleich noch einmal herunter zum Aufräumen!" Sie war schon an der Treppe, als sie Sebastians gutmütige Worte aufnahm: „Nun lass sie doch. Die sind doch schnell aufgehoben!" „Hast du das gesehen", fragte er kurz darauf eifrig und hielt ihr ein umgedrehtes Foto hin. Auf dem Foto stand in verblasster Schrift: Claudia Hess, Werner Bücking, Kornwestheim, Lichtensteinstraße 145.

„Das muss ich übersehen haben. Das ist ja fantastisch. Wow! Danke, mein Schatz!" Tina gab ihm aus innerer Freude einen festen Kuss auf die Wange, woraufhin Sebastian ihr einen forschenden Blick zuwarf. Verlegen, weil sie seinen Blick richtig deutete, und keck zugleich lächelte sie ihm zu. Gemeinsame Arbeit verbindet! „Jetzt haben wir den Namen von Susannes Freundin. Damit müsste ich doch weiterkommen. Ich mach mich gleich an die Recherche." Mit diesen Worten wollte sie das Zimmer verlassen, aber Sebastian hielt sie zurück:

„Aber Tina, was ist mit dem Finderlohn?"

„Finderlohn? Was meinst du damit?" Tina schaute erstaunt auf Bastian. Als sie seine gespitzten Lippen sah, die einen Kuss erwarteten, lachte sie und ging auf ihn zu.

„Ach so einen Finderlohn brauchst du!"

„Ja, ganz dringend!"

„Kann das sein, dass du die Situation ausnutzt?", neckte sie ihn, dicht vor ihm stehend. Die Lachfältchen! Meine Schwäche. Seine Augen, ein bisschen verhangen, die in ihrem Blick die eine Antwort suchten, die sie immer noch nicht signalisieren konnte. Aber der Kuss war gut! Richtig gut.

10. St. Martin a.T., Januar 2014

„Dass ich der Tochter meiner Studienfreundin und meinem Patenkind zwanzig Jahre später in Österreich gegenüberstehen würde, hätte ich ja nie gedacht! Lass dich anschauen, Tina: Ja, du siehst ihr ähnlich!"

„Prima, dass wir uns jetzt so schnell treffen konnten, Claudia. Ihr habt euch hier ja wirklich eine gemütliche Hütte für eure Skiurlaube ausgesucht."

„Hm, ja, uns gefällt sie auch. War der Tipp einer Freundin. Aber sag, was willst du wissen? Am Telefon hast du es so spannend gemacht."

„Was weißt du über diesen Jo? Kennst du seinen Nachnamen? Was ist aus ihm geworden?"

Claudia schaute sie verblüfft an: „Klar: Schleyer mit ‚e‘ oder mit ‚a‘. Warum, um Himmels Willen, interessiert dich denn der ehemalige Studienfreund deiner Mutter?"

„Du weißt es nicht - als ihre beste Freundin?"

„Was weiß ich nicht?"

„Na, dieser Jo ist unser biologischer Vater. Mama ...",

„Wow! Jo? Wenn ich nicht schon sitzen würde, müsste ich mich jetzt setzen! Du glaubst es nicht! Als ich erfahren habe, dass sie schwanger ist, war sie schon längst mit Klaus zusammen!"

„Dann hat sie dich angelogen."

„Wir haben uns nie angelogen! Aber, das ist jetzt kein Thema." Das klang sehr sicher. Ein wesentlicher Eckpfeiler dieser Freundschaft war wohl ein intensives Gefühl des Vertrauens gewesen. Ein gutes Gefühl, wenn man sich derart auf seine Freundin verlassen kann!

„Meine Mutter hätte Jo verdächtigt, meine Schwester entführt zu haben, behauptet Klaus."

„Davon stand nie etwas in der Zeitung! Jo, ein Entführer? Das kann ich nicht glauben!" Sie schüttelte den Kopf. „Ich kenne ihn als lustig und sanft." Plötzlich blickte sie besorgt auf: „Wie geht es denn Klaus? Der hat bestimmt einen Schock bekommen. Stell dir mal vor, du erfährst plötzlich, dass deine Kinder die Kinder eines anderen sind!"

„Also für Sebastian wäre das die Hölle! Letztendlich ist es diese Lüge meiner Mutter, die– schließlich ist ‚Verschweigen' auch ‚Lügen' – oder? Also hat meine Mutter quasi Schuld an dem Ganzen!"

Nach längerem Schweigen räusperte sich Claudia: „Schuld! Das sagt sich so leicht! Ich möchte wissen, warum sie nicht einmal zu mir Vertrauen hatte! Warum nicht? Gut, ich hätte ihr bestimmt - also keine Frage, dass sie es Jo hätte mitteilen müssen, falls sie von ihm schwanger war, schließlich war er ja nicht unbeteiligt! Das hätte ich ihr auch gesagt! Man kann einem Vater doch sein Kind nicht vorenthalten! Aber sie muss sich ja ganz allein gefühlt haben! Wenigstens hätte sie jemand zum Reden gehabt!"

„Manchmal hilft Reden auch nicht!"

Mallorquinischer Sommerlieben-Liebeskummer ließ sich dadurch bestimmt auch nicht heilen. Oder sollte sie doch mal mit Mara ein vertrauensvolles Gespräch führen?

„Ja, das stimmt schon. Es war auf jeden Fall keine einfache Situation, ein Kind in der Ausbildungszeit zu erwarten!"

„Bestimmt nicht!"

„Sie muss sich ja total allein gefühlt haben! Ob sie die Hochzeit damals deswegen so schnell durchgezogen haben? Obwohl ja jeder sehen konnte, dass Klaus und sie sich über alles liebten. Ach herrje! Und wie die beiden sich kennengelernt haben: Das war lustig! Ich musste so lachen, als sie mir davon erzählt hat!"

Stuttgart, Sommer 1983

Ganz zerknittert ist er schon, dieser blöde Brief, so oft hatte Susanne ihn entfaltet, gelesen, sich geärgert und ihn wieder zusammengelegt. Am Eckensee, vorm Opernhaus auf der Wiese sitzend, zog sie ihn wieder einmal hervor. Ein letztes Mal?

Stuttgart, 24.00h

Liebste Susanne,

ich hoffe, Du wirst doch noch Verständnis für mich aufbringen.

Diese Männer! Immer wollen sie Verständnis! Das hatte sie sehr oft von Mama gehört! Nur Papa war vor ihrer Kritik sicher.

Natürlich liebe ich Dich. Aber wir haben noch das ganze Leben vor uns. Also lass uns diese drei Monate als das sehen, was sie sind: Eine Bereicherung für unser Leben!

So ein Sommer, so schön wie der letzte, mit Zelt und Interrail-Ticket durch Europa, das wäre die richtige Bereicherung für mich! Aber ich werde ja nicht gefragt!

Ich wollte Dir immer sagen, dass ich mich beim Wildlife-Project in Kenia beworben habe, aber es war nie der richtige Zeitpunkt dafür. Ich dachte, am besten sei es abzuwarten, ob sie mich überhaupt nehmen würden! Aber dann, meine Kleine (ich weiß, jetzt ärgerst Du Dich ein bisschen), habe ich es Dir sofort gesagt. Deine Reaktion hat mich, ehrlich gesagt, schwer enttäuscht. Ich dachte, Du freust dich für mich. Du weißt doch, dass das mein Ding ist. Aber Susanne, unseren Lebensplänen können die paar Wochen doch nichts anhaben! Sie sind schnell vorbei und vielleicht bewerben wir uns beide im nächsten Sommer zusammen für ein Projekt!

Jaja, um selbst kein schlechtes Gewissen haben zu müssen, macht man dem anderen eins! Jetzt soll ich mich über sein egoistisches Handeln auch noch freuen! Ich habe deutlich gesagt, Afrika ist nicht mein Ziel. Ich bin eben bodenständiger. Ade, ihr Sommerträume, ich sitze jetzt allein hier in Stuttgart! Nun - nicht ganz allein. Auch Claudia bleibt den Sommer über in der Stadt. Es gibt auch in Stuttgart genug, was man unternehmen kann, aber trotzdem!

Das Camp liegt im Rift Valley und ich werde damit beschäftigt sein, den Wildbestand zu erfassen, das Verhalten der Tiere zu beobachten und auszuwerten (stell dir vor, mein Schatz, Löwen!)

Warum nicht Verhaltensbeobachtungen in der Wilhelma? Sie will jetzt ungerecht sein! Das Ganze ist schließlich nicht fair.

Aber auch die Pflanzenarten nehmen wir unter die Lupe. Zu Beginn des neuen Semesters bin ich wieder zurück und wir werden uns entweder Zimmer in der gleichen WG oder sogar eine eigene kleine Wohnung mieten, wenn Du möchtest.

Ich nehme Dich in den Arm. Die Zeit vergeht schnell. Bis bald!

Dein dich liebender Jo.

Wir werden gar nichts mehr. Selbstherrlich, der Kerl. Von wegen Zeit: Es war ja nicht einmal genug Zeit gewesen, Jo zu erzählen, dass sie endlich wusste, was sie beruflich machen wollte. Sie wollte nicht als Englischlehrerin an einem Gymnasium enden. Oh, nein! Kindern ein bisschen Grammatik beibringen und Vokabeln abhören, das war ihr zu wenig! Sie wollte Dolmetscherin werden und dann in die Welt reisen: bei der UNO in New York arbeiten oder in Brüssel bei der EU. Ab Oktober würde sie in Würzburg an der dortigen Dolmetscherschule studieren. Die vier Semester Anglistik hier in Stuttgart würden ihr nicht *angerechnet werden. Sei 's drum! Zum Teufel mit Jo! Ich kann gut ohne ihn leben! Wirklich?*

Wütend zerknüllt Susanne seinen Brief und wirft ihn ins Wasser, um gleich darauf zu sich zu kommen. Man wirft doch keinen Abschiedsbrief in einen öffentlichen Ententeich! Ist es ein Abschiedsbrief? Ja, das hat sie soeben beschlossen. Jo würde ihn womöglich als Liebesbrief sehen. Sie angelt mit einem Ast nach der zerknüllten Papierkugel und wäre fast ins Wasser geplumpst, als sie sich im letzten Moment, an der Hüfte zurückgehalten fühlt. Erschrocken dreht Sie sich um. Zornig! „Was fällt Ihnen ein, mich zu berühren?"

Ein hochgewachsener junger Mann mit strahlend blauen Augen sieht sie entschuldigend an. „Ich wollte nur verhindern, dass Sie hineinfallen! Lassen Sie mich das machen."

„Gerne", meinte Susanne, „Ritter sind so selten geworden, das sollte man ausnutzen. Aber das dürfte etwas schwierig werden!" Sie wies auf den Teich.

Der Wind, kaum spürbar, hatte das Objekt der Begierde weitergetrieben. Der junge Mann joggte hinterher, verfolgte es vom Ufer aus. Susanne folgte den beiden langsamer, die Szene als kleinen Spielfilm interessiert beobachtend. Ein paar Mal versuchte er, das Blatt mit ausgestrecktem Arm zu erwischen, aber immer wieder fehlten ein paar Zentimeter.

Ein älterer Herr mit einem Spazierstock, der wohl das Geschehen gespannt verfolgt hatte, machte schließlich - nach Analyse der Situation –ein attraktives Angebot: „Hier, nehmen Sie meinen Stock, dann müsste es klappen!"

Genauso war es: Die Krümmung des Handgriffs erwies sich als geschickt. Trotzdem bekam der diensteifrige junge Fremde nasse Füße, weil er unvorsichtig einen Schritt zu viel gemacht hatte und im Wasser gelandet war.

„Bitte, mein schönes Fräulein, der Ritter ist siegreich aus der Schlacht zurückgekehrt." Damit hielt er Susanne ein triefendes Papierknäuel hin, auf einem Bein stehend, den anderen Fuß mit dem tropfenden Lederschuh hochhaltend. „Mein Name ist übrigens Klaus Kammler."

Susanne musste sich ein Lachen verkneifen. Wie Kalif Storch! Es sieht wirklich zu komisch aus! Mit spitzen Fingern übernahm sie die Beute. Ein vom Wasser verwischtes „in den Arm" war noch halbwegs lesbar. „Kommen Sie", schlug sie vor, „da vorne ist ein Café. Da können Sie sich Ihren Schuh ausziehen."

„Danke, aber wenn es Sie nicht stört, werde ich gleich hier auf beide Schuhe verzichten. Ich finde auch, dass wir uns einen Kaffee verdient haben, oder ein Eis."

„Ich gewähre die Bitte, edler Ritter", lachte Susanne. Im Weitergehen mit ihrem barfüßigen Begleiter versenkte sie das heiß verfolgte Blatt pietätlos in einen städtischen Blechabfalleimer. Zwei Stunden später saßen sie immer noch in dem Café; schon seit langem hatten sie zum „du" gewechselt.

„Deine Socken und Schuhe müssten jetzt langsam trocken sein, meinst du nicht, Klaus?", fragte Susanne scheinheilig, denn eigentlich fände sie es schade, wenn er sich verabschieden würde. Er gefällt ihr sehr. So viel Spaß hatte sie schon lange nicht mehr gehabt.

Klaus tastete mit den Fingern über die Schuhe: „Oh nein,

mein Burgfräulein, sie sind noch pitschnass. Wo wohnst du eigentlich?"

„Ich? In Cannstatt habe ich ein Zimmer gemietet, von da aus komme ich gut in die Stadt zur Uni. Für die Semesterferien werde ich zu meinen Eltern nach Gemmrigheim ziehen. Du wohnst in Ludwigsburg? Schon immer?"

„Ja, meine Eltern und meine Großeltern auch."

Oh, dieses Lächeln!

„Seit dem Abitur arbeite ich dort in einer Transportfirma. Wir sind spezialisiert auf Umzüge nach Mallorca oder aufs spanische Festland. Immer wieder wandern Deutsche aus und wollen ihren gesamten Hausrat mitnehmen, ein besonders kostbares riesengroßes Gemälde liefern lassen oder die bequemen Terrassenmöbel transportieren lassen, weil es ja auf der Insel keine zu kaufen gibt! Höchstens an jeder zweiten Ecke! Eine andere Welt, aber wir leben ganz gut davon!"

„Warst du schon in Mallorca? Das muss dort ja traumhaft sein. Ich habe so beeindruckende Fotos von der Mandelblüte gesehen."

„Ja, wenige Male, wenn es etwas zu klären gab. Eigentlich bin ich mit den Exportpapieren und der Einteilung der LKW beschäftigt. Obwohl, irgendwann möchte einmal unser Büro in Mallorca leiten. Das ist meine Insel! Deshalb lerne ich Spanisch in einer Ludwigsburger Sprachschule. Jeden Freitagabend."

„Oh", meinte Susanne nach einem Blick auf die Uhr, „kommst du da noch rechtzeitig? Es ist schon 18 Uhr!"

„Heute lass' ich das mal ausfallen. Mit nassen Schuhen geht

das nicht. Aber wollen wir nicht hinüber zum Haus am See gehen? Dort ist heute Tanzabend. Vorher könnten wir was essen. Man sitzt dort wunderbar auf einer Plattform über dem Wasser."

Tanzen geht, Sprachschule nicht! Wenn ich das Claudia erzähle: diese blauen Augen! Echt gut aussehend, charmant, na ja, auch sportlich: Wie er hinter diesem Brief her gerannt ist! Und ritterlich! Hat für uns beide bezahlt, zieht meinen Stuhl zurück! Und tanzt gerne! Liebt ein Restaurant am See! Ist also romantisch! Und auch noch mutig: barfuß über den steinigen Weg zu laufen, ohne das Gesicht zu verziehen!

„Ich glaube, ich ziehe doch meine Schuhe an!"

Dieses eine Grübchen rechts, wenn sie lächelt!

Also ‚halb mutig'! So ein spitzbübisches Grinsen!

Zum Küssen diese Frau!

Sie blieben bis weit nach Mitternacht im Café am See, nachdem sie immer wieder eng umschlungen getanzt hatten. Das ist etwas anderes als so eine Studentenkneipe! Der lange Kuss am Ende des Abends an ihrer Haustür ist vielversprechend. „Halt, mein Burgfräulein, gibst du mir noch deine Telefonnummer oder die deiner Eltern? Nicht, dass du verschwindest wie Aschenputtel und ich muss mit deinem Schuh im ganzen Land herumreisen!" Er lachte leise.

„Na bis jetzt bist du höchstens mit deinen Schuhen in der Hand durchs Land gereist! Das mit der Nummer überlege ich mir bis morgen, jetzt bin ich todmüde. Gute Nacht!"

„Ich hole dich morgen hier um 13 Uhr ab. Ist dir das recht?"

Ein zärtlicher Kuss auf die Wange folgte.

„Hm, mal sehen, ob ich da bin!"

Am Dienstag kam Susannes Vater, der verlässliche Umzugshelfer. „Du bist doch mit einem Koffer hier eingezogen, Susanne", stöhnte er nach dem dritten Auf und Ab im Treppenhaus, „wieso ist das jetzt so viel?"
„Papa, ich hab hier ein ganzes Jahr gewohnt. Es ist gar nicht so viel!"
Aber auch sie kam allmählich aus der Puste. Ihr Zimmer lag im vierten Stock und es war ein Unterschied, ob man leichtfüßig, nur mit einem Rucksack belastet, hinunter hüpfte oder einen schweren Umzugskarton schleppte. Die kleinen, aber schweren Bücherkisten überließ sie den starken Männerarmen.
„Ich glaube, das sind die letzten Bücher."

Mit einer kühlen Erfrischung wartete Anne im Garten auf die beiden. Susanne warf sich ihrer Mutter in die Arme und küsste sie: „Wie schön, wieder bei euch zu sein", flüsterte sie ihr zu. Dann nutzte sie ausgiebig die Gartenschaukel. Himmlisch! Die totale Entspannung! Überall die schönen Rosenblüten. Ja, Anne hat ein Händchen dafür. Und der Duft – tief atmete sie ihn ein. Später zog sie sich ins Gästezimmer zurück. Dort gab es einen separaten Telefonanschluss. Sie wählte Klaus' Nummer.
„Hallo, Blauauge. Ich bin in Gemmrigheim. Ich fühle mich in dem Ort ganz fremd. Hol mich hier raus!"
„Aber gerne, du Großstädterin. In einer Stunde bin ich da und entführe dich, um dich in das Nachtleben des städtischen Ludwigsburgs einzuweihen!"

„Komm doch bitte in trockenen Schuhen!"

„Stets zu Diensten, werte Dame. Vergiss nicht, einen zerknüllten Brief mitzunehmen! Es gibt im Ludwigsburger Schlossgarten auch einen Schlossteich."

Eine schöne Stadt! Das Barockschloss mit den ästhetisch gestalteten Rabatten: Beeindruckend, obwohl sie den Garten ihrer Mutter als anheimelnder empfand. Wohingegen sie das idyllische Lustschlösschen Favorite, wo der König seine Geburtstage gefeiert hatte, sofort ins Herz schloss. Hier zu wohnen, das wäre es! Der südländisch anmutende Marktplatz mit den Arkaden hat wirklich seinen Reiz, wenn sie ihn jetzt mal so als Fast-Touristin betrachtete. Als sehr nützlich erwies sich die Parkanlage auf der Bärenwiese mit den verschwiegenen Bänken inmitten von schützenden Büschen! Am Horizont hing eine orangegelbe Vollmondscheibe, richtig kitschig, aber romantisch!

„Komm", meinte Klaus und umfasste ihr Gesicht, „kommt mit, edles Fräulein." Er zog sie von der Bank hoch, strich ihr die Haare aus dem Gesicht, küsste ihre Schläfe. Der Weg zum Parkplatz wurde mit Küssen auf ihre Augenlider und in die Halsgrube gepflastert. Klaus kleine Wohnung schließlich bot Platz für vielerlei weitere Liebkosungen. Unglaublich fit stand er unmöglich früh mit einem Becher Kaffee in der Hand an dem gemeinsamen Nachtlager.

„Mein Liebes, ich muss zur Arbeit. Aber vorher bringe ich dich heim."

Angekommen in dem Haus ihrer Eltern, beschloss sie, die verkürzte Nacht noch ein bisschen nachzuholen. Doch ihr Schlüssel und diese Haustür passten nicht zueinander.

Waren das die Schlüssel ihrer Cannstatter Bleibe? Die hatte sie doch abgegeben! Ach herrje, ihr Vater, der Sicherheitsfanatiker, hatte abgeschlossen und den Schlüssel innen stecken lassen! Aber sie war so in Hochstimmung, dass ihr das gar nichts ausmachte. Dann könnte man den Geheimgang nehmen: durch die Garage. Mist! Die Zwischentür ins Haus war auch abgeschlossen und der Schlüssel steckte ebenfalls von innen. Also wirklich Papa! Jetzt wurde sie ärgerlich und begann, Sturm zu läuten, bis ihr Vater verschlafen die Haustür öffnete. „Ja, wieso bist du draußen, Susanne? Ich habe doch erst um Mitternacht abgeschlossen. Ich dachte, du schliefst längst!" Sie wollte zuerst gereizt antworten, aber die glücklichen Stunden der Nacht veranlassten sie, sich ihrem Vater an die Brust zu werfen.

„Ach Papa, ich habe einen ganz, ganz tollen Mann kennengelernt." Mit drei Drehungen tanzte sie an ihm vorbei, öffnete die Gästezimmertür und rief gähnend: „Ich komme nicht zum Frühstück! Sag 's der Mama! Gute Nacht!"

Nach zwei weiteren Wochen der Glückseligkeit fiel es Susanne auf, dass ihre Periode ausgeblieben war. Konnte das sein? Aber sie hatten doch immer verhütet! Gut, fast immer. Die ersten Male waren sie nicht darauf vorbereitet gewesen. Wenn sie jetzt schwanger wäre, oje! Wer wäre der Vater: Klaus oder Jo?

Bis zu dem Treffen mit Claudia, vier Tage später, fühlte sie dauernd in sich hinein. Sie badete heiß, joggte jeden Morgen durch die Nachbarstraßen, meinte Annes prüfendem Blick *ausgesetzt zu sein, und rannte hundertmal zur Toilette. Klaus konnte sie nicht einmal am Telefon frei begegnen.*

„Susanne, ich bitte dich, beruhige dich, verzweifeln kannst, wenn du Genaueres weißt! Wir können ja schon mal Lotto spielen. Letztens hat doch eine Hausfrau fast 7 Millionen D-Mark gewonnen! Wenn ich gewinne, dann teilen wir. Versprochen! Damit kriegen wir das Kind durch!"

„Ach Claudia, du dummes Huhn, immer musst du Witze machen!"

Aber es wirkte. Die Tränen versiegten.

Beide nahmen die Straßenbahn in die Innenstadt, denn in der Nähe von Claudias Wohnung wollten sie keine Apotheke aufsuchen. In der Innenstadt fanden sie, was sie suchten. Claudia verordnete Susanne eine Therapie gegen Gedankenkreisel. Nach dem bedeutsamen Einkauf sahen sie sich den Film „Männer" von Doris Dörrie an. Die Therapie wirkte und Susanne vergaß für ein paar Stunden ihr Dilemma. Sie konnten sich nicht einigen, ob Heiner Lauterbach oder doch Uwe Ochsenknecht der bessere Schauspieler sei. „Einfach göttlich, beide!", war ihre abschließende Wertung.

Am nächsten Morgen holte die Realität Susanne mit einem Schlag ein. Der Morgentest war positiv. Das heißt, sie war seit mindestens drei oder vier Wochen schwanger. Aber von wem? Von Jo? Von Klaus?

Was soll ich tun? Jo ist so weit weg. Weit weg aus ihren Gedanken. Weit weg aus ihrem Herzen. Eine Abtreibung?

Wer soll das bezahlen? Wie kommt man an die Adressen?
Wo gibt es eine Beratungsstelle?

So unendlich verliebt ist sie in Klaus. Soll sie es ihm sagen?
Vielleicht hilft er ihr? Vielleicht will er aber auch nichts
mehr mit ihr zu tun haben. Nein, das könnte sie nicht
ertragen. Was soll sie tun? Heute erst einmal gar nichts. Sie
hat noch ein paar Wochen Zeit. So viel weiß sie immerhin.

Sie verzieht sie sich in ihr Bett, dankbar für jede Minute
Schlaf, in der sie nicht nachdenken muss. Das Telefon wird
nicht abgenommen. Annes fürsorgliches Nachfragen lässt
sie mit brummiger Stimmung an sich abprallen. Am Freitag
weicht sie einem Telefonat mit Klaus nicht mehr aus.

„Ich habe mir in Würzburg ein Zimmer gesucht", log sie.

„Was willst du um Himmels Willen in Würzburg?"

„Ich werde im September dort an der Dolmetscherschule
anfangen zu studieren", erklärte Susanne lakonisch.

„Du willst von hier weg?" Seine Stimme klang fassungslos.

„Es gibt Züge!"

„Heute gibt es erst mal ein Taxi zum Discobesuch. Bis
später!"

Vom Tanzen konnte sie heute nicht genug bekommen.
Klaus freute sich, sie so aufgedreht zu sehen: Die Augen
blitzten schelmisch, wenn sie ihn neckte, die Haare flogen
bei den heißeren Rhythmen, ihr Lachen steckte an.

„Beim Tanzen wird einem das Herz und die Seele so frei,
findest du nicht, Klaus?", philosophierte Susanne
träumerisch, als sie Händchen haltend durch die
Parkanlage der Bärenwiese gingen.

Klaus ließ plötzlich ihre Hand los und beugte sich über ein
Rosenbeet.

„Ja, und man kommt auf so gute Ideen!" Verschmitzt grinsend wandte er sich Susanne zu, die ihn fragend beobachtete. Er kniete sich hin, hielt ihr die Rose entgegen und stellte die Frage aller Fragen, für Susanne völlig unerwartet.

„Edelfräulein Susanne, wollt ihr Eure Hand dem Ritter zum Bunde reichen?"

Als sie erstaunlich lange schwieg, sagte er drängend: „Ich weiß, wir kennen uns noch nicht lange, aber ich habe das Gefühl, dass du mein Leben bereicherst. So eine Frau, lässt man doch nicht los! Ich liebe dich! Ich kann mir nicht vorstellen, dass es je anders sein wird. Bitte!"

„Oh ja, gerne. Das würde ich gerne, nur -" Klaus nahm das als ein ‚Ja', hob sie hoch und drehte sich mit ihr im Kreis. „Mein Schatz." Dann küsste er sie innig. Susanne erschauderte. Was hatte sie getan? Sag sofort, dass das nicht geht. Los sag es! Ich sag es ihm morgen, jetzt ist nicht der richtige Zeitpunkt, das wäre zu grausam. Gerne versank sie in seinem Kuss und überließ sich seinen Händen. Alles vergessen! Nie mehr nachdenken müssen!

Susannes Vater öffnete am nächsten Morgen einem überdimensional großen Rosenstrauß die Haustür.

„Herr Schuster", ertönte es dahinter, „mein Name ist Klaus Kammler, ich habe Ihre Tochter kennen und schätzen gelernt. Bitte, ich möchte meine - Ihre Susanne heiraten!" Immer schneller hatte er die Worte herausgepresst. Susannes Vater schmunzelte: „Ich glaube, die Blumen geben Sie lieber Susanne oder meiner Frau! Kommen Sie erst einmal ins Haus. Wir haben schon von Ihnen gehört."

Nachts lag Susanne lang wach. Heute hätte sie reden müssen. Was sind schon 3-4 Wochen! Wer würde es merken, dass die Schwangerschaft nur acht Monate dauerte? Der Arzt natürlich, aber sonst? Wie wichtig ist die Vaterschaft? Eine Viertelstunde Leidenschaft, eine Unachtsamkeit - dem Herrn ist Kenia eh viel wichtiger und ich sitze hier! Ehrlich, wenn ich Klaus nicht getroffen hätte, hätte ich es natürlich Jo geschrieben und es Mama gesagt. Aber Mama würde sie zur Abtreibung drängen - sie wüsste bestimmt, wohin sie sich wenden müsste.

Zumindest das weiß ich jetzt: Ich will keine Abtreibung vornehmen lassen, da bin ich mir sicher! Völlig egal aus wie vielen Zellen das Lebewesen in mir besteht, es lebt bereits und soll auch leben. Also: beschlossen.

Die Ausbildung kann ich bestimmt auch im Fernstudium absolvieren. Ein Kind ist doch heute kein Hindernis mehr. Zweiter Beschluss!

So beruhigte sie ihr Gewissen!

Klaus und sie würden immer zusammen sein. Wie herrlich! Wir müssen schnell heiraten, damit ich noch ein schickes Brautkleid tragen kann! Dritter Beschluss!

Phh, jetzt ist das Leben wieder leichter!

An einem strahlend schönen Samstag Anfang Oktober findet Susannes Traumhochzeit statt. Mit dem Mann, den sie liebt. Zum Glück passt das Kleid noch perfekt. Weiter will sie nicht denken.

Sowohl ihre Eltern, als auch die zukünftigen Schwiegereltern, waren bei dem Gedanken, Großeltern zu werden, euphorisch geworden. So war der Betrag zur

Anzahlung eines Reihenbungalows, von Klaus Vater bereitgestellt, etwas größer als erwartet ausgefallen. Klaus und Susanne befanden sich im Einrichtungstaumel. Beim Einrichten des Babyzimmers, hatte Anne sich ausbedungen, mitwirken zu dürfen.

Die werdenden Eltern waren glücklich, wenngleich sie sich zwischendurch eingestanden, ein bisschen ängstlich zu sein, ob sie der verantwortungsvollen Rolle gerecht werden würden.

Anfang November runzelte der Frauenarzt bei der Ultraschalluntersuchung die Stirn und schaute gebannt auf den Bildschirm. Susanne linste auch, aber sie konnte in den verschieden grau getönten Schatten nichts erkennen. „Meine liebe Frau Kammler, ich bin total überrascht, vor vier Wochen habe ich nichts Außergewöhnliches bemerkt, aber jetzt", sagte er perplex, „ist es eindeutig. Es sind zwei Babys. Sehen Sie hier, ein Herz und ein bisschen verschoben dahinter noch eines. Gratuliere!" Er strahlte Susanne an. Ihr Puls beschleunigte sich bestimmt gerade auf 150.

„Zwei Babys? Aber wie ist das möglich?" Sie wollte hinzusetzen, dass eines ja schon problematisch sei, aber zwei? Das schaffe ich nicht! Ich bin doch noch in der Ausbildung! Verdammter Jo. Zitternd sagte sie: „Sind Sie sicher? Ich will das nicht, Zwillinge!"

Aber, aber, junge Frau! Sie sind jetzt ein bisschen erschrocken. Sobald Sie sich an den Gedanken gewöhnt haben werden, setzt die Freude ein. Da bin ich gewiss. Sie sind gesund, glücklich verheiratet - wo ist da das Problem? Kopf hoch. In diesem Fall sehen wir uns alle drei Wochen zur Untersuchung und schonen Sie sich."

Wo ist das Problem! Der hat gut reden! Susanne schleppte sich in den Park und sank auf eine freie Bank. Mit zwei Babys konnte sie jeden Gedanken an ein Fernstudium aufgeben! Klaus trifft der Schlag! Vielleicht nimmt er es auch cool und findet, dass alles in einem Aufwasch erledigt ist! Ein Einzelkind wollen wir ja auch nicht. Ändern können wir es eh nicht! Was Claudia wohl zu der Neuigkeit sagen wird? Ich muss sie gleich nachher anrufen! Will ich eigentlich eine Zwillingsmutter werden?
Die Nachricht vom doppelten Glück schlug in der Familie wie eine Bombe ein.

Februar 1984
Schönere Babys gibt es ganz objektiv nicht auf dieser Station! Das war der O-Ton meiner Anne, typisch! Aber sie sahen ja auch wirklich zu goldig aus: so gar nicht runzlig, ganz glatt! Und so weich! Es musste doch ein Kaiserschnitt gemacht werden. Die Narbe liegt in der Bauchfalte – für die „Bikiniträgerin" hat der Arzt gemeint. Bikini! Weiter entfernt davon war ich noch nie! Keiner sagt einem vorher, dass der Bauch noch gar nicht wieder ganz flach ist nach der Geburt! Lachen darf ich auch nicht richtig, tut noch weh. Die Stelle, wo sie das Schläuchle gelegt hatten, hat sich ein bisschen entzündet.

Das Wichtigste, ist, dass die beiden Mädchen gesund sind! Sie mussten nicht in den Brutkasten! Ich bin total erleichtert, dass alles so gut geklappt hat. Keiner hat sich gewundert. Es ist völlig normal, dass Zwillinge ein paar Wochen zu früh geboren werden, denn der Platz in Mamas Bauch ist begrenzt.

Nach zehn Tagen hat Klaus uns nach Hause geholt. Er war so aufgeregt und sehr stolz. Anne hatte die alte Holzwiege hergerichtet - so schön! In der können die Kleinen anfangs tagsüber gut beide zusammen im Wohnzimmer untergebracht werden. Ich war ganz gerührt. Das Zwillingsbett, das Klaus für sie gezimmert hat, steht im Schlafzimmer. Dort fühlen sich die beiden auch wohl. Jeder fragt nach dem Geburtsgewicht! Nach der Größe! Wer die Ältere ist! Da muss ich an den „kleinen Prinzen" denken:

„Die großen Leute haben eine Vorliebe für Zahlen. Sie fragen euch nie nach dem Wesentlichen."

Das hat mich damals so begeistert, weil ich das als Kind genau so erlebt habe und es als unangenehm empfunden habe. Nur Anne hat mich früher manchmal gefragt, was wir spielen, meine Freundin und ich, aber die anderen?

Das Wesentliche - jetzt? Das ist unbeschreiblich! Diese weiche Haut, fast durchsichtig, die Adern sieht man deutlich. Die winzigen Händchen mit den überraschend langen Fingernägeln. Das suchende Mündchen! So ein hilfloses Bündel Mensch! Meine Kinder!

Ob sich die beiden mögen werden?

St. Martin 2014

„Ich weiß noch, Tina, wie ich deine Mama im Krankenhaus besucht habe: Eure kleinen Bettchen waren auf das Gestell am Fußende ihres Bettes geklemmt. Sie war völlig fertig, hat aber gestrahlt wie das berühmte Honigkuchenpferd! Zuerst hat sie mich gewarnt, sie ja nicht zum Lachen zu bringen – wegen ihrer Narbe.

‚Es sind zweieiige Zwillinge‘, hat sie stolz gemeint, eine hat braune kleine Löckchen und die andere blonde glatte Haare.‘ Deine Oma war da pragmatisch: ‚Da kennt sie wenigstens jeder gleich auseinander‘, hat sie gesagt, als sie euch das erste Mal gesehen hat. Susanne hat sich schon weitreichende Gedanken gemacht: Ob ihr euch gut vertragen würdet oder eifersüchtig aufeinander sein würdet, hat sie überlegt."

„Na ja, das mit der Schwester als Freundin fürs Leben hat ja nicht so geklappt!" Tina sagte es trocken, ohne Bitterkeit.

„Das Geheimnis der Namensgebung wurde erst bei der Taufe gelüftet. Deine Schwester erhielt den Namen Katharina. Deine Oma, ihre Patin, war entzückt und meinte, sie sähe genauso aus wie sie selbst als Baby. Das Blondschöpfchen, dem die blonden Haare am Hinterkopf inzwischen ausgegangen waren, dir nämlich", Tina ließ demonstrativ ihre Finger durch die langen Haare gleiten, zog die einzelne besonders hellblonde Strähne nach vorne, Claudia lächelte ihr zu, „erhielt den Namen Christina. Ja, so kam ich zu der verantwortungsvollen Aufgabe, deine Patentante zu sein. Ich war so stolz damals. Weißt du, ihr habt so goldig ausgesehen: Zwei so Winzlinge in weißen Taufkleidchen mit den hübschen Spitzenhäubchen. Es war eine richtig schöne Feier! Ihr seid von allen Seiten fotografiert worden! Vielleicht habe ich noch eins von den Fotos, ich muss mal kruschteln. An Susanne ging das, glaube ich, alles ein bisschen vorbei, sie war total blass, bestimmt total übermüdet und nur froh, dass ihr beiden während der Taufe nicht geweint habt." Wieder schwiegen sie lange.

„Tja, Jo, wo er wohl steckt? Ein bisschen weiß ich schon von ihm. Wir sind oft zu dritt zusammen unterwegs gewesen. Seinen Reiseberichten hätte ich stundenlang zuhören können. Schade, nachdem er aus Afrika zurückkam, hat er bald eine niederländische Freundin mit schwäbischen Namen gehabt, Marielle – Marielle Bezner - und ist immer nur mit der zusammen aufgetaucht. Da hat er gar nicht mehr so fesselnd erzählt. Irgendwie war er damals verändert. Er stammte aus Besigheim, oder Bietigheim. Das weiß ich nicht mehr genau, tut mir leid. Vielleicht kannst du ja im dortigen Telefonbuch schauen. Übrigens: Anglistik und Bio hat er studiert. Er hat auch mal überlegt, nach Tübingen zu gehen und Ethnologie zu studieren; vor allem die afrikanische Kultur hat ihn interessiert. Ich wüsste gerne, welchen seiner Träume er verwirklicht hat! Ich habe Jo als offenen, fröhlichen Menschen erlebt. Er ist kein Verbrecher!"

Tina zuckte die Schultern. „Nach dem, was ich weiß, sprechen die Tatsachen gegen ihn."

Der Schnee war herrlich, genau richtig zum Ski fahren. Die Bergsilhouette vor dem blauen Himmel zum Strahlen schön! Zur Kaffeejause waren sie mit den Männern und den Zwillingen in der Buttermilchalm verabredet. Es gab nicht nur Buttermilch und Kaffee, sondern auch ein paar Stamperl. Die Stimmung war fröhlich, bis Sebastian mahnte: „Leutl, wir sollten abfahren. Wir müssen schließlich noch nach Salzburg!"

Sie versprachen, in Verbindung zu bleiben. Claudia und ihr Mann würden auf dem Rückweg vorbeikommen. Claudia wollte auch unbedingt Anne wiedersehen. „Ich möchte sie umarmen. Sie hat mir damals so leidgetan, aber ich war so krank, dass ich dachte, ich komme später zu ihr und da war das Haus leer und keiner wusste, wohin sie gegangen war", seufzte Claudia wehmütig.

Auf der Heimfahrt ließen sich Bastian und Tina in ein müdes, aber zufriedenes Schweigen fallen. Sollte man öfter machen, sich in der schönen Natur richtig auspowern! Das verbindet.

11. Tamm-Hohenstange, 1984 – 1987

Im Herbst schlief endlich auch Christina durch und Susanne fühlte sich ausgeschlafen viel fitter. Unternehmungslustig war sie wieder und vergrößerte ihren Aktivitätsradius zusehends.

„Ich will mich morgen mit Claudia in Stuttgart am Schlossplatz treffen. Wir haben so viel zu bereden!", sagte sie zu Klaus eines Abends.

„Das kann ich mir gar nicht vorstellen, so viel, wie du mit ihr telefonierst!"

Sie spazierte die Königstraße Richtung Schlossplatz hinauf und freute sich, endlich mal wieder in Stuttgart zu sein. Katharina begann zu jammern, und Susanne beugte sich sofort über den Wagen. Da hörte sie hinter sich eine Stimme, eine Stimme, die sie kannte:

„Das gibt es nicht! Meine Susanne!"

„Jo! Wo kommst du denn her?"

Beide starrten sich überrascht an. Susanne fand als erste in die Realität zurück: „Das waren ja lange drei Monate, die du weg warst!"

Großzügig überhörte Jo die Spitze, ihn interessierte etwas viel Wichtigeres: „Wieso hast du meine Briefe nicht beantwortet? Und wo warst du die ganze Zeit?"

„Deine Briefe? Ich habe keinen Brief bekommen", fauchte Susanne, „Und die Antwort auf DEN Brief hättest du nicht gerne gelesen!"

„Aber das gibt es nicht! Ich habe dir öfter geschrieben."

Nun begann Katharina kräftiger zu weinen, und nach kurzer Zeit stimmte auch Christina in das Geheul ein.

„Entschuldige Jo, die Mädchen haben Hunger. Ich muss weiter."

„Wessen Kinder sind das denn?"

Wie kann man das nur fragen. Das ist ja wohl eindeutig.

„Meine natürlich!" In Gedanken setzte sie hinzu: vielleicht auch deine. Schaukelte den Wagen. Schaute zu den Kindern.

„Wieso deine?" Aus dem Augenwinkel nahm sie wahr, dass er zu rechnen schien. Irgendwie klopfte ihr Herz lauter als sonst.

„Da hast du dir ja wahrlich keine Zeit gelassen." Er drehte sich weg und der Herr stolzierte beleidigt wie ein Pfau davon.

Im Eilschritt schob Susanne den Kinderwagen die Königstraße Richtung Schlossplatz entlang. In der Parkanlage vor dem ‚Neuen Schloss' wollte sie sich mit Claudia treffen. Sie fand eine freie Bank mit Blick auf den Springbrunnen. Am ganzen Körper zitternd nahm sie Platz. Die Zwillinge hatten inzwischen rote Köpfe vom Schreien. Erst einmal selber wieder ein bisschen zur Ruhe kommen, sonst spüren die beiden ja sofort, was mit mir los ist und dann beruhigen sie sich gar nicht! Also: Atemtechnik. Tiefes Einatmen durch die Nase, auspusten durch den Mund, dabei zählen. Währenddessen packte sie die vorbereiteten Fläschchen aus, nahm Christina auf den linken Arm. Das Kissen im Wagen wurde nun zusammengerollt und Katharinas Flasche daran gelegt, sodass die Kleine im Wagen trinken konnte. Tausendmal geübt. Das klappte wirklich gut. Dann gab sie Christina ihre Mahlzeit. Aber sie kam nicht dazu, sich zu erholen, denn Katharinas Schreien setzte erneut ein. Sie hatte so ungestüm an der Flasche gezogen, dass diese weggerollt war.

„Was ist denn hier los? Ist die Milchbar geschlossen?" Claudia beugte sich über den Wagen.

„Hier, meine Liebe, hast du dein Patenkind." Damit drückte sie ihr das Baby und die Flasche in die Arme und nahm Katharina aus dem Wagen.

„Stell dir vor, wer mir gerade begegnet ist", platzte Susanne heraus.

„Wahrscheinlich Jo. Ich wollte dir gerade das Neuste vom gestrigen Tage berichten: Ich habe Jo getroffen, als ich zur Uni gegangen bin, er hat mich nach dir gefragt. Leute aus deinem früheren Seminar hatte er auch schon befragt, aber die wussten ja alle nichts."

„Was hast du ihm erzählt?"

„Na, nichts. Ich denke, das ist nicht meine Aufgabe. Ich habe nur gesagt, dass ich dich lange nicht gesehen habe. Was ja auch stimmt", fügte sie augenzwinkernd hinzu.

Susanne lächelte zurück.

„Hat er noch irgendetwas gesagt?"

„Mir hat er nichts weiter erzählt. Geht es dir nahe, dass du *ihn getroffen hast?"*

„Irgendwie schon. Es hat ja keine richtige Aussprache gegeben. Ein ganzes Jahr lang habe ich nichts von ihm gehört. Drei Monate wollte er wegbleiben. Eigentlich unmöglich! Stell dir vor, wie ich mich gefühlt hätte, hätte ich auf ihn gewartet. Eine unfertige Angelegenheit, findest du nicht?"

„Eine sehr fertige Angelegenheit, hör auf, Susanne! Du hast einen wunderbaren Mann und zwei sehr liebe Mädchen, wenn sie ruhig sind", sagte sie mit einem Blick auf die trinkenden Babys, „das reicht! Lass Jo seiner Wege gehen und denk nicht mehr an ihn!"

Susanne nickte: „Er hat behauptet, er habe wiederholt aus Afrika geschrieben."

„Hat er eben Pech gehabt. Das Leben geht für andere auch weiter. Du hast jetzt ein anderes Leben. Komm, wir gehen ein Stück!"

Der Teil des Schlossgartens Richtung Rosensteinmuseum ist der schönste! Susanne liebte die alten Bäume und die offenen Rasenflächen. Auf dem holprigen Untergrund wurden die Zwillinge bald in den Schlaf geschaukelt. Auf einer Bank vertieften sich die beiden jungen Frauen in die wirklich wichtigen Themen des Lebens.

Mit einer langjährigen Freundschaft konnten natürlich neue Freundschaften, die sie in der Nachbarschaft geschlossen hatte, nicht mithalten. Ein Gespräch mit Claudia war immer völlig unkompliziert, auch wenn sie sich zurzeit wegen ihrer unterschiedlichen Lebensweisen nur selten trafen. Ihre Nachmittage verbrachte Susanne jetzt oft im Kreise der neuen Bekannten, deren Kinder ungefähr im gleichen Alter wie ihre Zwillinge waren. Während die Kleinen auf einer Decke am Boden lagen, mussten ihnen natürlich entfallene Rasseln und Schnuller wiederholt gereicht werden, sodass es nicht lange dauerte, bis die Mütter ebenfalls am Boden im Kreis um ihre Babys herumsaßen. Man führte keine tiefgründigen Gespräche, es schien für alle aber doch ein netter Zeitvertreib zu sein. Immerhin tauschte man sich unter Erwachsenen aus, erfuhr, auf welch seltsame Einschlafrituale sich Eltern einließen, wie man mit nervigen Schwiegermüttern umgehen könnte und wo es Sonderangebote für Windeln gab. Viele Nachmittage blieb Susanne auch mit ihren beiden bei gutem Wetter im Garten. Sie stellte den Kinderwagen in den Schatten eines Baums, ein Gazetuch darüber gelegt, damit die Kleinen nicht von den Fliegen geplagt wurden, und versuchte auf der Gartenliege ein Buch zu lesen. Jeder sprach von Günther Grass ,Rättin'. Die Geschichte brachte Tina zum Schaudern.

Als sie einmal einen Mittag im Schatten genoss, die ,Rättin' neben sich im Gras, vertieft in einen Liebesroman, tönte es plötzlich vom Zaun her: „Also da versteckst du dich!"

Susanne fiel vor Schreck das Buch aus der Hand.

„Jo! Was machst du denn hier?" Verwirrt schüttelte sie den Kopf, erhob sich, zupfte ihre leichte Bluse zurecht. „Woher weißt du ...? Warum kommst du hierher?" Sie ging ihm entgegen. Ob er ihr unbehagliches Gefühl wahrnahm?

„Ich will Antworten! Hast du vergessen, dass wir Pläne für ein gemeinsames Leben hatten? Du gehörst zu mir!" Schlecht sah er aus.

„Nicht hier!" Freundlich nickte sie der Nachbarin von

gegenüber zu, die ihre Auffahrt fegte und sehr interessiert herüberblickte. „Komm rein, Jo."

Im Wohnzimmer schaute er sich um. „Elegant, kein Wunder, so etwas hätte ich dir nicht bieten können!"

„Nein, Jo, dieser Vorwurf trifft überhaupt nicht zu! Du hattest mich vor vollendete Tatsachen gestellt, bist gegangen, obwohl ich dich gebeten hatte zu bleiben. Zufällig habe ich dann Klaus getroffen und mich in ihn verliebt. Das mit uns war etwas anderes: Ich hatte dich gern - sehr gern sogar, aber auch das ist vorbei."

„Mensch, Susanne, das kann doch nicht sein!"

„Ich will dir nicht wehtun, Jo. Aber schau, du hast doch jetzt länger als ein Jahr sehr gut ohne mich gelebt und bist deinen Interessen nachgegangen, die dich ausgefüllt haben, die dir wichtiger waren als meine Wünsche."

„Das ist es also: immer noch beleidigt!"

„Lass es gut sein!"

Erregt umfasste er ihre Handgelenke. „Nein! Ich will dich. Ich will unser gemeinsames Leben!"

Nun wurde Susanne ärgerlich: „Gemeinsames Leben! Du hast gemacht, was du wolltest. Typisch Mann, hätte meine Mutter gesagt. Ach, übrigens: Meine frühere Zimmerwirtin hat gesagt, es wurde keine Post mehr für mich abgegeben."

„Hätte das Gegenteil etwas geändert? Dann werde ich Sie mal verlassen, Ihre Hoheit erlauben?" Eine übertriebene Verbeugung, verbunden mit dem Ziehen des imaginären Huts:

„Danke, der Butler muss mich nicht geleiten. Der Weg durch den Garten zum Gartentor ist nicht schwer zu finden!"

Susanne blieb verdutzt zurück. So ganz ohne Aufregung war das jetzt nicht abgelaufen. Dass Männer mit angekratztem Ego so anstrengend sein müssen! Wenn sie sich nur ganz innen drin nicht so schuldig fühlen würde. Das Leben könnte so schön sein!

Kurz vor Ostern im darauffolgenden Jahr begann Katharina, die Neugierigere, die ersten tapsigen Schritte frei zu gehen, binnen einer Woche hatte Christina, die Beharrliche, sie eingeholt. Der Tagesablauf wurde für Susanne leichter. Ihr Bewegungsradius wuchs. Sie beschloss, mal wieder nach Stuttgart zu fahren, Claudia zu treffen, mit ihr bummeln zu gehen. Mit dem Buggy käme sie viel leichter in die S-Bahn und wäre in der Stadt beweglicher. Bei einer ausgedehnten Klatschstunde erfuhr Tina beim letzten Löffel Eis die Neuigkeit:
„Dein Ex, der Jo, hat eine neue Freundin!"
Das gab Susanne einen Stich. Komisch! Kann ich doch nur froh drüber sein.
„Wie schön für ihn."
So klar war ihre innere Einstellung anscheinend doch nicht. Ihre Gefühle verwirrten sie. Was soll das? Ich habe ihn abgewiesen. Ich liebe Klaus!
Als echte Freundin konnte Claudia allerdings Gedanken lesen. „He? Bist du etwa eifersüchtig? Hast du gedacht, er läuft dir den Rest des Lebens hinterher?"
„Nein, natürlich nicht!" Stuttgart ist auch nicht mehr das, was es mal war. In Zukunft reicht mir vielleicht doch das Breuningerland, das ist auch bei uns gleich um die Ecke. Und Claudia kann so direkt sein! „Ich muss los. Ich habe

einen weiten Heimweg!" Sie fühlte Claudias kritischen Blick auf ihrem Rücken.

Vor dem Brezelstand, am Ende der Königstraße entdeckte sie Jo. Muss ich ihn jedes Mal treffen, wenn ich in Stuttgart bin? Er war nicht allein. Sie musterte kurz – hoffentlich unauffällig - das junge Mädchen neben ihm. Hübsch, blond, fröhliches Lächeln. Das konnte man von ihr nicht sagen. Blond, ja, aber sonst: überhitzt und gestresst! Die Zwillinge hatten vor 100 Metern laut gegen ihre langweilige Verwahrung im Kinderwagen protestiert und Susanne hatte sie, da sie ja in der Fußgängerzone waren, herausgenommen und sie veranlasst, sich am Kinderwagen festzuhalten - was aber nicht gut funktionierte! Inzwischen war sie zum Fangenspielen verdonnert. Hatte sie eines der Mädchen erwischt, lief das andere, so schnell es konnte, in die andere Richtung davon. Als sie Katharina entschlossen im Wagen anschnallte, um Christina einfangen zu können, ließ sich eine wohlbekannte Stimme nicht überhören: „Na, wer ist denn da in Schwierigkeiten?" Jo erreichte Christina mit zwei, drei Schritten und brachte das sich wehrende Kind zu Susanne zurück.

„Hier, bitte, ein Menschenpaketchen."

Eigentlich total nett!

„Darf ich dir Marielle aus Amsterdam vorstellen?" Zu Marielle gewandt fuhr er fort: „Das ist Susanne, eine ehemalige Studienkollegin, die, wie man sieht, das Studium aus guten Gründen abgebrochen hat!"

„Ich habe es nicht abgebrochen, ich habe nur unterbrochen", stellte Susanne schnell klar und nickte ein „Hallo" zu Marielle. Jo beobachtete gespannt ihr Bemühen, den Widerstand der kleinen Blonden zu überwinden, um auch sie festzuschnallen. Kurz darauf reichte er den Zwillingen die beiden eben erworbenen Brezeln mit einem zu Tina hingeworfenen „Ich darf doch?" Die Mädchen griffen begierig danach und lutschten daran. „Danke!"

„Wie alt sind die beiden denn?", fragte die Fremde.

Susannes rechtes Augenlid zuckte.

„Ich muss dringend los. Ich muss die S-Bahn erreichen",

und zu Marielle gewandt fügte sie hinzu: „Schön, dich kennen gelernt zu haben." Lächeln, Susanne, lächeln! Sie wandte sie sich ab und ging schnell in Richtung der S-Bahnstation davon.

Vorgestern hat mich Jo vor dem Asperger Freibad abgepasst. Ob er mich verfolgt hat? Jetzt hat er die Vermutung ausgesprochen, die Kinder seien von ihm! Ich habe das natürlich dementiert! Aber wie lange wird er stillhalten? Eine Ähnlichkeit – so oder so – kann ich nicht entdecken, obwohl ich sie mir noch einmal genau angeschaut habe. Babys sollen ja in der ersten Zeit immer dem Vater ähnlichsehen. Das soll von der Natur so eingerichtet worden sein, damit ihre Väter sie leichter annehmen. Und später haben sich die Sprösslinge doch bestimmt Verhaltensweisen vom Papa abgeschaut, unabhängig davon, ob es ein Blutsverwandter ist!

Morgen fahren wir mit den Kindern nach Gemmrigheim. Da wir bei der Hitze den Garten täglich gießen müssen, solange die Eltern im Urlaub sind, haben Klaus und ich beschlossen, dort ein paar Tage Urlaub zu machen. Wir werden das große Planschbecken aufstellen. Einen Sandkasten gibt es auch und eine Grillstelle für unsere Sommerküche. Ein *idyllisches Urlaubsparadies! Das Beste ist, dass Jo mich hier nicht beobachten kann!*

Wieder zurück in Tamm ertappte sie sich dabei, immer mal wieder nach hinten zu blicken, wenn sie unterwegs war. Nachdem sie Jo kein einziges Mal entdeckte, wurde sie wieder ruhiger. Allerdings fuhr sie nicht mehr nach Stuttgart, sondern telefonierte nur noch oft mit Claudia, so lange es die Zwillinge ihr erlaubten. Das Thema ‚Jo‘ mied sie tunlichst.

Eines Nachmittags, als Susanne mit den Zwillingen im Ludwigsburger Favoritepark Kastanien sammelte, sah sie Jo auf sich zukommen. Er begrüßte sie freundlich. Argwöhnisch erkundigte sie sich:

„Was hat dich denn nach Ludwigsburg geführt?“

„Ich war zufällig in der Gegend. Marielle wohnt in der Nähe der Pädagogischen Hochschule. Da habe ich dich Richtung Park gehen sehen. Ich hatte Lust, mal wieder mit dir zu sprechen.“

Er fragte nach den Namen der Zwillinge und half ihnen, Kastanien zu finden. Als Christina quengelig wurde, nahm er sie hoch, setzte sie auf seine Schultern und spielte Pferdchen, bis sie vor Freude quietschte. Susanne schaute verblüfft zu. Dass er so gut mit Kindern umgehen konnte! Inzwischen war Katharina über einen am Boden liegenden großen Ast gestolpert, blieb wie ein Maikäfer, mit Armen und Beinen zappelnd, liegen und schrie ihr Unglück laut weinend heraus. Ehe Susanne bei ihr sein konnte, setzte Jo Christina auf den Boden, eilte mit zwei Schritten zu Katharina und hob sie hoch. Aber sie strampelte und weinte.

„Mama, Mama!"

„Da kommt doch schon die Mama", bemühte er sich, das aufgeregte Kind zu beruhigen und übergab es in Susannes Arme. Einfühlsam zeigte er sich, einfach nett.

„Du hast ganz schön zu rödeln mit den beiden."

„Meistens macht es Spaß."

„Claudia hat erzählt, dass es deinem Vater trotz der Operation gesundheitlich sehr schlecht geht."

„Ja, das stimmt. Mama und Papa tun mir so leid. Ich weiß nicht, was schlimmer ist. Selbst krank zu sein oder zusehen zu müssen, wie der geliebte Partner leidet. Mama fotografiert jetzt viel, wohl um sich abzulenken!"

September 1986

Schön, dass wir wieder ‚normal' miteinander sprechen

können! Heute habe ich nämlich Jo gesehen oder vielmehr:

Er hat mich gefunden. Gut ausgesehen hat er! Freundlich war

er und anteilnehmend hat er sich gezeigt – wie früher.

Wenigstens ein Lichtblick.

Wie hilflos ist man doch letztendlich! Wir alle natürlich, aber

Papa erst recht! Seinem Körper so ausgeliefert sein müssen!

Er beschäftigt sich jetzt dauernd mit seinen Briefmarken.

Ich habe ja noch die Zwillinge, das ist jetzt so ein goldiges

Alter! Anne hat ein Foto geschossen, als Hannes mit den

beiden auf der Couch eingenickt war, das hat er jetzt auf

seinen Nachttisch gestellt. Auf jeden Fall habe ich jetzt

beschlossen, Klaus nicht für die drei Monate, in denen er dort die Agentur übernehmen muss, nach Palma de Mallorca zu begleiten. Ich werde lieber so oft wie möglich zu Papa fahren, wer weiß, wie lange er noch da ist.

Er will keine dritte Chemo mehr machen – er isst nur noch ganz wenig! Spielen mit den Mädchen im Sandkasten strengt ihn oft schon zu sehr an!

Ich finde, Eltern müssten immer da sein!

Eines Tages, als Susanne mit den Kleinen, die Trimm-dich-Strecke im Rotenackerwald entlang wanderte, wartete Jo an einer Wegkreuzung auf sie.

„Verdammt, Jo, was soll das? Verfolgst du mich? Warum tauchst du immer so plötzlich auf? Ich will das nicht. Lass mich in Ruhe und erklär' mir nicht, du würdest hier wieder ganz zufällig spazieren gehen", explodierte Susanne wütend.

„Reg' dich nicht auf Susanne. Wir müssen etwas besprechen: Ich habe nachgeforscht. Es gibt doch einen Vaterschaftstest, den werde ich beantragen. Das ist doch mein Recht, siehst du das ein? Ich bin sicher, dass es meine Kinder sind. Ich habe Babybilder von mir herausgesucht", er hielt ihr ein paar Aufnahmen hin. „Schau, wir könnten Drillinge sein!"

„Lass mich in Ruhe! Babys sehen sich doch alle ähnlich! Es sind meine Kinder! Allein meine! Du steigerst dich da in was rein! Hast du sie geboren? Warst du da, als sie hohes Fieber hatten? Du und Kinder, bei deinem Mangel an Verantwortungsgefühl! Schaff dir doch selber welche an, *wenn du unbedingt Kinder willst! Dann sind Afrikareisen aber erst mal tabu!"*

Beide Mädchen schienen eingeschüchtert: Einen derart energischem Ton waren sie von ihrer Mama nicht gewohnt. Katharina klammerte sich an ihr Bein und Tina lutschte aufgeregt an dem Kapuzenband ihres Anoraks. „Die Mädchen brauchen dich nicht. Sie haben einen Vater, der sie liebt und den sie lieben. Lass uns in Ruhe. Bitte, Jo." Sie setzte Katharina auf einen Baumstamm und entfernte ein imaginäres Steinchen aus ihrem Schuh - wollte Zeit gewinnen! Jo setzte sich neben sie und hob Christina auf seine Knie, ließ sie hoppeln, was diese mit Jauchzen genoss. „Susanne, ich will dich nicht bedrängen oder traurig machen."

„Dann, Herr Schleyer, lass unsere Familie in Ruhe! Klaus ist mein Mann und wir sind ein Ehepaar. Ein glückliches! Und es sind unsere Töchter, verstanden?"

Diese nachdrücklichen abweisenden Worte hinterließen ein betroffenes Schweigen, in das das schnelle Trillern eines Kleibers fiel. Jo wies beide Mädchen auf eine Lärche hin, an deren Stamm der kleine Vogel mit dem langen Schnabel kopfüber abwärts kletterte.

„Ich muss jetzt los. Meine Mutter wartet auf mich. Heute Nachmittag löse ich sie ab und bleibe bei meinem Vater, damit sie mal wieder in Ruhe einkaufen gehen kann." Damit stand sie auf, nahm jedes Mädchen an eine Hand und machte sich auf den Rückweg. Jo begleitete sie, nahm Tinas andere Hand und das ‚Engele-Engele-flieg-Spiel' vertrieb die angespannte Stimmung. Bis zum Auto durften die Zwillinge abwechselnd fliegen. Glückliches Lachen!

Jo würde einmal ein netter Vater sein! Die Zwillinge winkten ihm begeistert zum Abschied zu.

Oktober 1986

Ich habe mich so erschrocken heute! Das war gefährlich gewesen! Hoffentlich hat er jetzt endlich kapiert, dass ich nicht nachgebe! Wenn er wirklich Klaus aufsucht!? Ich sollte lieber endlich mit ihm reden! Vorher! Ob Jo die Ähnlichkeit richtig erkannt hat? Ich finde ja, sie sehen mir ähnlich! Vielleicht sollten wir wirklich einen Vaterschaftstest machen lassen. Aber ist der überhaupt eindeutig? Wenn wir hinterher genauso schlau wie vorher sind, könnten wir uns den Stress wirklich ersparen! Immer so blöde Entscheidungen treffen müssen. Kinder haben es da besser.

Nein, ich will mich nicht trennen! Es gibt keinen Grund! Ob Klaus mir zustimmen würde? Liebe müsste das doch aushalten! Wirklich? Auch Unwahrheiten? Nicht drüber reden, ist ja wohl auch eine Lüge! Warum lässt Jo mich auch nicht in Ruhe! Das Leben könnte so schön sein!

Kurz vor Weihnachten wurde Hannes ins Krankenhaus eingewiesen, um weitere Therapiemöglichkeiten auszu-loten'. Susanne und Klaus erkannten, dass diese Formulierung verschleiern sollte, dass die Ärzte am Ende ihrer Kunst angekommen waren. Es ging nur noch darum, dem Patienten so viel Schmerzen zu ersparen, wie möglich. Anne verschloss die Augen vor der Realität und sprach davon, ein wunder-

schönes gemeinsames Weihnachtsfest zu verbringen.

„So wie letztes Jahr, nicht wahr Susanne? Aber ihr kommt alle zu uns, damit es für Hannes nicht zu anstrengend wird, gell?"

„Natürlich Mama, natürlich kommen wir. Das ist doch selbstverständlich!"

Mama musste sich selbst betrügen, klar. Als Anne aber zu überlegen anfing, wer welche Geschenke bekommen solle, floh Susanne aus dem Krankenhaus.

Ihre Problempäckchen waren fast zu groß!

November 1986

Gestern Abend war ich an Klaus Schreibtisch! Obwohl er gar nicht zu Hause war, dachte ich die ganze Zeit, er käme gleich herein! Noch ein Vertrauensmissbrauch! Aber ich habe es nicht mehr ausgehalten! Ständig denke ich, Jo lauert mir auf! Immer fühle ich mich schuldig! Besser war es, als er noch nicht zurück war. Vielleicht ist Gewissheit doch besser. Ich habe tatsächlich Klaus Ausweis von der Bundeswehr gefunden. Er hat auch Blutgruppe B – wie ich. Aber Tina und Katharina haben unterschiedliche Blutgruppen: A und Null – steht in meinem Mutterpass. Komisch. Geht das? Wen könnte ich - ohne Aufsehen zu erregen - fragen? Meine Frauenärztin? Niemals! Viel zu peinlich! Ob ich in der Stadtbibliothek etwas finde?

In der Nacht habe ich bei Papa gewacht, ich habe ihn um Rat gefragt. Er war so lieb. Er hat mich nicht verdammt. Aber er meinte, ich müsse Klaus die Wahrheit sagen. Das kostet Mut!

Wie sich zeigen sollte, waren das Hannes letzte Worte. Im Beisein von Anne hörte er drei Tage später zu atmen auf. Seine Lebensaufgaben hatte er mit einem letzten Rat an seine Tochter erfüllt.

Im Nachhinein hätten Anne und Susanne nicht in Einzelheiten berichten können, wie sie die nächsten Tage erlebten. Die aktuelle Realität konnte nicht in ihrem ganzen Ausmaß erfasst werden. Wie erstarrt saß Anne am Esstisch, tränenlos. „Was soll ich jetzt tun? Wie soll ich jetzt weiterleben? Allein in diesem großen Haus?"

Die Beerdigung arrangierte Klaus so, wie Hannes es gewünscht hatte. In Stille. Nur der enge Familienkreis. Die Familie war ihm immer das Wichtigste gewesen.

Klaus hielt eine herzliche Rede, die die gesamte Trauergemeinschaft berührte. Nun zeigte sich, wie weise Susannes Entscheidung war, die Zwillinge in diesen Tagen Klaus Eltern zu übergeben, denn es musste nicht sein, dass sie ihre Mama und ihre Oma weinen sahen.

Zwei Tage später war Heiliger Abend, aber Anne hatte sich geweigert, zur jährlichen Familienfeier zu kommen. „Mama, bitte Mama, komm doch. Du kannst doch nicht alleine zu Hause sitzen, bitte", beschwor Susanne ihre Mutter.

„Ich bin nicht alleine, mein Kind! Lass mich einfach, ja?" Auch Silvester blieb Anne allein.

März 1987

Die Zwillinge sind im Kindi! Jetzt schon! Im März! So ein

Glück muss man haben! Eine Familie ist weggezogen, so wurde unerwartet zwei Plätze frei. Sie sind so stolz über ihre neuen Umhängetäschchen! Gestern Morgen stand Katharina nackt im Bad, um sich die sich die Zähne zu putzen. Ihre neue Trinkflasche mit dem grünen Plastikriemen hatte sie sich bereits schon umgehängt. Leider musste ich spontan lachen, sie hat ganz verwundert geguckt: Ihre Welt war in Ordnung! Die Kindergärtnerin hat berichtet, dass die beiden neuen Situationen abwartend gegenüberstehen. Sie nähmen sich dann an der Hand und beobachteten erst einmal. Schön, dass sie sich haben! Heute hat Tina allerdings beschlossen: „Kindi is fertig!" und wollte zu Hause bleiben, es hat einiger Überredungskünste bedurft!

Im Herbst gibt es eine Tagesgruppe, dann werde ich mein Studium wieder aufnehmen. Morgen will ich mich mal erkundigen, welche Seminare ich belegen muss.

Ich habe eine Entscheidung getroffen: Mit Klaus kann ich nicht reden. All sein Vertrauen wäre doch zerstört! Ich weiß nicht, wie ich als Mann reagieren würde, wenn – Ich kann das nicht mal fertig denken!

Jo hat sich nicht mehr blicken lassen. Ich hoffe, dass er aufgegeben hat. Was wäre ich erleichtert!

Insgeheim fühlte Susanne sich bestätigt, nicht dem Rat ihres Vaters gefolgt zu sein, denn Klaus und sie erlebten

Monate des Glücks miteinander und freuten sich an ihren beiden Mädchen. Man entdeckt die Welt selbst auch wieder neu, wenn Kinder sie erfahren. Anfang September wollten sie zum ersten Mal einen Familienurlaub machen, natürlich auf Mallorca, wo sonst! Klaus hatte während seines dreimonatigen Aufenthalts die Insel erforscht und geschwärmt, wie viele idyllische Plätze es noch gäbe. Von einem Kunden hatte er günstig eine Finca zur Miete angeboten bekommen mit großen Garten, Swimmingpool und einem unbezahlbaren Meerblick vom Bett aus. Susanne musste fast nicht mehr hinfliegen, so genau beschrieb er ihr immer wieder neue Einzelheiten ihres Ferienquartiers, das er schon besichtigt hatte. Nachdem die Firma ihnen für die Zeit des Aufenthaltes ein Auto zur Verfügung stellen wollte, mit der einzigen Auflage, dass Klaus im Notfall erreichbar und einsetzbar wäre, würden sie sich drei Wochen Erholung gönnen. Sie sprachen viel mit ihren Töchtern vom Fliegen mit dem Flugzeug, vom Sandburgen bauen und vom Baden im Meer.

12. Amsterdam 1987

Als das Flugzeug sich gegen Mittag in der Anflugroute auf den Amsterdamer Airport Schiphol befand, sank Susannes Mut. Ob sie sich doch zu viel zumutete? Vorhin im Spiegel der Toilette hatte sie sehr kränklich ausgesehen, andererseits hat doch jeder in dem Neonlicht eine fahle Gesichtsfarbe.

Wie sollte sie in diesem Häusergewimmel einen Mann mit einem kleinen Mädchen finden, der hier entweder schon geschickt untergetaucht war oder vielleicht erst eintreffen würde? Es musste einfach klappen! Bitte lieber Gott, lass ihn bei seiner Freundin sein. Vielleicht werden sie ihn bei der Einreisekontrolle aufhalten. Sie musste Katharina finden. Ihre Tochter war noch nie von ihr oder ihrer Schwester getrennt gewesen. Und von ihrem Papa auch nicht. Sie musste total verängstigt sein. Auch wenn sie Jo vom Sehen kannte. Erst mit Katharina an der Hand wollte sie Klaus wieder gegenüber treten. Er würde ihr dann verzeihen. Sicher! Alles andere würden sie dann schon gemeinsam schaffen. Inzwischen sah sie bezüglich ihrer Beziehung sehr zuversichtlich in die Zukunft. Wir haben doch eine sichere Basis!

Mit dem kostenlosen Shuttleservice ließ sie sich in das Airport Mercure Hotel bringen. Aufatmend warf sie sich in ihrem Zimmer auf das Bett. So ein Schock! Stabil fühlte sie sich nicht! Aber noch zwei Tage länger im Krankenhaus zu liegen, hätte Jo zu viel Vorsprung verschafft. Es war richtig, dass ich auf der Entlassung bestanden habe. Jos Beharren, dass es seine Töchter seien, seine brennenden Blicke, sein, wie sie sich eingestehen musste, von ihr übersehenes neurotisches Verhalten, sie immer wieder aufzusuchen! Und der über mehr als zwei Jahre auf sie ausgeübte psychische Druck, Klaus zu verlassen, die frühere gemeinsame Beziehung wieder aufzunehmen, das alles ließ nur einen Schluss zu, Jo musste Katharina entführt haben. Was hatte er vor? Würde er Katharina zurückbringen? Wollte er sie als Druckmittel einsetzen, sie auf diese Weise zu einer ihm angenehmen Entscheidung zwingen?

Wer könnte ihr das sagen? Natürlich, seine Mutter. Leider war ihre erste Taxifahrt nach dem Krankenhaus Richtung Besigheim ein Flop. Seine Mutter war zwar zu Hause, wusste aber von nichts. Also war sie auf ihren eigenen detektivischen Spürsinn angewiesen, der sie bereits im Krankenhaus, wo sie genug Zeit zum Nachdenken gehabt hatte, auf die Fährte in die Niederlande geführt hatte.

Ob es etwas Neues gibt? Auf dem großen Flachbildschirm

verfolgte sie aufmerksam die deutschen Nachrichten, aber die insgeheim erhoffte Meldung, dass ein entführtes kleines Mädchen gefunden worden sei, blieb aus. Also Susanne, los jetzt! Für den Namen „Bezner", Marielles Nachname, den sie über Claudia erfahren hatte, erhielt sie von der niederländischen Telefonauskunft tatsächlich eine Nummer, die sie mehrmals ohne Erfolg anwählte. Nervös stand sie an der Rezeption. Also dann benötigte sie eben doch professionelle Hilfe. Das Geld durfte keine Rolle spielen. Diskret überreichte ihr der junge Mann an der Rezeption eine Visitenkarte und lächelte verständnisvoll. Da gibt es nichts zu grinsen! Wenn du wüsstest!

„Es ist ein sehr guter Privatdetektiv", sagte er, „Sie werden zufrieden sein!"

„Danke, könnten Sie mir eine Verbindung herstellen?"

„Aber gerne!" Der junge Mann wählte, lauschte und sprach ein paar Worte Niederländisch, dann sagte er zu Susanne; „Kabine vier, bitte."

Da es Susanne sehr dringend gemacht hatte, konnte sie bereits zwei Stunden später auf einem zum Schreibtisch umfunktionierten antiken Küchentisch die mitgebrachten Fotos auslegen: von Jo, ein Foto aus Studentenzeiten und von ihrer Tochter Katharina, eines mit ihrer Zwillingsschwester, zu Hause im Garten. Der Detektiv machte sich Notizen, nahm die beiden Fotos zu seinen Unterlagen und entließ sie mit beruhigenden Worten:

„Keine Angst, Frau Kammler. Wir finden Ihre Tochter."

Er nickte bekräftigend. „In ähnlichen Fällen waren wir schon sehr erfolgreich. Ich melde mich, sobald ich Neuigkeiten habe."

Damit begann für Susanne ein Warte-Martyrium. Unruhig streifte sie durch die Einkaufsstraßen von Amsterdam, schaute in Schaufenster, deren Auslagen sie nicht wahrnahm, aß zur Stärkung irgendwo ein Fischbrötchen, das sie halb angebissen liegen ließ, trank den dritten Kaffee, bei dem sie eine deutsche Tageszeitung durchblätterte, nur um zu erfahren, dass es im „geheimnisvollen Entführungs-fall nichts Neues gäbe." Dennoch hatte sie nicht genug Zeit vertrödelt, denn bei ihrer Rückkehr ins Hotel wartete keine Nachricht von der Detektei auf sie in ihrem Postfach. Erst am Abend erhielt sie einen kurzen Lagebericht. Man habe die zu observierenden Personen noch nicht lokalisieren können, habe aber erfolgreich der von Susanne angegebenen Telefonnummer eine Adresse zuordnen können. Ein Kontaktversuch sei bisher gescheitert.

Vielleicht sei die dort ansässige Familie verreist.

Am nächsten Morgen wollte sie unbedingt etwas unternehmen. Also erbat sie telefonisch die Adresse von Marielles Eltern und ließ sich mit einem Taxi dahin fahren. Das mit rustikalen verschiedenfarbigen Ziegelsteinen erbaute Haus war an einer von Bäumen gesäumten Gracht gelegen. Sie ergriff die schöne antike Ziehklingel und zog stürmisch daran.

„Ja, bitte?", eine freundlich lächelnde Dame öffnete. Susanne verzichtete auf alle Höflichkeitsfloskeln.

„Ich suche meine kleine Tochter. Jo Schleyer hat sie unerlaubt mitgenommen. Er ist mit Ihrer Tochter Marielle befreundet! Bitte helfen Sie mir. Wissen Sie, wo er ist? Bitte!" Jetzt liefen ihr doch die lange unterdrückten Tränen über die Wangen.

Die Frau hob erschrocken die Hände zum Mund. „Mein Gott! Ja, er war gestern hier - mit einem Mädchen. Die Kleine hat immer wieder geweint! Er hat behauptet, die Mutter sei in Urlaub gefahren und hätte ihm das Kind anvertraut. Ich fand das ganz unverantwortlich von der Mutter. Und jetzt sagen Sie...? Marielle und er sind später mit dem Kind zusammen weggegangen. Wohin weiß ich auch nicht! Wer denkt denn so was! Es tut mir so leid. Sie zittern ja."

„Ich kann nicht mehr! Meine Kinder - es sind doch Zwillinge.

Sie waren noch nie getrennt!"

„Kommen Sie herein. Vielleicht möchten Sie ein Glas Wasser? Warten Sie, ich rufe die Freundin meiner Tochter an und frage, ob sie weiß, wo Marielle sich aufhält." Gesagt, getan. Doch leider hatte Marielle sich weder bei der Freundin telefonisch gemeldet, noch war sie bei ihr aufgetaucht. In diesem Moment drehte sich ein Schlüssel im Schloss und die Haustüre öffnete sich. Marielle! Susanne erblicken, sich umwenden, die Haustür wieder öffnen – fast war sie wieder fort.

„Stop, Meisje!", messerscharf die Stimme von Marielles Mutter.

Und Susanne reagierte schnell. Mit drei großen Schritten stürzte sie in den Flur und griff sich Marielles Jackenärmel.

„Wo ist meine Tochter? Wo habt ihr sie hingebracht?"

Im Bruchteil einer Sekunde später setzte Marielles Mutter ihr zu:

„Dein Freund, ein Entführer! Und du, du hast mitgeholfen?"

Marielle blickte erstaunt auf die beiden Frauen, die ihr feindlich gesonnen schienen, schüttelte langsam den Kopf:

„Nein, das würde Jo nie tun. Es ist doch seine Tochter und er macht mit ihr Urlaub, das weißt du doch", wendete sie sich Susanne zu. „Ich habe ihn gestern zu Zoë gebracht, weil sie ihn aus der Pension hinausgeworfen haben. Die Kleine hat die ganze Nacht geweint!"

„Nein, es ist nicht seine Tochter. Er bildet sich das nur ein. Wo wohnt diese Zoë?"

„Ich weiß, wo das ist. Kommen Sie!" Marielles Mutter hatte schon ihre Autoschlüssel genommen und war in ihre Schuhe geschlüpft. Mit quietschenden Reifen fuhren sie zu dritt los.

„Du musst mir glauben, Susanne.", bat eine kleinlaute Marielle. „Er hat gesagt, dass es seine Töchter seien. Ihr hättet euch ausgesprochen. Und du hättest ihm jetzt ein Kind mit in Urlaub gegeben, weil zwei für ihn zu viel seien!"

„Warum wolltest du vorhin flüchten?"

„Na, dein Gesichtsausdruck versprach Ärger!"

Susanne hörte sie und hörte sie nicht. Alles Gerede war

müßig! Wie Katharina sich fühlen musste! Die ganze Nacht geweint! Ein Trauma fürs Leben! Susanne starrte angespannt auf die Straße, auf der sie Amsterdam verließen, und nahm doch nichts wahr. Nach einer halben Stunde hielten sie in einem kleinen Ort. Marielle stürzte aus dem Auto und läutete Sturm: „Zoë, mach doch auf!"

Eine Ewigkeit, bis diese Zoë erschrocken an der Tür stand. „Was..."

„Katharina! Nina!" Susanne drängte sich an der Frau vorbei, die ihr fassungslos hinterher starrte. Keine Katharina! Susanne wurde totenblass und musste sich an die Wandlehnen, um nicht umzufallen.

Marielles Mutter verständigte die Polizei. Susanne zog die Visitenkarte des Detektivbüros aus der Tasche. Dann brach eine erregte Viertelstunde in Nederlands über Susanne herein, die endete, als ein die Polizeiwagen mit eingeschaltetem Blaulicht vor dem Haus anhielt. Der Fall wurde aufgenommen und man versprach alles Menschenmögliche zu tun, um Susanne ihre Tochter zurückzubringen. Aber wenn das Kind bei seinem leiblichen Vater sei, sei es ja nicht in Gefahr und bald werde es sicher wieder wohl behalten zurückgebracht werden. „Vielleicht ist er ja schon wieder auf der Rückfahrt nach Deutschland, Mevrouw!"

Der Detektiv sah die Angelegenheit ernster, versicherte, er habe „alles im Griff." Aber es dauerte noch eineinhalb Tage, bis er von einer Spur berichten konnte, die in eine kleine

Pension am Stadtrand führte. Das Kind sei nicht bei Jo gewesen. Außerdem habe die zu „observierende Person" die Pension schon wieder verlassen.

Am darauffolgenden Morgen brachte er schlechte Nachrichten. Jo hätte offensichtlich einen falschen Pass für Katharina besorgen können. In der nächsten Pension sei er als Jo Schleyer, mit Tochter Katharina gemeldet gewesen. Von dort sei er „tijdig" verschwunden: vor 5 Uhr morgens. Ab 5 Uhr sei die Rezeption in der Pension nämlich besetzt. Sein Fehlen sei erst mit dem Eintreffen des Detektivs um acht Uhr bemerkt worden.

Er vermutete, dass er per Flugzeug das Land verlassen hätte, denn mit dem Auto hätte der Weg zur Grenze zu lange gedauert. Je nachdem, welches Land er als Auswanderungsland gewählt hätte, seien ihm dann zunächst die Hände gebunden. Da müssten wir Interpol einschalten.

„Ich werde die Passagierlisten checken und Ihnen dann Bescheid geben."

Das war ihre Strafe! Ich wollte doch nur meine Ehe schützen! Ich kann nicht mehr! Ich weiß nicht weiter. Interpol? Ich will nach Hause! Zu Anne, Tina, Klaus! Oh Papa, warum habe ich nicht auf dich gehört? Warum war ich so ein Feigling?

Das Packen der Tasche und das Auschecken im Hotel nahmen nur wenige Minuten in Anspruch. Die Fahrt mit dem Shuttlebus zurück zum Flughafen erschien ihr unwirklich. Ein

Ticket nach Stuttgart gab es erst für 14.15 Uhr. Wie erstarrt verbrachte sie die Wartezeit auf einer schwarzen Sitzschale. Erst der Aufruf der Lautsprecherstimme: „Wir bitten Frau Susanne..." wirkte belebend. Langsam schritt sie über das Flugfeld Richtung Flugzeug. Sie wird mit leeren Händen zurückkehren. Jo hat Katharina ins Ausland gebracht!

13. Salzburg, Frühjahr 2014

Als Tina die entwickelten Fotos ihrer Mutter aus dem Fotogeschäft abholte, setzte sie sich abends, als alles ruhig war, an den Schreibtisch und öffnete den Umschlag. Es waren nichtssagende Bilder aus Amsterdam: eine Häuserzeile, wohl in der Innenstadt gelegen, mit Geschäften im Erdgeschoss, eine Häuserzeile mit Wohnhäusern entlang einer Gracht. Susanne war doch bestimmt nicht als Touristin dort gewesen! In der Lebenssituation, in der sie sich damals befand, war sie sicher auch nicht wahnsinnig an architektonischen Besonderheiten interessiert gewesen! Also, warum hatte sie dann diese Motive gewählt? Ah! Eines zeigte ein Haus, an dem ein Schild zu erkennen war. Die Lupe, endlich ist die einmal nützlich! Hans de Pieterse, Agentschap van de Detective, 2 vloer war zu erkennen. Leider kein Straßenname. Aber im Zeitalter des Internets? Also: Foto einscannen und als Mailanhang an eine x-beliebige Detektei in Amsterdam senden. Dazu schrieb sie, dass sie um Namen und Adresse dieser Detektei bäte, bei der ihre Mutter vor 24 Jahren offensichtlich Auskünfte eingeholt habe. So, jetzt noch die Angabe ihrer Adresse für die Rechnung und ein Klick! Nö, ein schlechtes Gewissen, weil sie ihr Sebastian gegebenes Versprechen bezüglich weiterer Nicht – Nachforschungen nach ihrer „Familie" bricht, hat sie gar nicht! Basta!

Bald erforderte der Alltag wieder ihren vollen Einsatz. Da Sebastian weiterhin sehr viel arbeitete, und auch am Wochenende Arbeit mit nach Hause brachte, war Tina häuslich sehr eingespannt und oft auch angespannt. Bastian ertrug seinen Stress zwar klaglos, zeigte sich allerdings hin und wieder gereizt, so kam es eben manchmal zum Streit. Dann wiederum gab er sich wieder sehr bemüht. „Nur noch dieses eine Mal, meine Liebe. Ich muss den Entwurf bis Montag fertig haben. Das passiert bestimmt nicht noch einmal." Aber es ‚passierte' immer und immer wieder. Auf eine Diskussion wollte sich Tina nicht einlassen! Zu dünn war das Eis der Gemeinsamkeit immer noch. Ob er sich absichtlich so viel Arbeit auflud? Ja, Sergio! Wie wäre das Alltagsleben mit ihm wohl verlaufen? Hätte er sie noch lange auf Händen getragen? Die unterschiedliche Herkunft, die sprachliche Verständigung, hätten sie wirklich keine Probleme verursacht? Aber ein Leben mit Sergio und ihren Zwillingen? Nein! Es sind nicht seine Kinder - nerven können sie manchmal ganz schön! Wie soll ein Stiefvater dafür Geduld aufbringen? Außerdem: Sie lieben ihren Papa! Sie von ihm zu trennen wäre grausam! Und mein Beruf! Nun ja, wäre davon abhängig, ob sie eine Stelle in der deutschen Schule bekommen hätte. Wahrscheinlich müsste sie sich mit Nachhilfestunden über Wasser halten. Wäre von Sergio finanziell abhängig. Gar nicht gut.

Mara? So eine Herzensfreundin würde sie auch nie wieder finden! Das Teufelchen, das ihr einflüsterte, mit Sergio zusammen wäre sie stark gewesen, alle Probleme hätten sich lösen lassen und Freundinnen wären dann überflüssig geworden, das schickte sie wieder in die Hölle, wo es auch hingehörte – oder?

An Annes Reaktion auf den Auswanderungswunsch ihrer heiß geliebten Enkeltochter mochte sie lieber gar nicht denken.

Eines Tages übergab ihr der Postbote ein großes Kuvert. Ah, endlich: Amsterdam! Als Tina es neugierig öffnete, fand sie darin eine Einladung zur standesamtlichen Trauung im Schloss Mirabell und zur kirchlichen Feier in St. Peter. Umschlag noch mal angeschaut: kam gar nicht aus Amsterdam! Wie Wünsche das Denken beeinflussen können! Sie eilte ans Telefon. „Mensch, Mara, warum hast du mir das nicht heute Vormittag erzählt? Das ist ja ein wunderbarer Rahmen. Wir kommen gerne."

Unter „Blumenmädchen" konnten sich die Zwillinge nichts vorstellen. Tina klärte sie auf, woraufhin Lisa hell begeistert war. Sie stolzierte schon mal durch das Wohnzimmer, um zu zeigen, wie sie vor dem Brautpaar aus der Kirche gehen und Blumen auf den Boden streuen würde. Lena stand der Sache ablehnend gegenüber.

„Mama geht auch mit Bumen?"

„Nein, mein Schatz, das geht nicht. Aber keine Angst, wir üben das vorher ein paar Mal."

Mara kaufte den Zwillingen entzückende weiße Kleider. Weiße Schuhe und Strumpfhosen waren noch da. Als aber Anne den Zustand der weißen Schuhe sah, ging sie mit den Zwillingen einkaufen. Was sie etwas bereute, denn sie war Lisas Drängen nicht gewachsen. Die weißen Schuhe hatten Lisa gar nicht interessiert. Ihr Begehr waren vierfarbige Stiefelchen und als sie im Geschäft zu weinen anfing, wanderten die bunten Kinderstiefel zur Kasse. Lena wünschte sich rote Stiefel wie die vom „Gestiefelten Kater", also gut, die auch. Hoffentlich bekam Tina keine Schwierigkeiten, weil die beiden ihre Stiefelchen zur Hochzeitsfeier tragen wollten.

Ein herrlicher Frühlingstag mit blauem Himmel, wenigen Schäfchenwolken und kühl, so begann der „schönste Tag" im Leben ihrer Freundin. Maras Klasse stand Spalier, als ihre strahlend schöne Lehrerin, im perlenbesticktem Cremeweiß, am Arm ihres Ehemanns aus der Kirche schritt - mit Gänsehaut außerhalb der Spitzenärmel. Das Tempo wurde von Lisa bestimmt, die vorausging, zeitweise ihre Schwester an der Hand schnell hinter sich herzog, zeitweise aber stehenblieb, um die Blumen aus ihrem Körbchen im Kreis. um sich herum, zu verteilen. Lena schaute ihr zu, warf manchmal ein Blümchen dazu. Als Lisas Körbchen leer war: schneller Blick zu Lena, ihr das halb volle Körbchen entreißen und es auf der letzten Treppenstufe ausleeren: eine fließende Bewegung! Lenas Tränen und ihr lautstarker Jammer: „Meine Blumen! Meine!", setzten die Eltern in Bewegung: Tina schnappte sich Lena, die versuchte ihre Blümchen wieder einzusammeln und Bastian übernahm Lisa. In nicht wenigen Gesichtern der Hochzeitsgäste konnte Tina bei ihrem Spießrutenlauf - mit ihrem strampelnden Kind in den Armen ein amüsiertes Lächeln über den ungeplanten Programm-punkt wahrnehmen.

Aus Amsterdam kam schließlich die enttäuschende Nachricht, dass die gesuchte Detektei vor drei Jahren aufgelöst worden sei, man aber die Suche nach dem ehemaligen Inhaber aufgenommen habe. Das hätte doch mal wirklich rund laufen können!

Vielleicht kann ich über Jos Familiennamen noch Hinweise erhalten? Bei der Recherche im Internet muss man sich konzentrieren und muss zärtliche Gedanken ausblenden, die sie sich trotz des Verbots, das sie sich selbst erteilt hat, immer wieder plötzlich einschlichen. Sie fand in Besigheim achtmal den Namen ‚Schleyer' und einmal ‚Schlayer' in Bietigheim. Gut, das waren wenigstens keine dreißig wie damals bei Klaus. Am nächsten Nachmittag, die Kinder waren mit Lissi auf dem Spielplatz im Volksgarten, machte sich Tina an die Anrufe. Bereits beim dritten Anruf sagte eine zittrige Stimme: „Achim? Wisset Se was von meim Sohn?"

„Nein, ich persönlich weiß nichts von Ihrem Sohn. Ich wollte von Ihnen erfahren, wo ich ihn finden kann!" Es lief ihr ein Schauer über den Rücken. Sprach sie mit ihrer leiblichen Großmutter?

Die Frau antwortete traurig: „Ja, da fraget Se mi zu viel. Des isch scho so lang' her, wo er fort is. Un wir warten immer noch uf'n. Ob er wieder nach Afrika is? Wer sen dänn Sie? Was wollet Se vom Achim?"

Wieder eine Sackgasse! Frustrationen all überall. Obwohl: ‚Afrika'? „Er war ein Studienkollege meiner Mutter und …",

„Ach so, Se machet a Jahrgangstreffa. Des isch aba nett, dass Se des fir Ihre Mudda machet. Wenn I was hör' von em, dann dät ich Se anruafa. Jetzt brauch' ich bloß no Ihre Numma!" Gehorsam diktierte ihr Tina langsam die Telefonnummer. Glaubte die Frau wirklich, dass Joachim nach 20 Jahren auf einmal hereinspazierte?

Am Samstag brachte Bastian mit den frischen Semmeln die Post herein. Mallorca! Die spanische Briefmarke führte bei Tina sofort zu Herzklopfen und zitternden Händen! Ach so, von Klaus! Aufatmen. Schneller Blick zu Bastian. „Alles in Ordnung?" Zum Glück hatte Bastian ihre Erregung falsch gedeutet. Eine Einladung für die letzten beiden Juliwochen auf die Finca in Pollença zog er aus dem Umschlag, in dem sich sogar auch Flugtickets befanden. Die Zwillinge umtanzten den Esstisch fröhlicher als das Rumpelstilzchen sein Lagerfeuer. Ihrer Mama war eher ein bisschen beklommen zumute. Sebastian hüllte sich in Schweigen. Was versprach sich Klaus davon? Ob sie sich mit Anne beraten sollte? Wahrscheinlich würde es wenig hilfreich sein, denn ihre Ressentiments Klaus gegenüber hat Anne bestimmt noch nicht abgelegt!
Lena und Lisa klingelten Sturm und überfielen die alte Dame sofort mit: „Oma, Lena und Lisa fliegen!" Ah, sprachlicher Fortschritt. „Mit einem Flugzeug. Guck, so", und sie summten mit ausgebreiteten Armen durch Annes

Wohnung. Die beiden Frauen lachten.

„Klaus hat uns eine Einladung geschickt, im Juli für zwei Wochen bei ihm und seiner Familie Urlaub zu machen, in dem Landhaus bei Pollença!"

Anne griff in die Holzschale, in der sie wichtige Post sammelte. Sie zog ein Flugticket hervor und wedelte damit vor den Gesichtern der Zwillinge herum: „Na, was haltet ihr davon, wenn ich auch mit in eurem Flugzeug fliege?"

Lisa nickte eifrig: „Ja, Oma Anne fliegt mit!"

„Zu Klaus und seiner Familie?", Tina wunderte sich sehr.

„Na, schau nicht so! Die Einladung auszusprechen hat ihn bestimmt große Überwindung gekostet. Da kann ich doch nicht zurückstehen. Außerdem: 25 Jahre sind eine lange Zeit. Man kann doch jemandem ruhig noch mal eine Chance geben, oder? Ich will bei dir sein Kind. Ist ja keine leichte Situation. Richtige, unbeschwerte Ferien wären viel besser für dich. Du bist jetzt immer so blass und lachen habe ich dich auch nicht mehr oft gehört."

„Ach Oma", lächelte Tina hilflos. *Wenn du wüsstest, aber du wirst es nie erfahren.*

Eine Woche später war endlich ein weiteres Schreiben aus Amsterdam bei der Post. Die Detektei, die Tina beauftragt hatte, schickte mit ihrem abschließenden Bericht den Namen und die Anschrift des ehemaligen Inhabers der gesuchten Agentur, die Susanne damals in Anspruch genommen hatte. Tina fühlte sich wie elektrisiert. Das musste der Durchbruch sein! Nun würde sie erfahren, was ihre Mutter in Amsterdam gesucht hatte.

Eilig setzte sie ein erneutes Schreiben auf, indem sie in

Stichworten ihre Familiengeschichte aufführte und ihre Hoffnung, dass vielleicht das Rätsel um Susannes Amsterdam-Aufenthalt gelöst werden könnte. Heimlich und mit Herzklopfen gab sie den Brief auf.
Bereits zwei Wochen später erhielt sie eine Antwort.

Amsterdam, den 8. März 2014

Ihr Schreiben vom 21. 2. 2014

Sehr geehrte Frau Mayr,
an Ihre Frau Mutter kann ich mich noch sehr gut erinnern. Unsere Agentur hat von ihr den Auftrag erhalten, Herrn Joachim Schleyer und einem dreijährigen Mädchen, Katharina, ausfindig zu machen. Seine holländische Freundin, Marielle Bezner, zeigte sich zunächst nicht bereit, mit uns zusammenzuarbeiten, dadurch war uns ein rechtzeitiger Zugriff nicht möglich.
Unsere Recherchen haben Folgendes ergeben: Die zu observierende Person hat am 2. September 1989 um 7.00 Uhr morgens mit dem Kind Katharina, einen Flug Richtung Palma d. M. genommen. Dort verliert sich die Spur. Es kann nicht ausgeschlossen werden, dass mit falschen Papieren ein Anschlussflug gebucht wurde.
Den Abschlussbericht hatte ich an die Adresse Ihrer Frau Mutter in Deutschland geschickt. Leider konnte das Schreiben nicht zugestellt werden. Da keine Rechnung mehr offen war, landete die Angelegenheit bei uns in der Ablage. Ich hoffe, Ihnen mit dieser Auskunft gedient zu haben.

Mit freundlichen Grüßen

H. Pieterse

„Meinst du, wir sollten Oma diese Informationen mitteilen?"

„Klar, Tina. Sie hat schon so viel ausgehalten! Die Gewissheit, dass Katharina bei ihrem Vater ist, wird eine Beruhigung für sie sein. Jo hat seine Tochter bestimmt geliebt und sich gut um sie gekümmert. Fahr' hin und sag es ihr."

Sebastian, ihr Ratgeber. Ein warmes Gefühl durchströmte sie. Tina packte die Zwillinge und Lissi in ihr Auto. Immer wieder klopfte sie nervös mit dem Mittelfinger auf das Lenkrad, wenn eine Ampel genau vor ihnen auf Rot schaltete oder ein Autofahrer in eine enge Parklücke mit drei Ansätzen einzuparken versuchte, woraufhin Alicia besonders freundlich fragte: „Warum bist du nervöser?"

„Nervös! Alicia! Es heißt nervös!"

„Nein, du bist nicht nervös, du bist nervöser!"

„Mama ist nervöser!"

„Und ihr seid Kichererbsen!" Schließlich musste Tina den Wissenshorizont der Zwillinge erweitern und beantworten, ob Schweine Lyoner Wurst ausbrüten können und warum Pferdeäpfel nicht grün sind. Dreißig Minuten später konnte sie aufatmen, da endlich der große Zwetschgenbaum in der Haubner Gasse vor ihrem früheren Zuhause auftauchte. Eine Fahrt, die bei freier Strecke zehn Minuten gedauert hätte! Der Verkehr nahm immer mehr zu, doch alle Versuche der Salzburger Stadtverwaltung, Autos aus dem Innenstadtbereich fernzuhalten, misslangen.

„Lissi spielt mit euch im Garten Ball. Ich gehe erst einmal allein zu Oma hoch." Sie scheuchte die Drei in den Garten.

Gefasst hatte Anne das Schreiben der niederländischen Detektei gelesen und nahm nachdenklich ihre randlose Brille ab. „Jetzt habe ich diesen Brief dreimal gelesen, habe aber hundert Fragen.

Erstens: Warum kam sein Brief zurück? Er hätte doch in Tamm im Briefkasten sein müssen! Hat er wochenlang gewartet, bis er seinen Abschlussbericht abgesandt hat? Waren wir schon umgezogen?

Zweitens: Warum wurde keine Anzeige bei der Polizei gemacht? Es war doch eindeutig Kindesentführung!

Drittens: Wie konnte dieser Jo den verschiedenen Behörden über mehrere Grenzen - mit einer Dreijährigen zusammen – unbeachtet entwischen? Nach Mallorca!" Sie blickte Tina an: „Kannst du das verstehen?"

Tina schüttelte den Kopf. „Ich werde nun in Afrika weitersuchen."

„In Afrika? Wie kommst du denn jetzt auf Afrika?"

„Ich habe einen Tipp erhalten und denke, dass er erfolgversprechend ist: Jo hatte anscheinend schon immer für Afrika geschwärmt."

Anne schaute sie fassungslos an. „Einen Tipp! Hältst du mich jetzt schon für gaga? Eine Alte, der man nichts mehr erzählen kann?"

„Aber nicht doch, Oma! Ich war nur mal wieder in einer Sackgasse angekommen und wollte aufgeben. Deshalb habe ich nichts gesagt."

Na, da hatte sie sich ja vorher unnötige Sorgen gemacht: Anne will gedanklich dabei sein können. Sebastian hatte wieder einmal den richtigen Riecher gehabt: Zum Glück hatte sie Anne dieses Mal gleich informiert.

In den folgenden Tagen wurde in der gesamten Familie darüber diskutiert, was ‚dieser Jo‘ mit seinem Studium in Afrika hätte arbeiten können, um sich und seine Tochter zu versorgen. Sebastian beteiligte sich wieder, denn jetzt gab es seiner Ansicht nach einen konkreten Hinweis, der erfolgversprechend war. Im Endeffekt hatten sich fünf Möglichkeiten herausgeschält, die Sebastian schriftlich festhielt:

- *Praktikumsort in Kenia, frühere Verbindungen genutzt*
- *Safariführer, naheliegend wegen seiner Interessen und Biologiekenntnisse, - sehr schwer, ihn zu finden*
- *Stelle in einem Hotel, geschickte Möglichkeit, unterzutauchen*
- *Stelle als Lehrer an einer Schule, vielleicht dort weniger Qualifikationen erforderlich - für Beamte von Interpol leicht, ihn dort aufzuspüren, aber keine polizeiliche Suchaktion bekannt*
- *auf einer Farm oder Plantage (Kaffee oder Kakao) untergetaucht - Know-how, um dort zu arbeiten?*

Sebastian und Tina führten nun mehr oder weniger ernst zu nehmende Diskussionen. Bei manchen Szenarien, die sie sich ausmalten, mussten sie lachen. So viele Lebensentwürfe! Detektiv oder Berater für Untertauchwillige, das wären doch auch interessante Berufe! Tina wagte eine vorsichtige Zwischenbilanz: Lachen verbindet. In einem Telefonat mit Claudia in Augsburg erfuhren sie den Ortsnamen von Jos früherem Praktikum: Nakuru in Kenia bei den großen Flamingoseen.

Wikipedia verriet: *„En-Akuro: „Fliegender Staub",* den Namen hatten die Massai dem Ort gegeben. Alle Erwachsenen erläuterten sich gegenseitig, warum nach einer Flucht aus Europa für Jo Kenia ein möglicher Zufluchtsort gewesen sein könnte. Im Internet fand Tina auch drei Adressen von Agenturen, die Auslandspraktika anboten. Nur eine davon arbeitete von Nakuru aus. Trotzdem schrieb sie alle drei an. In Nairobi gibt es sogar eine deutsche Schule, die Michael-Grzimek-Schule! Ein Segen, dieses Internet!

Allerdings kostete es viel Zeit! Sebastian hatte nichts mehr darüber gesagt, dass sie sich so oft aus dem Familien- und Eheleben zurückzog und hinter dem Computer verschanzte. War das ein gutes oder ein schlechtes Zeichen? Diese Überlegung sollte sie jetzt wohl lieber verdrängen!

Jetzt musste sie sich in diesen Jo einfühlen: Wo hat er damals wohl die besten Möglichkeiten gesehen ihre Schwester unterzubringen? Die These, dass er eine Stelle in einem Hotel oder auf einer Farm angenommen haben könnte, legte sie erst einmal ad acta. Bei dieser Vielzahl von großen und kleinen Hotels an der Küste und in Nairobi oder Mombasa wäre die Suche sehr aufwendig gewesen. Einem alleinstehenden Vater mit einer dreijährigen Tochter würde sicher keine Stelle als

Plantagenverwalter angeboten, wenn dieser keinerlei Erfahrung aufweisen könnte. Ein Safariführer könnte seinen Job mit einem Kleinkind nicht ausführen. So rückte die DSN die „Deutsche Schule in Nairobi" an die erste Stelle auf ihrer Suchliste, denn für eine Lehrtätigkeit eigneten sich seine Studienfächer. Einen Kindergarten gibt es auch auf dem Schulgelände, das hatte Tina gegoogelt. Also: Briefe schreiben!

14. Kenia, Nairobi, im Juni 2013

Cathy schaute Robby ernst an, obwohl sie innerlich grinste. Der Achtjährige versicherte ihr wieder einmal: „Ich schrecklich krank war, gestern, Miss, gaanz schrecklich!" Dabei rieb er sich den nicht vorhandenen Bauch und verdrehte die großen schwarzen Augen.

„Das heißt: Ich war sehr krank, Robby!"

„Miss auch krank gestern", fragte er erstaunt.

„Robby! Du weißt genau, was ich meine. Du machst heute die Hausaufgaben von gestern UND heute und behaupte nicht, du hättest mich nicht verstanden. Sonst bleibst du morgen am Nachmittag im Klassenzimmer und verpasst das Fußballspiel mit der Public School, klar? Und jetzt schwirr ab!"

Der Kleine nahm seine Beine in die Hand und verschwand so schnell er konnte. Cathy seufzte. So ein intelligentes Kerlchen und so lernunwillig. Seine Eltern, ein deutscher Unternehmer, verheiratet mit einer Kenianerin, zahlten ein Heidengeld, damit ihr Ältester eine gute Ausbildung bekam. Was machte der Strolch? Spielte lieber Fußball. Na ja, irgendwie verständlich. Er war ja noch ein Kind!

Allerdings sollte er entsprechend der kenianischen Kultur bereits ein Vorbild für seine jüngeren Geschwister sein. Aber diese sahen ihn in der Schule ja nicht. Robby fühlte sich hier sicher.

Sie verließ das Gebäude und überquerte den Hof Richtung Internatsgebäude. Ihr Blick streifte wie schon so oft über das schön angelegte Schulgelände der Deutschen Schule Nairobi. Die großen Bäume, die Weite des Areals, und die niedrigen Gebäude mit den warmen gelben Außenfarben waren ihr eine zweite Heimat geworden. An den Kindergarten hatte sie keinerlei Erinnerungen mehr, aber sie hatte sich dort wohlgefühlt wie Dad ihr immer erzählt hatte. Das Schulgebäude und das Internat, sowie der Pool waren ihr seit ihrem 12. Lebensjahr vertraut.

Die kenianische Flagge wehte neben der deutschen: Das Massai-Schild, in der Mitte mit den gekreuzten Pfeilen war ein Symbol für den Freiheitswillen der schwarzen Bevölkerung. Es ist unterlegt mit drei breiten Querstreifen in kräftigen Farben. „Schwarz" die Hautfarbe der Bevölkerung, „Rot" das vergossenen Blut im Kampf gegen die Kolonialherrschaft, „Grün" den Feldern und Wäldern. Das „Weiß" der schmalen Trennlinienstreifen zwischen den Querstreifen soll Einheit und Frieden symbolisieren.

Deutsche Wurzeln und kenianische Staatsbürgerschaft. Dads Konsequenz akzeptierte sie voll. Kein Jammern nach der Vergangenheit. Sie lebten hier und jetzt. Für sie war es sowieso Heimat.

„Natukae na udugu. Amanai na uhuru ...", hörte sie im Vorbeigehen aus dem Musiksaal. Da wird die kenianische Hymne durchgenommen:

„Mögen wir in Einigkeit leben, Friede und Freiheit..."
Das sind die guten Wünsche in so vielen Nationalhymnen! Und wie oft liegen den Texten leidvolle Erfahrungen zugrunde.

„Cathy! Cathy! So warte doch." Dieter, der Klassenlehrer der 11. Klasse, winkte ihr zu. „Ich komme gerade aus dem Sekretariat. Suzie will dich sehen. Irgendetwas hat sie für dich. Sie sagt, ihr kommt es merkwürdig vor."
Cathy runzelte die Stirn. Nicht schon wieder! Suzie kam dauernd etwas ‚merkwürdig' vor. Cathys Meinung nach war sie eine völlige Fehlbesetzung, aber der Direktor hielt große Stücke auf seine Vorzimmerdame. Ob der Neue mit ihr auch so gut klar kommen würde?
„Na gut. Gehe ich halt noch einmal zurück."
„Hast du schon frei?"
„Ja, ich will zu meinem Vater ans Meer fahren. Ich habe ein langes Wochenende vor mir, denn ich muss erst wieder am Dienstag zur dritten Stunde in den Unterricht."
„Viel Spaß! Gute Fahrt!"

Lächelnd betrat sie das Sekretariat. So ein gutes Klima im Kollegium ist einfach angenehm. Bei 25 Lehrern fühlt man sich fast wie in einer Großfamilie. Freude und Probleme sind immer schnell bekannt.
„Da bist du ja endlich", rief Suzie, bekleidet mit einem roten ‚mavazi kitenge', einem roten Kaftan, der fantastisch zu ihrer dunklen Haut passte. Um den Hals trug sie mehrere Ketten und große goldene Kreolen.
„Hier", die hektische Suche auf ihrem überladenen

Schreibtisch war tatsächlich erfolgreich: Sie reichte Cathy einen Zettel: „Robbys Mama will nächste Woche unbedingt mit dir sprechen! Warum seine Mama? Das ist doch normalerweise die Angelegenheit seines Vaters? Was hat der Kleine denn schon wieder angestellt?"

„Gar nichts, Suzie. Das ist doch normal, dass mich die Mutter eines Schülers sprechen will! Sie sollten sich nicht so viel zusammenfantasieren!"

Diese unangemessene Neugierde! Cathy schloss die Tür, blieb mitten auf dem Gang noch einmal stehen und musterte stirnrunzelnd den Notizzettel. Schon ungewöhnlich! In diesem Moment rempelte sie ein junger Mann an, der wohl suchenden Blickes das Sekretariat angestrebt hatte.

„Au!" Ein bisschen vorwurfsvoll rieb sie ihre Schulter.

„Entschuldigung! Ich habe nicht nach vorne gesehen!"

Da musste sie lachen. „Ich auch nicht!"

„Ich bin Michael Schneider", stellte er sich vor.

Cathy Schleyer", sagte Cathy, dann schaute sie genauer hin. Toller Mann. Groß. Blond. Sportlich aussehend! Diese grauen Augen! Eindrucksvoll!

„... das Sekretariat?"

Sie fuhr sich durch ihre Locken, neigte den Kopf zur Seite: „Wie bitte? Ach, dort links, zweite Tür."

Suzies fröhliches „Jambo" nahm sie noch wahr.

Obwohl es nur 500 km waren, dauerte die Fahrt immer sieben bis acht Stunden. Aber das war es wert. Daddy würde Augen machen, denn ich habe ihm nicht Bescheid gesagt, dass ich kommen werde. Sie freute sich auf ihr

Zuhause. Und natürlich auf ihren Traumstrand! Ein bisschen surfen oder tauchen! Sich drei Tage verwöhnen lassen in Dads Hotel! Das habe ich mir verdient! Dort liegt wieder mal ein *magari madogo* im Straßengraben! Wahrscheinlich war nur eine längst fällige Reparatur mangels Geld nicht vorgenommen worden. Jetzt ist die Ursache für den Stau klar!

Okay, Zeit gehabt, die Landschaft zu bewundern: so unterschiedliche Regionen und der weite blaue Himmel. Wie hat mir das alles gefehlt, als ich in London das eine Semester studiert habe! Papa hat gelacht, als ich ihm meine Rechnung erklärt habe: 18 Tage mit einem grauen Himmel, das ist die schönste Stadt der Welt nicht wert. Ich konnte es nicht länger aushalten.

Schon wieder ein *ajali*. Zwei Motorradfahrer ineinander verkeilt! Man kann immerhin vorbeifahren. Ich kann gar nicht hinschauen. Paris fand ich toll – gut, es war Sommer und der Himmel blau! Nach den Prüfungen, zwei Wochen mit Paul an der Riviera. Nizza, Cannes. Das war schön. Trotzdem, ich war nicht traurig beim Abschied, ich wollte wieder heim.

Mit Europa bin ich durch. Ja, Berlin war ganz OK. Ich wollte ja unbedingt hin, habe mich dort auch wohlgefühlt. Aber wie war ich froh, als ich auf dem Rückflug die Ansprache im Flugzeug der Kenya Airways auf Kisuaheli hörte. Seitdem habe ich kein Verlangen mehr gehabt, Kenia zu verlassen. Am besten an dem Studium in Berlin war fast, dass ich mir das Geld dafür selbst verdienen musste – irgendwie hat Dad damals blockiert, und wollte kein Geld locker machen – warum auch immer.

Meine Arbeit im Mount Kenia Camp als Führerin war so genial. Die Hochmoorlandschaften zwischen den Bambuswäldern und dem Regenwald, einfach beeindruckend. Dass es so herrliche Berge mit dieser ungewöhnlichen Pflanzenwelt in meinem Land gibt, macht mich stolz. Stolz wie ein Pfau. Ja, *Tausi* nannte mich Tom deswegen. Netter Kerl, toller Reiter, aber ein bisschen langweilig. In diesem Sommer kann ich für Collins drei Wochen einspringen und ein paar Reitersafaris übernehmen. Super.

Schon wieder ein Stau. Das gibt es doch nicht! Die Regierung unter Uhuru Kenyatta sollte endlich wenigstens eines ihrer Wahlversprechen halten und diese Strecke ausbauen. Aber natürlich fehlt es an Geld dafür. Was wurde noch versprochen? Laptops für alle Oberschüler? Da hat jemand wohl vergessen, dass die meisten Schulen noch nicht einmal an das Stromnetz angeschlossen sind! Natürlich in Nairobi schon, aber Kenia besteht nicht nur aus Nairobi. Wir in der DSN haben ja den Joker gezogen. Wir haben dank unserer Sponsoren fast alles.

Sogar die Korruption will er bekämpfen! Ausgerechnet Kenyatta, der Enkel von Jomo Kenyatta, dem Vater Kenias. Dass der gewählt worden ist! Lag wohl zum Großteil an seiner Herkunft. Obwohl ihm der Prozess vor dem Internationalen Gerichtshof in Den Haag gemacht wird, wegen Verbrechens gegen die Menschlichkeit bei den blutigen Unruhen nach der Präsidentschaftswahl 2007/2008. Dass das möglich ist! Dass bei einer Anklage dieses Ausmaßes, der Angeklagte noch seine Regierungsgeschäfte weiter ausüben kann!

Es wurde ja gemunkelt, dass die hohe Wahlbeteiligung von 70 % nicht nur auf seinen umfangreichen Versprechen vor den Wahlen basiert, sondern ausgerechnet auch auf diese Anklage gegen ihn zurückzuführen ist. Kenyatta ist es nämlich tatsächlich gelungen, das Verfahren als Verschwörung westlicher Mächte darzustellen. Damit rennt er bei vielen Kenianern offene Türen ein: Die suchen doch nach einem Zusammengehörigkeitsgefühl gegen die starken Weltmächte. Hier müssen noch viele ihr politisches Denken schulen. Dauert bestimmt noch eine Generation oder mehr.

Und außerdem haben Kenianer eben ein eigenes Rechtsverständnis. Hat jemand gesehen, dass Kenyatta mit einer Machete an einem Überfall beteiligt war? Nein. Keiner kann berichten, dass Kenyatta ein Haus angezündet hat? Also ist er unschuldig.

Müde, hungrig und trotz der funktionierenden Klimaanlage im Auto verschwitzt, stellte sie nach 20 Uhr aufseufzend ihr Auto auf dem Parkplatz des Hotels an der Shanzu Beach ab. Eine Lampe der Parkplatzbeleuchtung war ausgefallen. Das war ein unfreundlicher Empfang, so empfand es Cathy. Sie überquerte den Parkplatz im Halbdunkel und betrat die Eingangshalle. Jetzt eine Dusche und ein Abendessen!

„Jambo", begrüßte sie Samuel an der Rezeption, der sich immer freute, sie zu sehen. Sie überreichte ihm ihren Autoschlüssel, bat ihn, ihr Gepäck in ihre Suite zu bringen und wies ihn auf die mangelhafte Außen-beleuchtung hin. In dem Moment hörte sie die Stimme ihres Vaters auf der

Treppe, der mit einem distinguiert aussehenden Herrn, in ein Gespräch vertieft, die Treppe herunterkam.

„Daddy!"

„Cathy, welch Überraschung! Und das heute! Meine schöne Tochter! Cathy, darf ich dir Dr. Mertens vorstellen?"

Wirkte ihr Vater verlegen? So viele Worte! ‚Und das heute?' Was sollte das? War sie zur Unzeit gekommen? Auf fremden Besuch hatte sie gar keine Lust.

„How do you do", höfliche Wendung für einen Fremden; die englische Floskel hatte sie sich auch angewöhnt.

„Nein, nein. Sie können ganz einfach Deutsch mit mir reden."

Er schien ihr angespannt zu sein. Nach einem Blick auf ihren Vater fuhr er nervös fort: „Ich mache gerade Urlaub in Ihrem Hotel. Wirklich wunderbar. Sehr, sehr schön! Auf Wiedersehen!" Er schüttelte Cathy die Hand und stolzierte davon.

„Wer war das denn, Dad? Verheimlichst du mir etwas?"

„Also wirklich Cathy, was unterstellst du deinem alten Vater? Er ist ein Gast."

„Ein Königreich für eine Dusche! Können wir dann in deiner Wohnung noch etwas essen, Dad?"

„Ja natürlich! Ich freue mich ja so, wie lange bleibst du?

„Bis Montagmittag."

Sie stieg die altmodische elegant geschwungene Treppe ins Obergeschoss, wobei sie die Halle des Hotels zum tausendsten Mal bewunderte. Alter Kolonialstil, blau getöntes Holz, weiß und beige gestreifte Vorhänge. Herrliche Blumengestecke und vor allem der

Steinbrunnen in der Mitte. Das Wasser plätscherte leise. Sie konnte es bis hierher hören. Auf dem Brunnenrand und den Steinen in der Mitte hatte der Künstler Tierskulpturen aus Keramik platziert. Wie oft hatten ihre Hände schon über den erhabenen Panzer der Schildkröte mit der harmonischen Farbgebung gestrichen. Obwohl die Plastiken als fantasievolle Abstraktionen der realen Tiere geformt waren, hatte die grüne Schlange, die sich durch das Becken wand, und mit dem Kopf fast den Rand des Brunnens erreichte, schon viele Kinder erschreckt.

Wie hätte sie eigentlich ihre Schulferien verbracht, wenn Dad damals nicht dieses alte Hotel gekauft hätte? Wenn sie je ihren Job als Lehrerin verlieren würde, überall könnte sie einen Job als Zimmermädchen, Küchenhilfe, Servierkraft oder als Vertretung der Rezeptionistin bekommen, denn gelernt ist schließlich gelernt. Mittags, die lange Mittagspause, die hatte sie immer gut genutzt: schnell an den Strand und mit Diana gesurft, draußen am Riff. Ja, heute noch meine Lieblingsbeschäftigung. Obwohl - auch das Tauchen hat seinen Reiz.
Super, dass meine Lady Di von Diani Beach auch hierher gezogen ist. Für sie und Daddy natürlich auch am besten so. Wir waren schließlich Freunde, so lange ich mich erinnern kann.
Oben folgte sie dem Flur mit den blauen Fliesen. Bei der Gabelung wählte sie den dunkelgrünen, mit den Wandmalereien, der zu den Privaträumen führte. Die naiven Malereien entlockten ihr, wie immer, ein Lächeln. Schön, wieder hier zu sein! Ihre Absätze klapperten laut.

Ich muss Papa sagen, dass die gefliesten Flure zu laut sind. Zwar wunderschön, aber er muss jetzt endlich Spannteppiche in der Mitte anbringen lassen. Als sie ihr Appartement, das aus einem Schlaf-, einem Wohnzimmer und einem großen Bad bestand, betrat, warf sie aufatmend ihre Schuhe von sich, legte ihre Kleider ab und stellte sich unter die Dusche. In ihrem Kleiderschrank befanden sich immer ein paar Kleidungsstücke, von denen sie eine weiße Jeans und ein bequemes T-Shirt wählte, denn Sam hatte noch immer nicht ihr Gepäck gebracht. Aber, hakuna matata, derlei war sie gewohnt. Hier hatte die Zeit ein anderes Tempo, als in dem hektischen Nairobi.

Nach einer guten Dreiviertelstunde betrat sie die Wohnung ihres Vaters.

„Mokami", rief er, „du kannst das Essen bringen!"

„Jambo, Miss", lächelte Mokami breit, als sie die Vorspeise, einen Teller Samosas, auf den Tisch stellte. Das war eine von Cathys Lieblingsspeisen. Mit Hackfleisch gefüllte Teigtaschen:

„Wie herrlich! Als ob du gewusst hättest, dass ich heute komme, Mokami! Habari gani - wie geht es dir?"

Aufmerksam lauschte sie Mokamis Antwort, bis ihr Dad sie aufforderte:

„Bediene dich, heiß schmecken sie doch besser. Und nun berichte: Ist der neue zukünftige Direktor schon da?"

Am nächsten Morgen frühstückte Cathy im Speisesaal, der gut gefüllt war. Auf die interessanten Baum-bewohner, die Fledermäuse, die tagsüber in den Bäumen hingen, hatte sie von ihrem Lieblingsplatz aus einen guten Blick. Ihr Vater schlief noch. Lange hatten sie gestern Abend auf der

Terrasse gesessen, erzählt und auch miteinander geschwiegen. Es war spät geworden. Sie musste an die Karte denken, die Paps ihr zum Auszug von Zuhause geschenkt hatte – mit einer Lebensweisheit, die ihm wichtig war:

Der beste Freund ist ein Freund, mit dem du auf der Veranda in einer Schaukel wippst, ohne ein Wort zu sprechen, und wenn du gehst, das Gefühl hast, dass dies die beste Unterhaltung war, die du jemals geführt hast.

(Unbekannter Verfasser)

Ja, gestern war alles rundum stimmig gewesen. Oft hatte sie aber schon den Eindruck gehabt, als ob sich ihr Dad hinter dieser Einstellung verstecken wollte, um mit seinen Gedanken alleine sein zu können.

In der relativ kühlen Morgenluft schlenderte sie zu Dianas Surfschule. Wie sie den Blick auf das türkisblaue Meer liebte, der durch die Palmwedel noch malerischer anmutete. Im letzten Herbst hatte Di die Angebote für Touristen erweitert und zwei weitere Boote gekauft. Mit denen ermöglichte sie ihnen auch Tauchfahrten zum Korallenriff. Natürlich beschäftigte sie inzwischen Angestellte, die diese Fahrten durchführten. In dem kleinen Bungalow, der auf einem schmalen Grundstück neben der Hotelanlage errichtet worden war, hatte sich Di gemütlich eingerichtet. Gleich wollte Cathy bei ihr einen kleinen Besuch machen, hören, was es Neues gibt. Jetzt erst mal die Freiheit ein bisschen genießen!

„Abdullah, kannst du mich zum Riff fahren? Oder muss ich erst Miss Diana fragen?"

„Nein, Miss Cathy. Und: ja, Miss Cathy. Wir haben freie Boote, aber Miss Diana muss erlauben, ich kann fahren."

„Gut, in einer Stunde!"

Auf dem Weg zu Dianas Bungalow schnupperte sie - wie schon so oft - an der einen oder anderen Blüte. Schließlich traf sie auf Diana, die Oleanderzweige abschnitt.

„Cathy! Ach wie schön, dass du hier bist und dass du mich besuchst. Komm rein. Trinkst du einen Chai mit mir?"

„Ich komme gerade vom Frühstück. Nein danke, Lady Di. Wie geht es dir denn?"

Sie plauderten über die Geschehnisse der letzten Wochen in Shanzu und über Vorkommnisse in der Surfschule und im Hotel.

„Immer noch keine Teppiche in den Fluren, Di! Ich wundere mich, warum sich die Leute nicht über das Getrappel nachts beschweren!"

Die lustigen Vorkommnisse bei den Theaterproben vor den Ferien für das Sommertheaterstück der Unterstufen-Theatergruppe „Lena geht nach Kenia", von denen Cathy berichtete, brachten Diana herzlich zum Lachen.

Plötzlich fiel Cathy ein:

„Sag mal, Di, wer ist denn dieser Dr. Mertens? Der ist mir gestern aufgefallen. Als ich ankam, wollten er und mein Vater – glaube ich zumindest – nicht gestört werden. Ich meine fast, dass Papa verlegen war, dass ich sie gesehen habe. Irgendwie ein besonderer Typ - oder?"

„Ja, genau! Mir kommt es seltsam vor, dass er schon so lange hier ist: sechs Wochen! Oft besucht er deinen Vater auch in seiner Wohnung. Aber vielleicht ist das alles normal und dieser Dr. Mertens ist ein Langzeiturlauber, der mit deinem Papa Schach spielt?

„Ja, vielleicht. Di, kann ich heute ein Boot haben? Mir ist so nach Ruhe und Freiraum. Diese Kombination finde ich am sichersten unter Wasser."

„Das glaube ich sofort. Ich würde es in Nairobi nicht eine Woche aushalten! Nur kann ich dir niemand mitgeben, denn Hero ist krank und Abdullah muss bleiben, falls Surfer auftauchen. Yaris will ich kein Boot mehr anvertrauen, er hat eines fast zu Schrott gefahren. Mit Volldampf über das Riff und zu wenig Wasser unter dem Kiel. Ich hätte ihn am liebsten gefeuert, aber die Touristen lieben ihn. Jetzt kümmert er sich erst einmal um die Ausrüstung und die Reparaturen. Strafe muss sein! Auch im Paradies! Ich würde ja gerne mit dir hinausfahren und auch tauchen, doch ausgerechnet heute kommt eine Freundin aus Mombasa zu Besuch.
Tut mir leid."

„Wenn du erlaubst, frage ich Shakwe, den Boy für alles. Der ist doch geschickt mit dem Boot, nicht wahr?"

„Ja, das ist eine gute Idee. Meinen Segen hast du!"
Shakwe grinste begeistert:

„Aber gerne, Miss Cathy! Taxi zum Riff!"
Alles war besser, als den ganzen Tag am Eingang stehen und Gepäck aus den Bussen und Autos in die Hotelzimmer zu schleppen oder umgekehrt. Gut, ihm würde das Trinkgeld entgehen, aber wenn er seinem Cousin, dem Schuhputzer, Bescheid geben würde und der für ihn einspränge, könnte er ein fifty/fifty Geschäft

vereinbaren. Davon hätten beide etwas! „Zehn Minuten Miss, ja? Muss Ersatz holen!"

Die Kenianer sprachen in der Regel besser Deutsch als viele deutsche Urlauber Englisch. Nach fünf Minuten trabte er atemlos heran, seinen vierzehnjährigen Cousin Sentwali im Schlepptau. Inzwischen hatte Cathy die Meerkatzenfamilien beobachtet, die auf dem Hoteldach herumsprangen. Bestimmt hofften sie, Diebeszüge unternehmen zu können.

Als sie müde, aber zufrieden vom Riff zurückkam, suchte sie ihren Vater. Er war nicht zu sehen. Sie betrat sein Appartement.

„Mokami, wo ist mein Vater?"

„Mister müde. Mister schlafen. Tablette!"

„Oh, seit wann braucht mein Vater Schlaftabletten?"

„Ich nicht wissen, Miss", murmelte Mokami, drehte sich weg, und begann die Küche zu fegen.

„Okay. Sag Papa, wenn er aufwacht, dass ich nach Mombasa zu Muriel gefahren bin."

Muriel war ihre Freundin aus den letzten Schuljahren, die vor Kurzem einen kenianischen Lehrer von der Technical University of Mombasa geheiratet hatte. Sie bewohnten einen kleinen Bungalow, ein Hochzeits-geschenk von Muriels Eltern. Auf einem Hügel am Rande von Mombasa gelegen, war er von einem wunderschön angelegten Garten umgeben. Cathy bewunderte die elegante Einrichtung und fragte dann, wie nur eine alte Freundin fragen darf:

„Was machst du hier den ganzen Tag, Muriel? Für den Garten hast du einen Boy und in der Küche Neema."

„Tja, ich habe mich auch noch nicht daran gewöhnt. Eigentlich würde ich gerne unterrichten. Ich habe mich bei der „**Harambee Garden School**" beworben. Dort könnte ich sofort in der Primary School anfangen. Aber meine Schwiegermutter meint, dafür sei ich zu gut ausgebildet. Es gibt dort auch eine Secondary School, aber keine freie Planstelle. Sie würden sich sehr über meine Hilfe dort freuen, allerdings ohne Bezahlung und Vertrag, meinte der Leiter. Diese Schule wird übrigens von einem deutschen Verein gesponsert. Naadir ist davon nicht so begeistert, er meint, eine staatliche Oberschule sei die bessere Wahl."

„Nun, du kennst meine Einstellung. Ich finde, es ist einzig und allein deine Entscheidung. Ich hoffe, du lässt dich nicht in etwas hineindrängen, was du nicht wirklich willst. Du bist viel zu harmoniebedürftig! Aber sag mal, in welchem Hotel gab es den Bombenanschlag in der Bar? Meinst du die ‚weiße Witwe' war dafür verantwortlich? Das wird nämlich in Nairobi behauptet." Mehrere, von Neema servierte, eisgekühlte Fruchtcocktails später, erkundigte sich Cathy : „Wo ist eigentlich dein Naadir?"

„Er musste bei seiner Mama antanzen. Jamil, sein jüngerer Bruder, hat irgendwas angestellt."

„Wie klappt es denn sonst mit deiner Schwiegermutter? Ist es nicht ein bisschen schwierig? Du wirst ja kaum gehorsam nach Schwiegermamas Pfeife tanzen, oder?"

„Nein. Wir respektieren uns gegenseitig. Dadurch, dass wir verhältnismäßig weit auseinanderwohnen, gab es noch kein größeres Problem. Obwohl sie natürlich bald mit Enkelkindern rechnet! Wir wollen aber noch warten."

„Und die übrige Familie, wie hat die reagiert?"

„Natürlich habe ich meinen Mann am Wochenende nie alleine. Da kommt die ganze Familie gerne hierher. Es sind immer wieder andere Mitglieder dabei. Manchmal kommt es mir so vor, als ob Naadir mit halb Kenia verwandt ist. Er ist auch nicht so glücklich darüber, aber er meint, dass sich das schon geben würde."

„Oder auch nicht!"

„Sonst müssen wir kleine Safarireisen unternehmen, um allein sein zu können! Was gibt es eigentlich Neues von deinem Liebesleben zu erzählen? Noch immer kein Kandidat in Sicht, der dich länger als eine Woche fesseln kann?"

„Ach Muriel, du weißt doch, so enge Beziehungen sind nichts für mich. Auf diese Weise spart man sich viel Abschiedstränen."

Als ihr Vater wieder nicht zum Frühstück auftauchte, ließ sich Cathy nicht mehr von Mokami zurückhalten: Ohne sich anzumelden, betrat sie sein Schlafzimmer. Es war vollkommen abgedunkelt. Cathy tastete sich zum Fenster vor und öffnete die Jalousien. „Daddy, es ist helllichter Tag. Was ist denn mit dir? Oh, du siehst ja grässlich aus. Soll ich einen Arzt holen lassen?"

„Nein, nein, Liebes. Ich steh gleich auf. Ich habe nur sehr starke Kopfschmerzen."

„Kein Wunder, wenn du nur in diesem abgedunkelten Raum liegst. Komm mit an den Strand. Der Wind wird deine Kopfschmerzen wegblasen."

„Du und deine Theorien! Aber gut, ich komme gleich. Geh schon mal vor!"

Vom weißen Sandstrand aus beobachtete sie, wie sich jetzt, zur Zeit der Ebbe, Badende in kleinen Seen niedergelassen hatten, die vom Meerwasser in Vertiefungen zurückgelassen worden waren. Clevere Verkäufer erkannten ihre perfekte Beute. Geschnitzte Tierfiguren wurden geschickt im Halbkreis um die im warmen Meerwassersee Gefangenen aufgestellt. Die Afrikaner versuchten alles, um das Interesse der Touristen zu wecken.

Es dauerte lange, bis ihr Vater an ihrem Privatstrand auftauchte. Dieser war durch große Steine vom Strand des Hotels getrennt. Hier gab es keine Souvenirverkäufer. Stöhnend ließ er sich auf die Liege sinken. „Kannst du heute Abend die Honneurs im Speisesaal für mich machen, mein Schatz?"

„Aber natürlich, Dad. Auf lange Sicht solltest du dir aber schon einen Assistenten suchen. Es gibt so viele gut ausgebildete Kenianer, die nur darauf brennen, dir zu zeigen, was sie gelernt haben."

„Zu der Auffassung bin ich inzwischen auch gekommen. Auf dich kann ich ja nicht zählen", fügte er etwas wehmütig hinzu. Als Cathy Einwände erheben wollte, winkte er ab. „Nein, nein, Cathy. Das haben wir bereits besprochen: Es ist dein Leben, das du nach deinen Vorlieben gestalten sollst. Das ist schon OK. In der nächsten Woche habe ich drei Bewerber für einen Managerposten einbestellt, dann sehen wir weiter."

„Läuft das Hotel noch gut?"

„Ja, es ist wirklich gut besucht. Es kommen viele Gäste, die so ein kleines privates Hotel zu schätzen wissen. Unsere Küche ist ja nach wie vor hervorragend und das Personal gleichbleibend freundlich."

„Du siehst müde aus. Komm, lass uns ein bisschen ruhen. Aber heute Abend, Daddy, könntest du mir vielleicht mal wieder von Mama erzählen? Ich habe das Gefühl, dass ich sie langsam vergesse!"

„Ja, Cathy, Liebling. Ich wollte sowieso unsere Lebensgeschichte aufschreiben, aber heute, heute nicht. Bitte. Ich bin so müde!"

Auf dem Weg zum Auto am nächsten Mittag hängte sie sich bei ihrem Dad ein: „Daddy, komm doch nach Nairobi ins Hospital und lass dich durchchecken. Du kannst bei mir wohnen. Soll ich dir einen Termin machen? Heute siehst du zwar besser aus als gestern, aber noch längst nicht gut."

„Im Moment ist es ungünstig. Du weißt, die Bewerbungsgespräche! Pass du auf dich auf, meine kleine Große! Fahr vorsichtig!"

15. Kenia, Shanzu Beach, Juni 2013

Dieses Mal war es anstrengend gewesen! Wie lange konnte er sich noch verstellen? Sie war schon misstrauisch geworden!

Müde schleppte sich Jo in seine Wohnung zurück. Im Geheimfach seines Schreibtisches liegen die wenigen Kinderfotos seiner Töchter, die er damals heimlich aufgenommen hatte. Er nimmt sie heraus. Streicht über das Gesichtchen von Christina. Seine Tochter. Ob sie im Verhalten seiner Cathy wohl ähnlich ist? Er versteht heute nicht mehr, was ihn damals getrieben hat. Es musste Eifersucht gewesen sein und der Wunsch, Susanne wehzutun.

Nicht, dass er als Student von eigenen Kindern geträumt hätte. Im Gegenteil: Soziales Engagement in Kenia, wo 45 % der Menschen unter 15 Jahre alt sind, das ja. Er hatte sogar überlegt, ob er es schaffen würde, Susanne zu überreden, eine Weile in Afrika mit Kindern zu arbeiten. Es fehlten Lehrer! Es gab so viel zu tun! Doch eigene Kinder? Noch lange kein Thema!

Als er dann allerdings plötzlich den Verdacht, schon Vater zu sein, nicht mehr beiseiteschieben konnte, spürte er

Freude und Glück beim Anblick von Katharina und Christina. Seine Kinder! So hübsch, so klug und so niedlich. Seine Kinder sagten zu einem fremden Mann ‚Papa'! Das hatte er nicht verkraftet! Als er sich eingestehen musste, dass Susanne ihm tatsächlich verloren gegangen war, nicht zu ihm zurückkommen würde, sondern bei diesem Klaus bleiben wollte, war in ihm die Idee entstanden, die Kinder aufzuteilen. Eins für die Mutter, eins für den Vater.

Er hatte schließlich auch Rechte! Susanne hatte sich nie auf eine sachliche Diskussion eingelassen. Ein Gerichtsentscheid würde sich Monate hinziehen! Er hatte von juristischen Streitigkeiten um Kinder gehört, die erst entschieden wurden, nachdem die Kinder schon erwachsen waren und eigene Kinder hatten. Wenigstens eines seiner Mädchen wollte er bei sich haben und das sofort. Na ja, zumindest so bald wie möglich.

Als Detektiv war er nicht schlecht gewesen! Klar, dass sie mit den Mädchen wieder auf den Trimm-dich-Pfad gehen würde. Er musste nicht allzu lange warten. So ein sportliches Mädchen, seine Susanne. Den Wald kannte er, kannte er gut. Genau wie die nähere Umgebung. Der Ort bot sich für sein Vorhaben an. Als er Susanne und den Mädchen einmal in den Rotenackerwald auf die Trimm-Dich-Strecke gefolgt war, hatte er sich an den Pfad zum Fluss erinnert. Der Plan entstand fast von selbst: Ein Cousin besaß ein Faltboot. Das lieh er sich aus und übte: Boot aufbauen, Boot zusammenlegen. Mit der Stoppuhr. Bis alles in fünf Minuten erledigt war. Auf der anderen Enzseite setzte er das Boot, das er seit Tagen im

Kofferraum mitführte, in Rekordzeit zusammen – dank der vorherigen Trainingsstunden. Das Paddeln zur anderen Seite: easy! Cool hatte er es damals gefunden. Als adventure gesehen, das Warten auf Susanne und die Kinder. Ein Kitzel, wie es ausgehen könnte! Die Mädchen tauchten alleine auf! Schicksal – oder? Katharina war näher bei ihm, also hat er sie auf die Arme genommen und ein lustiges Spiel daraus gemacht!

„Schön still sein. Wir spielen verstecken. Mama sucht uns! Versteck dich Christina! Ich verstecke mich mit Katharina." Kichernd war Christina in die Büsche gekrochen. Mit Katharina eilte er den steilen Pfad an die Enz hinunter. Dort hatte er sie ins Boot gesetzt und angewiesen: „Verstecken. Katharina, verstecken! Mama sucht dich!" Katharina hatte ihn angelacht und sich auf den Boden gelegt. Am anderen Ufer hatte er sie in den neu erworbenen Kindersitz gesetzt, doch da begann sie zu weinen: „Will zu meiner Mama!"

Schnell noch das Boot zusammengelegt und verstaut und ab nach Frankreich. „Nicht weinen Kleines."

Aber ihr Weinen steigerte sich zum Gebrüll. Kurz vor dem Grenzübergang war sie Gott sei Dank eingeschlafen, und Grenzbeamten waren keine zu sehen gewesen. Sehr praktisch! Die Auswirkungen des Schengener Abkommens kamen seinen Interessen entgegen. In Metz hatte Katharina sich eine Puppe aussuchen dürfen, es war die, mit langen blonden Haaren geworden, die sie dann immer überall hin mitgeschleppt hatte: ihre ‚Tina'!

Damals in Amsterdam war es schon knapp! Ja, Marielle. Marielle war für ihn ein netter Zeitvertreib gewesen, doch sie sah mehr in ihrer Beziehung. Das tat seiner Seele gut und erwies sich als praktisch: Ohne Marielles Einsatz hätte er es vielleicht nicht geschafft! Das Märchen, Susanne sei einverstanden, dass er mit seinen Töchtern mal ab und zu allein Urlaub machen könne, hatte Marielle geschluckt, war aber not amused! Sie hatte sich einen Urlaub im Anschluss „zu zweit allein" ausbedungen. Als sie sein knappes Lächeln als Zustimmung auffasste, wurde ihm sein Lügengespinst unangenehm. Auf dem Land bei ihrer Cousine Zoë hätte sie sicher niemand gefunden! Dennoch hatte er diesen Zufluchtsort aus einem Bauchgefühl heraus bereits am nächsten Morgen verlassen. Zwei Tage später waren der Pass und die Geburtsurkunde auf den Namen „Cathy Schleyer", die er auf dem Schwarzmarkt bestellt hatte, abholbereit gewesen - in letzter Minute! Der Flug war ja schon gebucht! Den Namen 'Katharina' wollte er vorsichtshalber nie mehr verwenden, hatte sie immer wieder einmal ‚Cathy' beim Spielen gerufen, damit sie sich an den Namen gewöhnte.

Und dieser glückliche Zufall, durch den er den noch wenige Monate gültigen Pass seines Cousins für die zweite Reiseetappe hatte organisieren können, für einen „Joke" wie er diesem erklärt hatte. Und gut, dass Passbilder so eindeutig schlecht sind, dass sie mehrdeutig sein können! Es klopfte: Mokami brachte einen Imbiss. Seit sie bemerkt hatte, dass er abgenommen hatte, vermutete sie, dass er sich zu wenig Zeit für seine Mahlzeiten nahm, deshalb versorgte sie ihn nun mehrmals am Tag mit einem 'kleinen Imbiss'. Er hatte es aufgegeben, dagegen zu kämpfen, und versuchte wirklich, jedes Mal einige Happen zu essen.

Arme Marielle! Ihr gegenüber hatte er sich auch schäbig benommen. Er war wohl kein Typ für Beziehungen. Es war ihm nie in den Sinn gekommen, dass Susanne beleidigt sein könnte, damals, als er statt nach 3 Monaten, nach einem Jahr zurückkam. Und auch von Marielle hatte er sich damals nicht verabschiedet. Einfach verschwunden war er. Gut, nicht unverständlich, oder? Trotzdem schämte er sich noch heute darüber. Etwaigen Verfolgern wollte er es nicht zu leicht machen und flog unter seinem Namen mit „Cathy" nach Palma de Mallorca. Den zweiten Teil der Reise hatte er mit dem Namen seines Cousins angetreten. In Nairobi angekommen, atmete er auf: Ein neues Leben konnte beginnen!

Er hatte sich bei er Deutschen Schule Nairobi beworben, vor allem weil es dort einen angegliederten deutschsprachigen Kindergarten gab. Er hatte zuerst an das Kind denken müssen. Die Furcht, dass ihm dieser Aufenthaltsort zum Verhängnis werden könnte, hatte er nie ganz verdrängen können. In den ersten Wochen hatte er sich eine Ausrede überlegt, die nachvollziehbar war: Falls Interpol auftauchen würde, würde er behaupten, er hätte seine Tochter nur ein paar Wochen bei sich haben und sie spätestens zum Weihnachtsfest ihrer Mutter zurückbringen wollen! Dennoch hatte er in den ersten Monaten jedes Mal, wenn er zum Direktor gerufen wurde, Angst gehabt.

Aber sie hatten Glück gehabt. Und es war ein glückliches Leben geworden! Cathy wurde sein Sonnenschein! Zuerst hatte er ein paar Monate mit ihr an der Küste Ferien gemacht. Sein Arbeitsvertrag begann im Januar. Das kleine Appartement auf dem Schulgelände war genau richtig für den Anfang, sie konnten sich zurückziehen und mussten sich nicht in der Öffentlichkeit sehen lassen. Cathy war still und sehr anhänglich, weswegen er Bedenken hatte, wie sie es ertragen würde, wenn er seinen Unterricht übernehmen würde. Doch die Schulsekretärin hatte ihm schon nach wenigen Tagen eine Haushälterin besorgt. Na ja, Haushälterin konnte sie man sie nicht nennen: Fahima, war vierzehn Jahre alt, staunte über Cathys blonde Puppe und hatte damit ihr Herz gewonnen. Die Mädchen kicherten viel miteinander, spielten zusammen, sodass Jo das bisschen Haushalt abends ohne Groll erledigte, wenn Cathy schlief. Bald ließ er seine Tochter stundenweise den bilingualen Kindergarten besuchen.

Als die Kindergärtnerin berichtete, dass Cathy nicht auf andere Kinder zugehen könne, übertrieben schreckhaft sei, immer ihre Tina-Puppe bei sich trug, die keiner anfassen dürfe, machte er sich Sorgen. Ihn hatte sie sogar gebissen, als er ihr die Puppe wegnehmen wollte, um sie zu waschen. Kurz entschlossen hatte er beide zusammen gebadet. Ja, als Vater musste man schon erfinderisch sein! Schuldgefühle verursachten ihm Albträume. Aber er wollte seinen Sonnenschein nicht verlieren! Da mussten sie beide jetzt durch! Ein wenig leichter wurde es ihm, als sie irgendwann den anderen Kindern immerhin beim Spielen zusah und schließlich sogar beim sonntäglichen Ausflug ihre Puppe im Auto liegen lassen konnte.

Das Telefon schrillte! Die Rezeption? Jetzt nicht! Loslassen! Entscheidungen abgeben. In seinem Hotel hatte er es bereits ein wenig geschafft! Vor Kurzem wäre es für ihn undenkbar gewesen, ein Problem nicht selbst zu lösen!

Meine Tochter! Er hatte sie nachts getröstet. Ihr bei Fieber die Stirn gekühlt. War mit ihr ans Meer gefahren, um Sandburgen zu bauen, und in die Berge zum Wandern. Auf Safari, um Tiere zu beobachten, waren sie bei jeder Gelegenheit. Er hatte mit ihr gemalt, gebastelt und ihr Bücher vorgelesen. Sie sollte nichts entbehren müssen. Die vielen aufregenden Eindrücke in der neuen Umgebung hatten sicher bewirkt, dass sein Mädchen nach kurzer Zeit keine Fragen mehr gestellt hatte. Sie hatte auf ihn einen fröhlichen, glücklichen Eindruck gemacht. Zusammengewachsen waren sie: er und seine Cathy!
Manchmal hatte Cathy konkrete persönliche Fragen gestellt: „Daddy, was ist mit meiner Mum? Warum ist sie nicht bei uns? Ich will auch eine Mummy haben. Alle Kinder haben eine!"
Jo nahm sie dann ganz fest in die Arme, wiegte sie hin und her und erzählte ihr von ihrer schönen Mutter, die einen schrecklichen Unfall gehabt hatte und im Himmel sei, aber immer und überall über ihrer kleinen Cathy wache.
Die Gespräche vorm Einschlafen: Sein Nashorn-Erlebnis während seines Freiwilligenjahres in Nakuru wollte sie immer wieder hören: Wie das Nashorn etwa hundert Meter von ihm entfernt aufgetaucht war und ihn eine Ewigkeit lang gemustert hatte! Dass ihn alle gelobt hatten, weil er ganz still stand, bis das Nashorn endlich abgedreht hatte. Aber er war vor Angst erstarrt gewesen: ohne Waffe

diesem Koloss gegenüber zu stehen! Immer wieder hatte sie die gleiche Schlussfolgerung gezogen:

„Aber Daddy, das glaube ich nicht. Du bist doch so mutig!"

Dieses grenzenlose Vertrauen! Mein Kind! Aber nicht sein Einziges. Er betrachtete Christinas Foto. Sie hatte er bei ihrer Mutter zurückgelassen. Wie geht es Susanne heute? Ob sie den Verlust von Katharina überwunden hat? Hatte sie ihm verziehen? Ihm war es nicht gelungen, sich selbst zu verzeihen! Verrannt habe er sich, hatte Susanne mal gemeint! Ja, er war besessen von seinem Bedürfnis gewesen! So ausgeliefert irgendwelchen inneren Teufelchen! Ich wollte meine Vorstellungen durchsetzen! So wie ich dieses Praktikum in Afrika damals durchgesetzt habe, ohne Rücksicht auf... Damned! Man muss doch das eigene Leben an den wichtigsten Stellen selbst in die Hand nehmen! Manchmal gibt es eben keine optimale Entscheidung. Dass er Cathy liebte und sie ihn, das spricht doch ein wenig dafür, dass seine Problemlösung gar nicht die schlechteste war.

Doch wenn Cathy erfahren würde, was er ihr, ihrer Schwester und ihrer Mutter angetan hatte, würde sie ihn dann noch lieben können? Achten könnte sie ihn sicherlich nicht mehr! Ist das überhaupt möglich: Liebe ohne Achtung? Sie darf es nie erfahren, so lange ich lebe. Ich könnte es nicht ertragen, dass unser Verhältnis dann von Verachtung und Hass geprägt wäre! Bevor ich sterbe, muss ich reinen Tisch machen! Für mich? Für sie? Ich schreibe ihr alles auf.

Es klopfte. Mokamis Klopfen. Der Schmerz in seinem Magen wurde so stark, dass es ihm so vorkam, als ob ein Feuer seinen Körper von innen her verschlang. Er hatte mit seinem Krebs gesprochen, ihn angenommen. Niemand konnte ihn mehr verdammen, als er sich selbst. Stöhnend fiel er auf den Schreibtischstuhl zurück. Mokami öffnete bei dem Geräusch ängstlich die Tür, rief Dr. Mertens, der Jo Morphium gab.

„Jo, du solltest in eine Klinik gehen. Dort könnten sie besser für dich sorgen!"

„Nein, ich habe noch nicht alles erledigt. Ich muss meine Geschichte aufschreiben! Cathy muss die Wahrheit erfahren. Aber dann, dann will ich hier sterben - mit dem Blick auf das Meer! Du machst alles, was du kannst, ich will, dass deine Behandlung reicht."

„Stell wenigstens einen Manager ein. Du brauchst Zeit für dich. Und das Hotel braucht einen starken Mann."

„Yes, Sir, schon in Arbeit." Die Zustimmung konnte er guten Gewissens geben.

Am Freitag saß ihm David Maroa Chacha gegenüber, ein 27jähriger Kenianer, vom Stamme der Kisii, geboren in Isibania in der Nähe des Viktoria Sees. Zwei Bewerber hatte er im Laufe der Woche schon begutachtet, die ihn nicht überzeugt hatten. So einfach ist es gar nicht, jemand zu finden, der den vielfältigen Anforderungen gewachsen ist, ein Hotel zu führen.

Kritisch fragte er sich: Kann ich nicht loslassen? Sein Hotel! Jo war in diese Aufgaben hineingewachsen. Ich kann nicht mehr lange durchhalten! Natürlich wollte er sein Lebenswerk in versierte Hände übergeben, die Arbeitsplätze erhalten, keine Frage! Nun also dieser David. Die Papiere zeugten von guten Kenntnissen. In drei Fremdsprachen war er firm, das hatte er schon getestet, doch welcher Mensch steckte dahinter?

„Mr. Chacha, wie ist eigentlich ihr kenianischer Vorname, warum haben Sie ihn nicht angegeben?"

„Ich werde auch von meiner Familie David gerufen, Mr. Schleyer. Das ist mein Name! Natürlich habe ich auch auf einen kenianischen Namen, Yasini, aber niemand benutzt ihn."

„Wenn Sie hier arbeiten, möchte ich, dass Sie ihn benutzen und damit ihren Stolz bekunden, Kenianer zu sein. Wir würden auch unsere Hotelbeschreibung anpassen und ein Foto mit Ihrem Namen auf die Homepage setzen!"

„Mr. Schleyer, es tut mir leid, ich muss Ihnen widersprechen, auch wenn ich deshalb den Job nicht bekomme. Ich muss nicht den Namen Yasini tragen, um ein stolzer Kenianer zu sein. Meine Zeugnisse sind auf den Namen ‚David' ausgestellt. Das ist so in Ordnung."

Selbstsicher, war dieser junge Mann, das gefiel ihm.

„Sie können in einem der Appartements hier im Hotel wohnen."

Ob David ökonomisch dachte und nicht das beste Appartement für sich beanspruchen würde?

„Mr. Schleyer, wie ich geschrieben habe, habe ich Familie, mit der ich zusammen wohne. Falls Sie mir ein Stück Land zur Verfügung stellen könnten, könnte ich für uns ein *nyumba ndogo* bauen, damit meine Kinder unbeschwert aufwachsen können. Sie sollen ihre Freunde einladen dürfen, ohne auf Touristen Rücksicht nehmen zu müssen!"

Verantwortungsvolle Überlegungen!

„Wer soll das Material bezahlen? Das kann kein Teil Ihres Gehalts sein."

David schüttelte den Kopf. *„Hakuna matata!* Ich habe viele Brüder und Cousins, wir halten zusammen."

Aha, gut vorausgeplant. „Na gut, ein Stück Land ließe sich zur Verfügung stellen. Ich gebe Ihnen bald Bescheid, junger Mann."

Schwer stützte er sich beim Aufstehen auf den Schreibtisch. Höchste Zeit für eine Entscheidung. Cathy würde Unterstützung hier im Hotel benötigen, wenn er nicht mehr da wäre. Er schleppte sich auf seine Terrasse und ließ sich auf der Liege nieder. „Mokami, bring mir das Telefon." Dann rief er Cathy in der Schule an. Es dauerte, bis sie an den Apparat kam.

„Daddy, geht es dir schlecht? Du rufst sonst nie mitten in der Woche an."

„Du denkst an unser Gespräch am Wochenende? Ich wollte nur deine Meinung hören. Vorhin hat sich ein junger Kenianer beworben, David Maroa Chacha. Er behauptet, er kennt dich. Stimmt das?"

„David Maroa Chacha? Aber ja. Wart mal, ja - ich habe ihn vor ungefähr sieben Jahren im Internationalen Jugendtreff kennengelernt. Er ist ein wunderbarer Junge gewesen. Vielleicht ein bisschen zu ernst. Man kann sich voll auf ihn verlassen. Schon damals konnte er gut organisieren. Ich erinnere mich an einige Feste für große Gruppen. Einmal habe ich sogar eine ganze Nacht mit ihm getanzt! Ich habe gehört, dass er hier in der Stadt das Hotel ..., Mist, jetzt fällt mir der Name nicht ein. Er soll sehr gut in seinem Fach sein. Stell ihn ein, Paps und genieße ein bisschen Ruhe. In vier Wochen sind Ferien, dann komme ich wieder."

Nach langer Zeit dachte er wieder an seine Heimat. Besigheim. Da war er aufgewachsen. Fast alle im Ort kannte er und sie kannten ihn. Dem Schleyer sein Achim, war er gewesen. Welche Freude für seine Eltern, als er ins Gymnasium kam und wie waren sie stolz, als er an die Uni nach Stuttgart ging. In die große Stadt. Damit er nicht so viel Zeit in Bus und Bahn verbringen musste, hatten sie sich eingeschränkt und ihm ein Zimmer im Studentenheim bezahlt. Den Rest, den er zum Leben brauchte, hatte er sich zusammengekellnert. An der Uni hatte er Susanne kennengelernt. Wie glücklich sie waren, wie unbeschwert! Wie lange her!

Von Freunden und Familie hatte er sich natürlich nicht verabschieden können. Das wäre viel zu gefährlich gewesen. Und später hatte er den Kontakt zu seiner Familie auch nicht wieder aufnehmen können. Zunächst kein Problem! Später hätte er gerne noch einmal durch Besigheims Gassen streifen wollen und vor allem: seine Mama sehen. Ob sie noch lebt? Aber die Einsamkeit war der Preis für seine entzückende, lustige Tochter. War der Preis zu hoch gewesen? Mit Arbeit hatte er sich betäubt, vor allem als Cathy im Internat war.

Um seine Tochter in den ersten Jahren zu Hause unterrichten zu können, hatte sich Jo die Schulbücher von der deutschen Schule ausgeliehen. Das war eine intensive Vater-Tochter-Zeit! Er dachte gerne daran zurück. So viel Freude hatte es ihm bereitet, ihre Fortschritte mitzuerleben und auf ihre interessierten Fragen einzugehen! Dennoch hatte er die Haus-lehrerrolle bald Kami, einem Studenten aus Mombasa, überlassen, da sein Job im Hotel ihn zeitlich zu sehr einband. Kami hatte Cathy an den Wochenenden den Schulstoff in Englisch beigebracht. In den Pausen spielten sie Tischtennis, übten Wellenreiten oder veranstalteten ein Wettrennen am Strand. Die Begeisterung für Sport hat sie von ihrer Mama geerbt! Keine Frage.

Äußerst widerwillig hatte Cathy den Vorschlag ihres Vaters aufgenommen, sie ab der siebten Klasse ins Internat der Deutschen Schule in Nairobi zu schicken. „Di braucht mich, Dad", hatte sie ihn beschworen, „die meisten Schüler von ihr sind so ungeschickt, dass sie dauernd vom Brett fallen. Einer muss ihnen wieder hinauf helfen!"

„Das musst wahrlich nicht du sein, Cathy!"

Am geplanten Abfahrtstag war sie unauffindbar gewesen. Schließlich hatte Di sie im nahe liegenden Dorf entdeckt. Cathy war es schon immer leicht gefallen, Kontakte zu Afrikanern zu knüpfen. Doch auch die Fürbitten ihrer afrikanischen kleinen Freunde hatten ihn natürlich nicht umstimmen können! Er brachte seine Kleine am folgenden Tag persönlich nach Nairobi.

Es gab kein Maß, das anzeigen konnte, wer in den nächsten Monaten mehr unter der Trennung gelitten hatte, er oder Cathy, da man einander nicht mehr täglich sehen konnte. Cathy berichtete an den Eltern-Kind-Wochenenden von ihrem Heimweh, holte sich ihre Streicheleinheiten aber erst, kurz bevor sie sich wieder trennen mussten. Er sah, dass sie sich nur schwer an das geregelte Leben in der Schule gewöhnen konnte. Bei dem halbjährlichen Elterngespräch hatte er erfahren, dass seiner Tochter das Lernen leicht falle und sie inzwischen Klassenkameraden gegenüber aufgeschlos-sener sei. Dass sie im Sport in verschiedenen Disziplinen Ehrgeiz zeige, hatte er schon vermutet. Und heute ist sie selbst Lehrerin an dieser Schule.

16. Deutsche Schule Nairobi, Juli 2013

„Heute um 16.00 Uhr, nach dem Unterricht: Vorstellung des Neuen!"

Suzie wollte wohl geheimnisvoll klingen!

„Alles klar", lachte Cathy, wirbelte aus dem Vorzimmer der Schulleitung und prallte gegen einen hoch gewachsenen Mann, der die Tür geöffnet hatte, um einzutreten.

„Schon wieder in Eile, schöne Frau?"

Cathy zuckte nur die Schultern. So primitiv ließ sie sich nicht anbaggern! War das nicht ihr Unfallgegner vom Freitagmorgen? Was wollte der schon wieder hier? Kurz nach 16.00 Uhr wurde das Rätsel gelöst: Der Anbaggerer war der neue Direktor. Mist! Schaute er nicht genau zu ihr herüber und grinste? So eine Frechheit!

In der folgenden Woche wurde in jeder Klasse gesungen, getanzt und gebastelt, denn es galt, die Abschiedsfeier des bisherigen Direktors nach dessen 25-jähriger Tätigkeit an der Schule, gebührend zu feiern. Der Chor übte fleißig, um einige Rhythmusschwankungen und schräge Töne auszumerzen. Währenddessen probte die Theatergruppe unter Cathys Leitung „Romeo und Julia“. Allerdings wurde die Wahl der Hauptdarsteller nicht von allen unproblematisch gesehen. Beide, sowohl Elaine, als auch Jeffrey wünschten sich andere Partner. „Ihr passt stimmlich und vom Typ her perfekt zusammen“, meinte Cathy beruhigend, „eure Freunde werden das schon verstehen.“ „Hoffentlich“, brummte Jeffrey. Dazu kamen noch bei einigen anderen „plötzliche“ Erinnerungs-lücken.

Für die Theatertruppe war am Vorabend des Festes die Beleuchtungsprobe angesetzt. Cathy hatte absichtlich auf die Bezeichnung „Generalprobe“ verzichtet, doch die bösen Geister ließen sich nicht bestechen. Die Szenenumbauten dauerten zu lange, Sandy kam mit der Technik nicht gut klar und die Julia war immer noch nicht sicher im Text!

„Elaine“, meinte Cathy, „wenn du nicht weiter weißt, dann verstumme bloß nicht. Sage irgendwas oder beginne zu singen. Ja. Das ist am besten: Kein Mensch wird wissen, dass das nicht zu der Rolle gehört! Wir schaffen das schon zusammen, du hast ja auch die Souffleuse. Keine Bange, Jul ...“ Da sah sie den jungen Liebhaber mit einer anderen knutschen.

„Hey, Jeffrey!“, rief sie aufgebracht, „bist du von Sinnen? Erstens gibt es kein Geknutsche auf dem Schulgelände und zweitens bist du Romeo und so unsterblich in Julia verliebt, dass du keine Augen für eine andere hast! Schließlich stirbst du lieber, als dich von ihr zu trennen!

Halte dich ab jetzt an deine Rolle!"

Zwei der Regieideen des Neuen, die dieser bei seinem Besuch bei einer der letzten Proben im Zuschauerraum geäußert hatte, wurden von ihr widerwillig umgesetzt. Wenn sie ehrlich war, waren es eigentlich sehr brauchbare Ideen, denn so wurde wenigstens der Anschein von Zuneigung zwischen den Hauptpersonen erweckt. Hoffentlich klappt alles!

Am Festtag wurden die Nerven aller Schauspieler auf eine harte Probe gestellt, denn das Theaterstück sollte den krönenden Abschluss bilden. Cathy hatte vor Anspannung am Morgen keine Nahrung zu sich nehmen können. Zuerst gab es viel Lob und Dank für den scheidenden Direktor. Sogar die neue Außenministerin Amina Mohamed hielt eine kleine Rede über die Bereicherung der kenianischen Schullandschaft durch die Deutsche Schule und begrüßte den zukünftigen Leiter mit Händeschütteln. Cathy schlug einmal das rechte Bein über das linke, dann das linke über das rechte, zwirbelte eine ihrer Haarsträhnen und ertappte sich, wie ihre Aufmerksamkeit immer wieder von den Reden abschweifte. Das reichhaltige Mittagsbuffet interessierte sie überhaupt nicht. Ihr Magen vertrug keinen Bissen und sie beschloss, wie die beiden Male zuvor vor den Aufführungen, die Leitung der Theater-gruppe ein für alle Mal abzugeben!

Robbys Mutter holte sie in die Wirklichkeit zurück, indem sie sie am Arm zupfte. „Miss Cathy, *Mtoto wangu wa kivulana anafanya kazi yake ya ziada vyema?* Robby, er arbeitet mit?"

„Aber ja, Mama Dajan. Er arbeitet gut mit, aber... Oh, das ist doch deine kleine Tochter, die da über die Wiese läuft, nicht wahr?"

Robbys Mutter eilte ihrem kleinen Mädchen schnell hinterher: *„Sh, Sh, usilie mama yuko hapa mpendwa,* Mama ist doch hier!"

Da ertönte eine Stimme neben Cathy:

„Entschuldigen Sie bitte, wenn ich störe. Ich habe gehört, Frau Schleyer, dass Sie hier aufgewachsen sind und sich gut mit der Etikette auskennen. Hätten Sie die Freundlichkeit mich zu begleiten und mir die Gäste vorzustellen? Das wäre eine große Hilfe für mich."

Wer kann sich einer Bitte seines Chefs verweigern? Aber warum ausgerechnet ich und ausgerechnet jetzt?

„Aber gerne."

Gefühlte hundert Mal sagte sie: *„May I introduce you our new director Mr. Schneider?"*

Oder: *„Nipenda kuwajulisha mukueugenzi wetu mpya bwana Schneider?"*

Und inhaltlich das gleiche natürlich immer wieder auch auf Deutsch: „Darf ich Ihnen unseren neuen Direktor, Herrn Schneider, vorstellen?"

Oh Wunder, Ihre Aufregung hatte sich nach kurzer Zeit gelegt. Sie verspürte sogar wieder Hunger, der musste jetzt mit Orangensaft betäubt werden.

Beim Beginn des Fußballspiels ergab es sich ganz natürlich, dass sie neben dem neuen Direktor Platz nahm. Suzies empörten Blick, der auf der gefühlten Etikette einer sehr bedeutenden Sekretärin der überregional bedeutsamen DSN beruhte, bemerkte sie nicht.

Als ihr Mister Grauauge, wie sie ihn heimlich nannte, eine seiner beiden *Mahamris* anbot, griff sie erleichtert zu. Hatte er ihren knurrenden Magen gehört? Das Spiel war spannend: Die Mannschaft der DSN bewies, dass sie gut trainiert war, aber gegen die Kenianer wirkten die Spieler überwiegend steif und langsam. Im Endeffekt verloren sie unglücklich 5:6. Natürlich beglück-wünschten sie die Jomo Kenyatta School zu ihrem Sieg. Gegenseitiger Trost der DSNler wurde in Besprechungen von einzelnen Spielphasen mit den eigenen Mannschaftskameraden gesucht, bis alle wieder fröhlich durcheinander wuselten.

Um 19.00 Uhr sollte das Theaterstück beginnen. Anschließend war ein großes Barbecue, *Nyama Choma*, geplant und als Abschluss ein Feuerwerk. Als Cathy sich zu einem Kontrollgang hinter die Bühne verabschiedete, wo Frauke schon eifrig auch die männlichen Schauspieler für das Bühnenlicht schminkte, wünschte ihr ,Mister Grauauge' „Hals- und Beinbruch!" Weltgewandt war er. Nett eigentlich auch.

Pünktlich zur Balkonszene strahlte der Mond romantisch vom Bühnenhimmel. Es kam, wie Cathy es befürchtet hatte: Elaine blieb im Text stecken und die Souffleuse hatte so begeistert zugesehen, dass sie die Textstelle nicht so schnell fand. Laut Cathys Anweisung begann Elaine zu singen. Offensichtlich war sie bestrebt, das Lokalkolorit zu unterstützen, doch ihr italienisches Repertoire war beschränkt, sodass ihr geschmettertes ,O sole mio' die Zuschauer zum Schmunzeln und verschiedentlich auch zum herzhaften Lachen brachte. Dann ging es romantisch und tragisch mit gebührendem Ernst weiter. Im Anschluss an den wohl verdienten Applaus entdeckte Cathy immer wieder Kinder, die sich im Gras kugelten und lachten. Sobald einer wieder „O sole mio" zu schmettern begann, rief ein anderer: „Ich wäre jetzt der Mond" und das Gelächter begann von vorne.

„Elaine, nicht weinen, du warst eine wunderschöne Julia", tröstete Cathy, „jetzt lach' einfach mit!"

Beim Feuerwerk stand Michael Schneider zufällig an Cathys Seite und schlug vor: „Nachdem ich alle verabschiedet habe, kann ich Sie nach Hause fahren, ich habe noch ein Anliegen."

„*Asante sana*", nickte Cathy.

Die Verabschiedung auf Kisuaheli hatte ‚der Neue' inzwischen ganz gut im Griff: „*Kwaheri ilikuwa vyema kukutana nawe*, auf Wiedersehen. Es hat mich sehr gefreut Sie kennenzulernen."

Im Auto begann Cathy auf einmal zu kichern, und summte ein paar Töne ‚O sole mio', in die er mit Inbrunst einstimmte, dann prusteten sie los.

„Diese Feier wird als ‚O sole mio - Feier' in die Geschichte der Schule eingehen!"

„Arme Elaine!"

„Ach, die steckt das locker weg, da sie doch die schöne Julia spielen durfte. Zum Schluss fand sie ihren Auftritt sogar ‚cool'. Nur, ob Romeo ihr verzeiht, dass sie ihm die Show gestohlen hat, da bin ich nicht so sicher."

Michael stieg mit aus und brachte Cathy bis an die, von

einem Portier bewachte, Wohnanlage.

„Danke", sagte sie, „aber das ist eigentlich nicht nötig. Ich habe meinen eigenen Bodyguard!" Sie nickte einem vielleicht vierzehn Jahre alten Jungen zu, der auf dem Parkplatz gewartet hatte und ihnen gefolgt war.

„Usiwe na wasi hapa Magoma, hizo ni zako." Cathy entnahm ihrer Handtasche ein Plastikgefäß, gefüllt mit Speiseresten vom Buffet und reichte es ihm. *„Kwani wewe hupeana kilakitu kwa ndugu na dad zako? Ni lazima ule kitu mwenyewe pia!*

„Asante Mama Cathy." Er verneigte sich und kurz darauf verschluckte ihn die Dunkelheit.

„Er versorgt damit seine jüngeren Geschwister. Die Köchin der Schule hätte die Reste sowieso entsorgen müssen. Aber das hier ist nur ein Tropfen auf den heißen Stein", sagte Cathy leise zu Michael. „Die Elendsviertel sind groß. Selbst gebildete Kenianer - und davon gibt es inzwischen sehr viele - brauchen mehrere Jobs, um eine Familie durchzubringen. Die Kriminalitätsrate ist hoch. Das Leben hier ist nicht so glamourös exotisch, wie viele, die aus dem Ausland kommen, denken."

„Ich kenne noch zu wenig von der Stadt und könnte eine kompetente Führerin gebrauchen! Hätten Sie morgen Zeit?"

„Ja, das ist möglich. Womit möchten Sie beginnen? Mit dem Nairobi National Park? Das wäre von der Zeit her eine angenehme Tagestour."

„Ja, das wäre schön.

„Gut. Dazu muss ich mir einen Jeep ausleihen!"

„Ich bin gegen neun Uhr hier, ist das in Ordnung?"

„Besser ist es, wenn wir um halb acht abfahren, um acht Uhr wird der Park geöffnet."

Der Portier öffnete ihr die Haustür, die er sofort nach ihr wieder verschloss und Cathy fuhr mit dem Aufzug in die siebte Etage. Sie betrat ihre Wohnung. Drinnen lehnte sie sich gegen die geschlossene Tür. Sie liebte ihr kleines Appartement, das sie mit gestochen scharfen Landschaftsfotografien und afrikanischen Masken dekoriert hatte. Ihr Bettüberwurf bestand aus einem grün gemusterten Kanga, sodass sie ihre Liege als bequemes Tagbett nutzen konnte. Ihre Festung, in der sie sich so alleine recht wohl fühlte. Über längere Zeit hatten bisher Männer nur als gute Kumpel eine Rolle in ihrem Leben gespielt. Zu viel Nähe hatte sie erfolgreich vermieden.

Morgen nun mit dem Chef eine Tour. Jeep-Touren, mit vielen Stunden in einem Fahrzeugraum, außerhalb der Zivilisation, zeitweise vielleicht gefährlichen Situationen ausgesetzt, schufen Nähe. Neben ihrer abgeliebten Tina-Puppe aus Kindertagen ließ sie sich auf die Couch plumpsen und fragte sie ernst: „Wohin soll das führen?"

Ja, der Nairobi National Park bot sich immer als besonderes Ausflugsziel an. Wie oft hatte ihr Daddy mit ihr eine Tour durch den Park gemacht, als sie klein war, warm verpackt, wenn es früh morgens noch empfindlich kalt war und hatte ihr das Verhalten der Tiere erklärt. Heute wusste sie aus Erfahrung, dass ein echtes Safarifeeling in diesem Park nicht aufkommen konnte, aber Neulinge erhielten wenigsten einen kleinen Ein-druck von dem Naturraum.

Vielleicht erfuhr sie ja, warum Michael nach Kenia gekommen war. Wie sie aus Berichten von vielen Bekannten erfahren hatte, war es so, dass jemand, der zu Hause glücklich ist, nicht alleine für längere Zeit eine Aufgabe im Ausland sucht. Alle, die nicht im Land geboren waren, dazu zählte sie sich nicht, hatten eine Geschichte. Wie eine Sternschnuppe blitzte bei Cathy der Gedanke auf: Alle hatten ihre Geschichte, folglich auch ihr Papa. Hatte er schon einmal erklärt, warum er nach Kenia gekommen war? Sie hatte auch so konkret noch nie gefragt, hatte angenommen, dass es mit Mamas Tod zusammenhing. Darüber hatte er nicht gerne gesprochen, eher davon, wie hübsch sie gewesen war und wie lustig sie hatte sein können. Von weiteren Verwandten hatte sie nie etwas gehört, aber auch nie danach gefragt.

Sie wollte Michaels Geschichte erfahren, bevor, nein, falls sie ihr Herz an ihn verlor. Kann man das überhaupt? Überlegen, ob man sein Herz an jemand verlieren will? Kann der Kopf über das Herz bestimmen? Ist es nicht so, wenn man sich fragt, ob man sein Herz verlieren will, dass man es dann längst verloren hat? Bis jetzt hatte es doch perfekt geklappt in ihrem Leben, ohne diese Herz-Schmerz-Geschichten! Sie hatte genügend tränenreiche Liebesgeschichten in ihrem Freundeskreis erlebt. Das war nichts für sie! Sie und Dad, das war doch eine wunderbare Gemeinschaft. Für Daddy dazu noch ein bisschen Lady Di und hie und da eine heiße Nacht in Nairobi für seine Tochter. Völlig unverbindlich! *She does not want to change it in the near future!*

Mit einer leichten Kopfdrehung suchte sie den nachdenklichen Gesichtsausdruck ihres Passagiers am nächsten Morgen zu deuten. Er war ganz alleine hier in Nairobi angekommen, aber er hatte hundertprozentig Familie und Freunde in Deutschland zurückgelassen. Würde er in diesem Land mit seinen Extremen bestehen? Würde er bleiben?

„Was bedeutet dieser forschende Blick, werte Reiseleiterin?"

„Es ist etwas Besonderes, der Schulleiter der DSN zu sein, aber ich habe mich gefragt, ob ein Karrieresprung Entschädigung genug sein kann, Familie und Freunde zu verlieren?"

Intimität entsteht manchmal zu leicht in kleinen Räumen. Cathy erschrak selbst über ihre offenen Worte. „Bitte! Nicht heute!. Lass uns den schönen Tag genießen."

Sobald sie das Tor passiert hatten, erklärte Cathy, dass der Park an drei Seiten mit einem Elektrozaun gesichert sei. Nur im Süden bilde ein Fluss eine natürliche Grenze. Sie erläuterte, dass eine hitzige Diskussion zwischen Politikern und Vertretern der Tierschutzorganisationen über die Unsinnigkeit des Grenzverlaufs geführt werde. Während die einen die Wanderkorridore für die Tiere als breit genug erachteten, veranstalteten die anderen Protestmärsche, weil die Korridore zu eng angelegt seien oder in die falsche Richtung führten. Ja, sie sehe ein, dass die Tierschützer Recht hätten, aber Kenia habe dringendere Probleme - Elefanten gäbe es hier keine, aber Löwen, Nashörner und Giraffen.

Cathy wendete den Wagen geschickt, um einem VW-Bus

zu folgen, der vor ihr eine scharfe Wendung vollzogen hatte und schnell Richtung Osten fuhr. „Die Reiseführer stehen in Funkverbindung und wenn irgendwo ein Tier oder eine Tiergruppe gesichtet werden, beginnt eine Sternfahrt. Ich nehme mal an, der Bus hat eine Funkverbindung. Mal sehen!"

Tatsächlich, so musste es gewesen sein. Auf einem kleinen Felsenhügel entdeckten sie bereits nach kurzer Fahrt eine Löwengruppe. Auch wenn inzwischen sechs Autos die Gruppe angefahren hatten, war es doch auch für Cathy wieder ein besonderes Erlebnis, den Löwen so nahe zu sein. Als der Löwenvater sich schließlich erhob, seine Mähne schüttelte und das Maul gähnend öffnete, konnte man viele Fotoapparate klicken hören. Nach einer langsamen Drehung um die eigene Achse ließ er sich wieder faul auf den Felsen sinken, gähnte noch einmal und schloss die Augen. Die Erinnerung, verbunden mit den jetzigen Emotionen, würde den Fotos ihren Wert geben. Cathy linste zu Michael hinüber.

Der schaute versonnen auf die Löwen.

„Sie verkörpern den Traum von Afrika und versinnbildlichen Freiheit, Stärke und Dominanz und das alles nur durch ihr Dasein! Beeindruckend!"

„Ja – und durch ihr Aussehen sprechen sie das Gefühl an. Ein Nashorn oder eine Giraffe zu sehen, ist interessant, aber es erfüllt einen nicht so mit Freude."

„Oder spürt man eher den Kitzel der Gefahr?"

Nach einiger Zeit scherten sie aus dem Kreis der Löwenbewunderer aus und fuhren weiter.

Am späten Nachmittag brachte Cathy den Jeep zurück. Als

Dankeschön wurde die Reiseführerin ins Tamarind, ein hervorragendes Restaurant mit einem schönen Ambiente, eingeladen. Sie war schon lange nicht mehr dort gewesen und freute sich darauf. Meist hatte sie sich mit Kollegen oder Freunden in kleinen Bistros getroffen.

Singend stand sie unter der Dusche, wusch sich den Staub der Jeep-Tour aus den Haaren und stand lange vor ihrem Kleiderschrank. Wieso hatte sie in letzter Zeit keine Kleider mehr gekauft? Sie zog einen Flunsch. Dann muss es halt das Grüne sein. Grün war sowieso ihre Lieblingsfarbe. Außerdem, der ‚Herr Schneider' kannte ihre Kleider doch gar nicht! Als sie nach einer halben Stunde in den Spiegel sah, war sie mit ihrer Erscheinung einverstanden. Nicht atemberaubend, wie sie es gerne hätte, aber ganz passabel. Mister Grauauge strahlte bei ihrem Anblick:
„Ich gehe mit der hübschesten Frau in Nairobi aus!",
begrüßte er sie.
Charmant, wirklich charmant. Es wurde ein wunderbarer Abend: Gesprächsthemen zu finden fiel ihnen nicht schwer, miteinander zu schweigen, und die köstlichen Speisen zu genießen, gelang ihnen ebenfalls gut. Cathy fühlte sich leicht und beschwingt, genoss die Bewunderung ihres aufmerksamen Gastgebers. Ein Abschiedskuss passte fast zu perfekt zur Stimmung!
Warum schien ihr Herz immer zu stolpern, wenn sie ihn an den darauf folgenden Tagen in der Schule sah?
Die ersten Ferienwochen verbrachte sie in Shanzu, um sich zu erholen und um Zeit mit ihrem Dad zu verbringen.

Gegen Ende der Ferien übernahm sie, wie verabredet, die Tour im Mount Kenia Park. Am zweiten Morgen begrüßte sie einer der Teilnehmer an der Reitersafari besonders fröhlich.

„Jambo, Reiseführerin."

Michael Schneider, Mister Grauauge!

17. Shanzu Beach, Kenia, April 2014

Cathy hatte endlich die Wahrheit über Jos Krankheit erfahren. Nun musste sie mit ihr umgehen lernen. In elendem Zustand hatte sie ihn zurückgelassen. Dass ihr Dad in guten Händen ist, stellte sie nicht infrage. Mokami und Di kümmerten sich Tag und Nacht um ihn. Dr. Mertens kam, wann immer er gerufen wurde – auch nachts.

„Ihr Dad ist mir ein Freund geworden", hatte er Cathy versichert. „Ich bewundere ihn, wie er dieses monatelange Siechtum erträgt. Ich gebe ihm an Schmerzmitteln, was immer ich verantworten kann."

In dem Moment, als Cathy nach dem Wochenendaufenthalt an der Küste, die Tür ihres heimeligen Appartements aufschloss, meldete sich lautstark das Telefon. Bestimmt ist es Michael! Das ‚du' hatte sich bei der Reitersafari ganz selbstverständlich ergeben. Weitere gemeinsame Unternehmungen hatten eine Vertrautheit zwischen ihnen entstehen lassen, der

Cathy gar nicht mehr misstrauisch gegenüberstand.

„Jambo, Cathy. War es schlimm? Ich wäre so gerne mitgekommen, aber du weißt, den Empfang in der Deutschen Botschaft abzusagen, wäre als Affront empfunden worden! Wie geht es deinem Daddy?"

Cathy konnte kaum sprechen.

„Ich komme gleich zu dir, Liebes!"

Sich in der Umarmung verstecken. Für immer, das wäre es! Es gab nichts mehr zu sagen. Nur Nähe war jetzt noch wichtig.

„Cathy, du bist nicht allein. Ich werde bei dir sein, wann immer du mich brauchst."

Vier Wochen später holte Suzie Cathy aufgeregt aus dem Unterricht:

„Miss Cathy, ein Telefonanruf für Sie, aus Shanzu!"

Um die Zeit? Das konnte nichts Gutes bedeuten!

Seit dem Bekanntwerden von Cathys und Michaels Beziehung hatte sich Suzies Verhalten Cathy gegenüber grundlegend geändert. Keine neugierigen Fragen mehr. Höfliche Anrede. Schließlich konnte sie die Ehefrau des Direktors werden, würde dann Einladungen zu großen Regierungsempfängen erhalten und in den Nachrichten im ‚Nairobi Journal' erscheinen, wer weiß? Und auf die Sekretärin könnte auch ein wenig Glanz fallen.

Angstvoll war Cathy ins Sekretariat geeilt. Dr. Mertens. Die Verbindung war schlecht.

„Miss Cathy. Sie sollten so schnell wie möglich heimkommen. Ich muss Ihnen leider sagen, dass es Ihrem Vater sehr schlecht geht."

„Was heißt das? Ist es lebensgefährlich?"

„Ja, kommen Sie, so schnell Sie können!"

Auf welche Weise sie das Direktionszimmer erreicht hatte, hätte sie hinterher nicht mehr sagen können. Sie war so blass nach dem Anruf, dass Suzie gar nicht versuchte, sie aufzuhalten, ihr nur mitleidig nachblickte. Als Cathy ohne anzuklopfen, die Bürotür öffnete, blickte Michael von seinen Unterlagen auf, er erschrak: „Cathy, was ist passiert?"

„Ich... ich weiß es nicht wirklich. Es war der Arzt meines Vaters, der angerufen hat. Er meinte, dass ich so schnell wie möglich kommen soll. Ich denke, mein Dad liegt im Sterben!"

„Ich komme mit."

„Suzie, bitte rufen Sie Stephen Palmer an, er soll mich vertreten!"

Inzwischen kannte er die Strecke nach Shanzu auswendig. Sie schwiegen beide. Was halfen da noch Worte? Cathy biss die Zähne aufeinander. Ihr Daddy! Er und sie waren immer zusammen gewesen. Nie hatte eine dritte Person zwischen ihnen gestört. Sie kam immer an erster Stelle bei ihm und sie, sie hatte doch ihr bisheriges Leben nur ihn gehabt. Er war ihr Berater, ihr Lehrer, ihr Tröster – eben ihr Dad. Wenn er sie verließ - ein Schüttelfrost überfiel sie.

„Keine Angst, wir stehen das gemeinsam durch."

Je näher sie Mombasa kamen, desto öfter zwirbelte sie eine ihrer Haarsträhnen. Die Hände presste sie zwischen ihre Knie, bis sie ganz weiß waren. Michael legte seine rechte Hand darüber. Mit einem tiefen Seufzer konnte Cathy ein wenig locker lassen.

„*Ni vizuri umefika Miss Cathy*", empfing sie der ‚Boy für alles', als er für sie die Eingangstüre des Hotels aufriss.
„Miss Cathy, gut, dass sie da sind", begrüßte auch Sam sie.
Sie nickte ihnen flüchtig zu, eilte durch die Halle Richtung Treppe, David kam ihr schnell entgegen. Man musste ihn sofort angerufen haben, als Cathy erschien. „Cathy, wie schlimm, dass wir uns unter solchen Umständen wieder sehen müssen. Es tut mir so leid!" „Wie geht es meinem Dad?

David zog die Schultern hoch: „Er hat starke Schmerzen, aber er ist bei Besinnung. Er wartet auf dich. Wir haben ihm gesagt, dass du unterwegs bist."

Cathy eilte in das Schlafzimmer: „Daddy, liebster Dad. Ich bin da und Michael ist auch mitgekommen." Sie setzte sich auf das Bett und streichelte zart Jos Gesicht. „Ich bleibe bei dir. Ich gehe nicht mehr weg. Du kannst ganz ruhig schlafen und dich erholen."

„Mein Liebling, mein Kind ... Ich fürchte, das... steht nicht ... in meiner Macht."

„Du kannst mich nicht allein lassen! Daddy!!" Die Tränen versuchte sie zurückzuhalten.

„Cathy, gut, dass du da bist", angestrengt stöhnte er, „ich muss dir etwas sagen ..." Seine Stimme versagte.

„Dr. Mertens, können Sie ihm nicht etwas geben, das ihm hilft?" Cathy wandte sich mit dem ganzen Vertrauen eines jungen gesunden Menschen dem hereintretenden Arzt zu.

„Liebe junge Frau", kam es von Dr. Mertens, „es gibt auch für Ärzte eine Grenze. Meine Kunst ist am Ende. Sein Schicksal liegt in Gottes Hand." Auch er hatte mit Emotionen zu kämpfen.

David trat ein und flüsterte Cathy etwas zu.

„Aber natürlich. Lass sie eintreten."

Die Medizinfrau aus Mokamis Dorf trat ein. Sie war traditionell gekleidet und beugte sich über den Kranken. Dann führte sie einige Handbewegungen aus und flüsterte Beschwörungsformeln. Mit einer Kalebasse schöpfte sie Flüssigkeit aus einem mitgebrachten Gefäß, in das sie verschiedene Kräuter rührte, bis ein Brei entstand. Davon strich sie dem Kranken auf die Brust und schritt dreimal mit Rasseln um sein Bett. Dann horchte sie, den Kopf zur Seite geneigt, seinen Oberkörper ab und murmelte: „*Vitu vya hatari anavyovifanya vinampatia shida sana* - seine schlechte Tat frisst ihn auf."

Mokami und David schauten erschrocken auf Jo. Cathy hatte nur Augen und Ohren für ihren Dad. Liebevoll wischte sie dem Todkranken die Schweißtropfen von der Stirn.

„Habt ihr Diana Bescheid gesagt", fragte Cathy. David schüttelte den Kopf. „Holt sie, bitte."

Jo regte sich. „Cathy", flüsterte er, „entschuldige. Es tut mir leid. Verzeih, mein Schatz ... wollte nichts ..."

„Ist schon gut Daddy, es gibt nichts, dass man nicht verzeihen kann", murmelte Cathy beruhigend. Irrte sie sich, oder huschte ein Lächeln über das abgezehrte Gesicht?

„Ich lie... dich und Su..., Chri..."

Nach Stunden, in denen er mit geschlossenen Augen rasselnd atmete, glaubte sie, das Wort ,Schreibtisch' zu verstehen. Im Morgengrauen, als die Sonne den Indischen Ozean in gleißendes Licht tauchte, setzte die Atmung aus.

„Es ist vorbei Cathy", sagte Diana. „Leg dich hin. Darf ich noch ein bisschen bei ihm bleiben?"

„Ach Di, wieso hat er mich so früh allein gelassen", weinte Cathy und umarmte Diana.

„Ja Cathy, es ist schwer, einen lieben Menschen zu verlieren. Dein Papa hat jetzt Frieden gefunden. Weißt du, er hat eine schwere Schuld mit sich herumgetragen. Die hat ihm Lebenskraft entzogen. Versuch du, ein bisschen zu schlafen."

Cathy schlüpfte vor Tränen blind in ihr Bett. Schlafen! Nicht mehr denken müssen! Als sie aufwachte, hielt sie ein gebräunter Männerarm umschlungen.

„Michael, mein Dad ist tot."

„Ja Cathy! Du hast es im Schlaf immer wieder gemurmelt. Dass du ihn in den letzten Stunden begleiten konntest, das war wichtig für euch beide. Du konntest dich von ihm noch richtig verabschieden. Komm." Er zog sie in seine Arme, bereitwillig ließ sie sich wiegen, streicheln, weinte, lauschte seinem Flüstern, weinte wieder. Nach dem Wochenende musste Michael wieder in die Schule zurückkehren, versprach aber, zur Beerdigung zurückzukommen.

Muriel fuhr jeden Tag von Mombasa herüber, sprach mit Cathy oder saß schweigend bei ihr und half bei der Organisation der Trauerfeier, die in der Kirche von Shanzu stattfinden sollte. Die meisten Mitarbeiter erhielten frei, um daran teilnehmen zu können. Im Hotel blieb nur eine Mindestbesetzung. David hatte Schilder aufgestellt, die die Hotelgäste darüber informierten.

Diana hatte ihre Zukunft schon organisiert: Sie würde bald

nach der Trauerfeier Kenia verlassen und in ihre Heimat im Lake District zurückkehren. Sie halte hier nichts mehr. Dieses Paradies werde nun nie wieder das ihre sein. Abdullah war von ihr als Geschäftsführer ernannt worden. Er sollte David unterstellt sein, der ‚Dianas Surf- und Tauchschule‘ mit verwalten würde. Mit dem Arrangement waren alle einverstanden. „Wir beide halten auf jeden Fall Kontakt, Cathy. Irgendwann kommt auch für uns wieder eine Zeit des Lachens.“

Cathy zeigte sich tapfer, fühlte sich aber innerlich erstarrt. Ihr Halt war Michaels Zusage, rechtzeitig aus Nairobi zur Trauerfeier wiederzukommen. In letzter Minute setzte er sich neben Cathy auf die Bank. Trotz Jos zurückgezogener Lebensweise waren alle Plätze der Kirche mit Menschen besetzt, die ihm die letzte Ehre geben wollten.

Der Sarg war mit einer Öffnung versehen, sodass Fotos vom Gestorbenen gemacht werden konnten. Auffällig viele Kenianer waren in ihrer farbenfrohen Kleidung erschienen. Viele weinten. Einige Reden auf Kisuhaeli wurden gehalten. Verschiedene Lieder wurden gesungen. Der Refrain *"to take me with my body over there in the land of paradise, where is no surprise, no sorrows, no worries at all ..."* brachte Cathy schließlich doch zum Weinen.

Als der Sarg in das betonierte Grab gelassen wurde, griff Cathy nach Michaels Hand, ließ sie nicht mehr los. Nachdem die Grabstelle mit einem Metalldeckel verschlossen worden war, kehrten sie Hand in Hand zum Hotel zurück. Anschließend empfing sie im Schatten der Bäume die vielen geladenen Trauergäste.

„Di", sagte Cathy zu ihr, als diese sich verabschiedete: „Was bedeutete das: ‚Papa hat eine schwere Schuld auf sich geladen'? Er hat doch nie etwas Böses getan. Er war der liebste Mensch, den ich kenne - kannte."

„Ich denke, Liebes, er hat dir einen Brief hinterlassen. Zumindest hatte er es vor. Schau in seinen Schreibtisch. Solltest du dort nichts finden, dann komm zu mir. Ich bin noch ein paar Wochen hier. Aber ich weiß nicht viel." Mit diesen mysteriösen Worten wandte sich Diana zum Gehen. „Du entschuldigst, dass ich nicht am Essen teilnehme!"

Das Essen zog sich über Stunden hin. Kenianer haben ein besonderes Bedürfnis, diese Feier zu gestalten. Viele Reden wurden gehalten. Immer wieder wurde Cathy Unterstützung zugesagt. Irgendwann verließ sie mit Michael die Feier.

Sie führte ihn Richtung Meer, wo sie barfuß den Strand entlang wanderten. Als weit und breit niemand mehr zu sehen war, setzten sie sich in den warmen feinen Sand. Michael zog sie an sich. Lange schwiegen sie, schauten aufs Meer.

„So ist es gut, so könnte es bleiben."

Wind kam auf. Surfzeit! Cathy atmete tief ein, streckte sich:

„Ich glaube, ich benötige eine berufliche Auszeit."

„Das lässt sich schon regeln, denke ich, besorge dir ein Attest. Ich kümmere mich um eine Vertretung."

In den frühen Morgenstunden, noch ehe der Notar aus Mombasa eintraf, fuhr Michael nach Nairobi zurück. Zum Glück gibt es die modernen Kommunikationsmittel, dann fühlt man sich nicht so ganz verlassen. Es gab keine Überraschungen: Die einzige Tochter war als Haupterbin eingesetzt. Diana erhielt lebenslänglich einen Anteil von 10 % der Hoteleinnahmen, Mokami war so bedacht worden, dass sie ihr weiteres Leben ausgesorgt haben würde und jedem Hotelangestellten sollte eine kleine Summe überwiesen werden. Aufatmend zog sich Cathy in Jos Büro zurück. Das war überstanden!

Schon in der ersten Schublade fand sie einen angefangenen Brief an ‚Meine große Kleine', das bin eindeutig ich! Darunter lag der geöffnete Luftpostbrief, der ihn über das Sekretariat der Deutschen Schule und seine Tochter erreicht hatte. „Ein Brief für Ihren Vater, Miss Cathy, aus Österreich.", hatte Suzy damals gesagt. „Seltsam, er arbeitet doch seit fast 20 Jahren nicht mehr hier!" Auch sie war erstaunt und neugierig. Aber Jo hatte auf ihre Frage hin nur gemurmelt: „Da hat mich jemand verwechselt."

Neugierig nahm sie ihn in die Hand und fühlte, dass er Fotos enthielt. Spannend!

Ein Foto, die Farben etwas verblasst, zeigte eine blonde Frau im Gras sitzend mit zwei kleinen gleichaltrigen Mädchen zu ihren Seiten. Das zweite Foto, neueren Datums, zeigte eine Frau, die der ersten sehr ähnlichsah. An den Händen hielt sie vielleicht vierjährige Mädchen, eindeutig Zwillinge. Cathy drehte das Foto um. Auf der Rückseite war zu lesen: Christina mit Lisa und Lena. Auf dem Älteren stand: Susanne mit Katharina und Christina. Zweimal Christina? Sie meinte eine Ähnlichkeit bei einem der Mädchen mit sich auf ihren Kinderbildern zu erken-

nen. Dann schüttelte sie den Kopf: Was soll das?
Sie entfaltete den Briefbogen:

Sehr geehrter Herr Schleyer,

eine andere Anrede verbietet sich für mich. Ich hoffe, eines meiner
Schreiben wird Sie irgendwie erreichen.

Ich bin der andere Zwilling, der, dem Sie die Schwester genommen haben:
Christina. Heute bin ich verheiratet. Seit der Geburt unserer Zwillinge leide
ich unter Panikattacken, sobald ich meine Kinder aus den Augen verliere.
Bei der Suche nach den Ursachen habe ich von Ihrer Rolle in meinem
Leben erfahren.

Hier in Salzburg bin ich von meiner Oma groß gezogen worden. Vor
Kurzem hat man mir erst mitgeteilt, dass meine Mutter Susanne bei einem
Flugzeugzusammenstoß am Amsterdamer Flughafen, einen Tag nach
Ihrer Flucht mit meiner Zwillingsschwester Katharina, starb. Meine Mutter
war Ihnen vermutlich auf der Spur gewesen..

Ich werde keine Anzeige gegen Sie erstatten, ich möchte nur meine
Schwester wieder sehen.

Ich hoffe, dass Sie, falls Sie nicht den Mut haben, selbst zu antworten,
meinen Brief an Katharina weiterleiten.

Christina Mayr

PS.

Liebe Katharina,

falls du diese Zeilen je in den Händen halten wirst, Oma Anne und ich
vermissen dich sehr. Bitte melde dich.

Alles Liebe!

Tina

Eine Schwester? Ich bin ein Zwilling? Christina? Tina! Ihre Puppe! Die Puppe! Was soll ich glauben? Kann das stimmen? Nein, Dad würde so etwas, was überhaupt, also er würde nie etwas Böses tun. Aber: Ich bin hier und offensichtlich habe ich eine Familie in Österreich, eine Oma. Ich bin Tante. Von Zwillingsmädchen. Österreich - Deutschland?

Papa wollte nicht, dass ich nach Deutschland fahre! Deshalb? Notlügen? Oh, bloody liar! Verdammter Lügner! Was stimmt denn überhaupt noch? Eine Mutter gibt es wirklich nicht mehr. Welche Rolle hat sie mal gespielt? Was ist damals passiert? Warum haben sie nicht geheiratet? Warum musste Dad mit mir nach Kenia? Ich verstehe überhaupt nichts mehr.

Sie nahm sich Jos Brief vor:

Shanzu Beach, 2014

Meine große Kleine, meine geliebte Cathy,

verzeih mir, wenn du kannst. Wie du auf dem Foto siehst, hast du eine Zwillingsschwester: Christina.

Es gibt keine Entschuldigung für das, was ich getan habe: Im Alter von drei Jahren habe ich Dich zu mir geholt, dich entführt. Deine Mutter lebte mit euch mit einem andern Mann zusammen, ihr ließ ich Deine Schwester. Mit Dir bin ich nach Nairobi ausgewandert. Ich hätte es bereuen sollen, aber meine Liebe zu

Dir ist immer weiter gewachsen und in gleichem Maße habe ich

Rechtfertigungen für meine Tat gefunden. Es gab kein Zurück

für mich! Irgendwie hatte ich mich verrannt.

Das, was ich dir über deine Mutter erzählt habe, stimmt: Sie war

wunderschön und fröhlich. Wir hatten eine schöne gemeinsame

Zeit. Leider hat es sich auch inzwischen als richtig erwiesen, dass

Deine Mutter vor langer Zeit ums Leben gekommen ist. Wie

Deine Schwester schreibt, bei einem Flugzeugunglück. Nach

meiner Rückkehr aus Afrika wollte eure Mama nicht mit euch zu

mir kommen. Aber ich wollte wenigstens eines meiner Kinder bei

mir haben.

Der Luftpostbrief ist von Deiner Schwester, die Dich gesucht

und letztendlich auch gefunden hat.

Den Kummer, den ich Deiner Mutter, Deiner Schwester und

Deiner Oma bereitet habe, tut mir von Herzen leid.

Ich habe Dir alle Liebe gegeben, deren ich fähig war.

Dein Dad

Fassungslos schaute sie auf das Blatt Papier. Dann legte sie es sorgsam auf die Schreibtischplatte.

Wer bin ich wirklich? Bin ich nun Cathy oder Katharina? So viele Fragen! Und ich bin alleine - ohne Antworten! Wieso hast du nicht rechtzeitig mit mir geredet, Herr

Schleyer? Hattest du Angst, ich hätte dich verlassen? Meine Schwester – komisch, muss ich erst noch üben – Tina sieht unseren Vater als Verbrecher. Er sich auch? Wie konnte er damit leben?

Das hat Diana gemeint.

Und mein Leben mit ihm in Kenia? Ist das mein Leben? Michael wurde am Abend mit ihrer emotionalen Zwischenbilanz am Telefon überschüttet. Von Vätern, die ein Chaos hinterlassen, aber sich rechtzeitig verzögen, damit sie nicht Rede und Antwort stehen müssen. Von untreuen Müttern, von egoistischer Vaterliebe, die gar nicht fragt, ob diese Liebe alle verlorenen Familienbande aufwiegen kann und dass Eltern gar nicht wissen, was sie noch im Erwachsenenleben ihrer Kinder anrichten können, wenn sie sich nicht rechtzeitig ihrer verdammten Verantwortung bewusst würden und von Schwestern, die sich plötzlich nach einem Vierteljahrhundert melden und auch völlig egoistisch die Welt auf einem anderen Kontinent durcheinander wirbeln!

Spätestens jetzt hatte Michael verstanden, dass er zwar nichts richtig verstanden hatte, dass Cathy aber emotional angeschlagen war.

Liebevoll wollte er Verständnis über das Kabel senden: „Cathy, meine ...“

„Die gibt's ja auch nicht! Ich heiße Katharina!“

Tränen telefonisch zu trocknen, war nicht einfach!

Die wirtschaftliche Zwischenbilanz, die sie mit David am nächsten Tag erstellte, fiel hervorragend aus. Ein neuer Arbeitsvertrag für ihn musste besprochen und unterschrieben werden. Er beinhaltete, dass David das Hotel in Zukunft für sie verwalten würde. „Wir kennen uns ja bereits ein paar Jahre und ich vertraue dir. Als Erstes möchte ich, dass du, David, so schnell wie möglich in den Fluren vor den Schlafzimmern farblich passende Webteppiche verlegen lässt. Dazu beauftrage bitte die Frauenkooperative im Dorf. Außerdem möchte ich, dass du jedem Monat einem hiesigen Künstler die Gelegenheit gibst, in unserem Hotel auszustellen. Solltest du Probleme haben, welche zu finden, wende dich bitte an meine Freundin Muriel Katanaf. Ihre Telefonnummer findest du hier in der Liste."

„Natürlich, du kannst dich auf mich verlassen, Cathy."

„In unregelmäßigen Abständen werde ich herkommen, David, da können wir anstehende Probleme besprechen. In dringenden Fällen erreichst du mich ja jederzeit per Mail oder Telefon. Ansonsten läuft alles so weiter wie bisher. Personalentscheidungen triffst du, aber Vetternwirtschaft dulde ich nicht. Sobald mehr als ein Fünftel des Personals aus deinen Familienmitgliedern besteht, lege ich ein Veto ein, klar?"

Anschließend nahm sie sich ein Boot und fuhr auf das Meer hinaus. Sie blieb bis spät abends draußen, sodass Abdullah schon Angst um „sein" Boot bekam und am Strand auf- und abtigerte, bis ihn ein Winken vom rückkehrenden Boot aus beruhigte. Die fantastisch frische Meeresluft und das Freiheitsgefühl da draußen auf dem Wasser hatten es Cathy ermöglicht, ihre Gedanken zu ordnen: Sie kannte sich bisher nur als ,Cathy', nun wollte sie auch ,Katharina' kennenlernen. Nachts kramte sie lange in Jos Büro herum und am nächsten Morgen verließ sie Shanzu in Richtung Nairobi. Nach dem Telefonat mit Michael hatte sie bereits einen bedeutsamen Entschluss gefasst: Sie würde auch zukünftig ihren erlernten Beruf weiter ausüben und in der Schule in Nairobi bleiben. In Shanzu blieben ihr weiterhin ihr Appartement und die Räume von Jo. ,Dad' zu denken, vermied sie.

Kenia ist ihre Heimat! Das wenigstens wusste sie sicher: Das unermesslich große Land mit der überwältigend schönen Flora und Fauna, die meist fröhlichen und hilfsbereiten Kenianer, ihre geliebte Küste. Sie verschloss aber nicht die Augen vor den Problemen ihres Landes: unzureichende Bildungsmöglichkeiten für viele, fehlende Arbeitsplätze, die mangelhafte Verkehrs-erschließung des Landes - und schließlich die Ver-waltung durch einige korrupte Politiker und das Agieren terroristischer Gruppierungen. Mut macht ihr der Wille, der hier Lebenden, etwas bewegen zu wollen, der immer wieder spürbar ist in verschiedenen Projekten. Das Engagement in ihrer Dienstagsgruppe „Hilfe zur Selbsthilfe", ist ihr wichtig.

Hier fühlt sie sich wohl, hat Freunde. Vielleicht würde sich die Verbindung zu Michael vertiefen? Sie will sich Zeit lassen, braucht Zeit, sich zu finden. Das Hotel, das Werk ihres Vaters, will sie auf jeden Fall weiter betreuen. *Mimi hapa nyumbani*, hier bin ich daheim!

Österreich, da wird sie hinfliegen, natürlich, aber Heimat könnte es nie werden. Als Kind wäre sie gerne ein Teil einer großen Familie gewesen, hätte sehr gerne Geschwister gehabt. Aber jetzt, so als Erwachsene? Kann da überhaupt noch so richtig Vertrautheit entstehen? Ihre Tina-Puppe, woher hat sie die eigentlich?

Sobald sie in ihrem Appartement war, rief sie die Kenia Airways an und buchte einen One-Way-Flug nach Salzburg/Österreich. Durch ein festgelegtes Rückflugdatum wollte sie sich nicht einschränken lassen. In zwei Tagen konnte sie fliegen. Dann rief sie Michael an.

18. Salzburg, Sommer 2014

Der geplante Flug in den Sommerferien mit Anne und der Familie nach Mallorca brachte Bilder von Sergio und all die unterdrückten Gefühle, die sich Tina selbst verboten hatte, wieder an die Oberfläche. Sie merkte selbst, wie unkonzentriert und vergesslich sie war. Oft passte der zweite Teil ihres Satzes nicht zum ersten. Und die Mädchen sind gerade wieder besonders anstrengend! Ich habe einfach zu wenig Ruhe für mich! Vielleicht wäre ein Wellnesswochenende mit Mara sinnvoller für dich, Tina, als immer wieder spanische Musik zu hören und zu träumen! Gerade als sie das Haus verlassen wollte, klingelte das Telefon.

„Nicht das auch noch", stöhnte sie vor sich hin. Trotzdem nahm sie ab: „Mayr."

Am anderen Ende eine zittrige Stimme: „Christina Mayr?"

„Ja", sagte Tina ungeduldig, „wer ist da? Ich muss dringend los!"

„Hier spricht Cathy - also: Katharina, ich rufe vom Flughafen in Frankfurt an. - Hallo?"

„Katharina?" Tinas Beine gaben nach, sie rutschte auf den

Fußboden. „Katharina? Meine Schwester?"

„Yes. Sieht so aus! Dein Brief ist angekommen. Ich bin gestern von Nairobi abgeflogen und werde heute um 14.35 Uhr in Salzburg landen."

„Katharina! Wie kommt es, ... nein, komm erst einmal an. Ich werde da sein. Natürlich werde ich da sein, Nina!"

Unwillentlich liefen ihr Tränen über die Wangen.

Die andere Stimme schien auch von Tränen erstickt: „Bis bald, Christina – Tina?"

Eine gefühlte kleine Ewigkeit bleibt Tina unbeweglich auf den kalten Fliesen des Flurs sitzen. Katharina kommt. Mit ihrem Geschreibsel hat sie endlich Erfolg gehabt!

He, Frau Lehrerin, Ihre Schüler warten! Egal, die können warten. Nun ja, vielleicht doch nicht so lange! Wo ist denn der Autoschlüssel? Eben hatte ich ihn doch noch in der Hand. Ach, da. Hoffentlich gibt es keinen Stau, die Stunde hat doch schon angefangen. Ein Unfall ist das, was heute gar nicht passieren darf. Also bitte, konzentriere dich, Tina.

Sie ließ die Geografiearbeitshefte mit der Arbeitsanweisung austeilen, eine Berichtigung zu erstellen. Nach deren Fertigstellung sollten die unterschiedlichen Formen der Wüstenarten gezeichnet werden. Eigentlich unterrichtete sie die ‚Wüstenentstehung' unheimlich gerne, aber heute konnte sie sich nicht konzentrieren. Also war Beschäftigungstherapie für die Schüler angesagt. Wie sie die restlichen beiden Unterrichtsstunden in Englisch hinter sich brachte, hätte sie anschließend nicht mehr sagen können.

Endlich Unterrichtsschluss! Sebastian musste informiert werden. Die Mailbox. Okay, also dann: „Du musst dir heute nachmittag freinehmen, Bastian, bitte! Und sei um 14.30 Uhr am Flughafen, ja?", sagte sie, unfähig eine Erklärung geben zu können. Damit würde er schon klar kommen, er hatte schließlich Erfahrung mit den kryptischen Äußerungen, die sie ihm ab und an einfach zumutete.

Sie klingelte bei Anne. Die war erstaunt, sie zu sehen. „Anne, Oma, es ist etwas Unvorhergesehenes passiert. Eigentlich nicht unvorhergesehen, denn wir haben immer gehofft, dass es passieren wird." Und schon liefen Tina die Tränen über die Wangen.

Anne erschrak. „Tina, du machst mich nervös, rede nicht so wirr herum!"

„Oma", Tinas Augen schienen heute besonders zu leuchten, „Katharina kommt heute nachmittag am Salzburger Flughafen an!"

„Was sagst du da?"

„Oma, bitte setz dich. Du bist ja ganz weiß!"

Anne ging etwas wacklig ins Wohnzimmer und setzte sich gehorsam. Tina holte die Wasserflasche und zwei Gläser aus der Küche.

Handyklingeln. Bastian! „Tina geht es ein bisschen weniger geheimnisvoll?"

„Ich weiß doch auch nicht mehr. Heute Morgen hatte ich die Schülerarbeiten wieder vergessen und bin in der großen Pause nach Hause gefahren. Im Weggehen habe ich zum Glück das Telefon gehört und ..."

„Tina!"

„Ja, doch! Eine Frau hat sich gemeldet: Nein: Katharina!"
Sie nickte Anne zu. „Sie sei aus Nairobi abgeflogen und
werde so um halb drei in Salzburg ankommen. Ich bin fast
in Ohnmacht gefallen!"

„Glaubst du, dass es wirklich unsere Katharina ist?"
‚Unsere' Katharina! Bastian ist ein Schatz!

„Ich weiß nicht mehr als du. Sie kommt aus Nairobi! Einer
meiner letzten Briefe muss den richtigen Adressaten
erreicht haben. Vor Ewigkeiten habe ich sie abgeschickt.
Wir müssen sie abholen!"

„Ja, mein Schatz, ich bin rechtzeitig da!" Auf Bastian
konnte sie sich im Ernstfall immer verlassen, einmal mehr
hatte er es heute bewiesen!

„Verzeiht, aber ich fahre nicht mit! Das regt mich zu sehr
auf! Was ist, wenn es nicht Katharina, sondern eine
fremde Frau ist? Ich hab so schreckliche Angst, dass wir
enttäuscht werden!" Anne griff sich an die Herzgegend
und begann die Stelle zu reiben.

„Tut dir dein Herz wieder weh, Oma? Dann bleib da. Ich
werde sie erst einmal mit zu uns nehmen. Hab keine
Angst, sie hat sich ganz echt angehört! Aber wie... ach, ich
weiß auch nicht! Alles chaotisch! Es kann nur noch besser
werden. Komm, leg dich ein bisschen hin. Ich ruf dich
später an."

In der Flughafenhalle fing sie Bastians suchender Blick
ein. „Du wirkst total cool, Tina", wunderte er sich. Er hätte
ihr einige Ausraster zugestanden, in dieser Welt, so
jenseits aller Ordnung und Rationalität.

„Das sieht nur so aus."

Die krächzende Lautsprecherstimme verkündete: „OS 7226 aus Frankfurt ist gelandet."

Tina suchte Bastians Hand, er streichelte ihre mit dem Daumen. Es dauerte ewig, bis sich die automatischen Türen öffneten und die ersten Passagiere heraustraten. Alle Frauen wurden gemustert. Werde ich sie überhaupt erkennen? Ihr Herz klopfte schneller als sonst. Keine irgendwie bekannten Gesichtszüge! Ein Seufzer. Sebastians Hand drückte ihre etwas fester. Schließlich schien es, als ob alle Passagiere dieser Maschine den Gepäckausgabebereich verlassen hätten. Da öffnete sich die Tür noch einmal und eine junge braun gebrannte Frau in sportlicher Kleidung mit langen hellbraunen Locken, in denen von der Sonne eingewebte Goldfäden glänzten, tat wenige unsichere Schritte, blieb stehen, ... Sie schaut mich an!

„Katharina?"

Tina lief auf die junge Frau zu, die ihr beide Hände entgegenstreckte.

„Hello!"

Tina ergriff sie, suchte Augenkontakt mit dem Gegenüber. Wow, wie intensiv blau, nein, veilchenfarben waren die denn! So schön! Sie blieben lange so stehen. Suchten Spuren, Wahrheit ...

„Ich hätte dich nie auf der Straße erkannt, wär' an dir vorbeigelaufen, Nina", sagte Tina.

„Ich auch an dir. Dad hat geschrieben, du siehst Mama ähnlich, aber ich habe nie ein gutes Foto von Mama gesehen!"

Vorsichtig strich sie über Tinas weißblonde Strähne.

„Ich auch nicht!", flüsterte Tina mit bestätigendem Nicken. Sie konnten sich aneinander nicht sattsehen. Dann umarmte Tina ihre Katharina und auch diese erwiderte die Umarmung. Schließlich fing Tina an zu weinen und Katharina flüsterte: „Tina. Meine Tina."

Bastian wurde die Szene zu viel. Auch ihm standen Tränen in den Augen, aber er war sich der Zuschauer bewusst, die interessiert die beiden jungen Frauen beobachteten.

„Meine liebe Katharina, darf ich mich selbst vorstellen? Ich bin Sebastian, dein Schwager. Ich würde dir gerne als Taxichauffeur dienen und dich zu uns nach Hause kutschieren. Ist das da dein Koffer?"

Auf ihr zustimmendes Nicken hin, nahm er den bezeichneten Koffer und ging mit langen Schritten Richtung Parkplatz voraus.

Zögernd ließen sich die Beiden in die Gegenwart des Flughafens zurückholen. „Katharina komm. Wir sind mit zwei Autos da. Bastian kann mit deinem Koffer als Begleiter fahren." Im Auto erkundigte sich Tina fürsorglich: „Bist du sehr müde? Willst du erst einmal schlafen? Oder hast du Hunger?"

Cathy antwortete zögernd: „Ich habe mein ganzes Leben nur meinen Dad gehabt." Ja, ‚Dad', dazu konnte sie inzwischen wieder stehen, denn das war er für sie gewesen, ein liebevoller, verständnisvoller und humorvoller Dad! „Du hast etwas von einer Oma geschrieben. Lebt sie noch? Weil, dann würde ich erst einmal meine Grandma kennenlernen wollen. Ich war als Kind oft neidisch auf die großen Familien mit vielen Kindern und Tanten, Onkeln, Großeltern - dass ich die ganzen Jahre ..." Ihre Stimme erstarb. Dann fuhr sie laut fort: „Dad ist vor 10 Tagen gestorben. Danach habe ich deinen Brief gefunden. Ich dachte, kommen ist besser als schreiben!"

„Ja", stimmte Tina zu, „viel besser. Obwohl meine Beine unter mir weggesackt sind, als ich verstanden habe, wer da anruft ..."

Sie fuhr an den Straßenrand und holte ihr iPhone hervor. „Anne", sie lauschte, den Kopf geneigt, während sie zu ihrer Schwester sah, ja, zu ihrer Schwester, „alles in Ordnung. Es ist unsere Katharina. Sie will dich jetzt gleich sehen. Sie sagt, sie hat sich ihr ganzes Leben eine Oma gewünscht. Jetzt will sie nicht länger warten!"

Als sie vor Annes Haus vorfuhren, stand diese schon wartend vor der Haustür. Blass, mit tränennassen Augen kam sie Katharina entgegen. „Mein Liebling, ach mein Liebling. Dass ich dich noch einmal sehen darf. Lass dich anschauen, Kind!"

„Oma?", fragte Katharina, „Ich habe eine Oma."

Als Anne ihre so lange verschollene Enkelin in die Arme nahm, flossen auch bei dieser die Tränen.

„Eigentlich hatte ich längst die Hoffnung aufgegeben! Wenn jetzt unsere Mama dabei sein könnte!" Nun spürte auch Tina ihre Augen feucht werden.

Als sie endlich im Wohnzimmer saßen, ließ Anne ihre Katharina nicht los. Sie brauchte die Hand ihrer Enkelin, damit sie spüren konnte, dass sie nicht träumte. Tina kochte Kaffee und öffnete eine Sektflasche, aber sie nahmen sich keine Zeit für eine größere Zeremonie. Katharina wollte wissen, wie ihr Leben und das ihrer

Zwillingsschwester in den ersten drei Jahren verlaufen war: Nina, noch ein Name, der zu ihr gehört hatte! Das gehörte also auch zu einer Familie: Man erhielt einen Vornamen bei der Geburt, um dann doch ganz anders gerufen zu werden. Welcher Name passte denn am besten zu ihr? ‚Cathy' klingt in dieser Umgebung irgendwie fremd.

Spaziergänge mit Mama. Toben mit einem anderen Papa! Hm! Kindergarten zusammen mit ihrer Schwester. Ein anderes Leben. Die Erinnerung kam nicht wieder. Verloren, verloren für immer.

Mamas Tod. Anne als Ersatzmama. Oh, Umzug nach Salzburg, Namensänderung, Verschweigen der Entführung! Und in den nächsten Jahren? Lehramtsstudium, Bridgespiel, Sebastian und noch einmal Zwillinge in der Familie!

Anne und Tina wollten wiederum von Katharina deren Lebensgeschichte hören. Die ganze – mit allen Einzelheiten: eine Tina-Puppe! Ein toller Daddy! Hm. Auch Lehrerin? Auch Englisch als Fach? Witzig! Ein Leben zwischen intensiven Naturerlebnissen. Stellt euch vor: Direkt vor euch grast ein Flusspferd! Traumstrand und Demonstrationen! Einkaufen gehen kann gefährlich sein? Vier Sprachen? Keine Kinder? Kein Mann? Ein Mann – vielleicht?

Was sie ausließen, waren Fragen nach Jo. Sie plauderten, bis sich Katharina nicht mehr auf den Beinen halten konnte und während des Zuhörens einschlief.

„Sie kann doch in Alicias Bett schlafen, Tina. Bitte überziehe es schnell frisch. Alicia soll bei den Zwillingen schlafen!"

„Natürlich Oma, kein Problem."

„Komm Katharina! Steh kurz auf. Ich habe dir ein Bett gemacht. Komm!"

Taumelnd, halb schlafend ließ sich Katharina in Alicias Zimmer führen und ins Bett bringen. Tina zog ihr ein Spitzennachthemd von Oma über, ein biiiisschen zu groß, und deckte sie zu. Kaum hatte Katharinas Kopf das Kissen berührt, schlief sie fest.

„Du kannst nach Hause fahren Tina, vielleicht bringst du ihr morgen ihren Koffer hierher? Sie soll bei mir bleiben. Vielleicht kann Alicia solange bei Mara oder Rosie unterkommen?"

„Das kläre ich morgen. Dürfen wir alle zum Frühstück kommen, bitte?"

„Natürlich, mein Schatz, bringt Brötchen mit."

Als Tina das Haus verlassen hatte, setzte sich Anne auf einen Stuhl neben Katharina und betrachtete ihre Enkelin. Sie blieb stundenlang so sitzen. Hie und da strich sie ihr über den gebräunten Arm, über die Haare mit dem goldenen Sonnenschimmer, über die weiche Wange, dann blieb sie wieder bewegungslos sitzen.

Sonnenstrahlen weckten Anne am nächsten Morgen. Sie hatte in der Nacht vergessen, den Vorhang zuzuziehen. Warum fühlte sie sich so leicht? Katharina war wieder da! Ja, sie saß sogar an ihrem Bettrand und strahlte sie an: „Grandma, Christina, Sebastian und die Zwillinge sind schon da. Willst du aufstehen?"

„Aber sicher mein Liebling. Heute ist einer der schönsten Tage in meinem Leben! Komm lass dich umarmen. Ich muss dich fühlen, sonst denke ich, ich träume!"

Lisa und Lena machten zuerst große Augen, Mama hatte eine Zwillingsschwester. Genau wie sie. Und nett war die neue Tante. Lachte und sprach so komische Sachen. Die Zwillinge waren fasziniert. Bald saßen sie zufrieden zu zweit auf deren Schoß. Als sie aber nach einer alten Puppe griffen, die auf dem Tisch lag und wie Mama hieß, nahm ihnen Mama die Puppe weg und schickte sie spielen. „Oma Anne, spiel mit uns", forderten sie. Dass sie bei Anne aber heute nicht die Hauptrolle spielten, merkten sie schnell und wurden eifersüchtig. Also: Fangen spielen durch die offenen Zimmer! Lachen und Kreischen gehörte natürlich dazu! Ihrem Papa erschien die Idee nicht so gut. Er schlug vor, mit ihnen in Alicias Begleitung in den Zoo zu gehen.

„Wir treffen uns in der Pizzeria in der Hellbrunner Allee zu einem späten Mittagessen. So um 14.00 Uhr, ja? Wir telefonieren noch!"

Damit zog er die unwilligen Zwillinge, die wohl der Ansicht waren, sie könnten etwas verpassen, aus dem Haus und rief Alicia zu, sich zu beeilen. Die war mit dem Packen einer Tasche für ihren kleinen Umzug der nächsten Tage beschäftigt. Der Zoo erschien ihr gerade kein reizvolles Ziel zu sein. Lieber hätte sie bei offener Tür mehr über die interessanten Details dieser außergewöhnlichen Familiengeschichte erlauscht!

Tina hatte ihren Schatz, die Fotoalben ihrer Mutter, von

zu Hause mitgebracht, um ihn mit ihrer Schwester zu teilen. An diesem Morgen verlief das Erzählen ruhiger, nicht mehr so atemlos! Auch Katharina hatte einige Fotos aus Kenia, von ihrer Kindheit, von ihrem Papa, vom Hotel, der „shule" und von der Landschaft dabei. Um das Thema „Jo" machten sie immer noch behutsam einen Bogen.

Als Bastian anrief, dass sie langsam zum Mittagessen kommen sollten, schauten sie erstaunt auf die Uhr.

Nachmittags verordnete Anne ihren Enkelinnen und sich einen Friedhofsgang. Sie ertappte sich dabei, dass sie die Hände von Christina und Katharina wie in Kinderzeiten ganz fest hielt. Bei Susannes Grabstelle flüsterte sie: „Susanne, mein Schatz, ich bringe dir deine Mädchen. Jetzt kannst du in Frieden ruhen. Wir sind wieder zusammen." Beim Weggehen warf Tina noch einen Blick zurück auf das Grab ihrer Mutter im Schatten des Untersberges. „Danke Mama, dass du mir geholfen hast." Aha, auch in Österreich spricht man mit dem Geist der Toten - wie in Kenia.

Katharina verbrachte die nächsten zwei Tage bei ihrer Granny. Anne spürte die Zuneigung in den Anreden: ‚Granny' oder ‚Grandma'. Sie genoss es, die Persönlichkeit ihrer anderen Enkeltochter zu entdecken. Gut erzogen war sie, das musste man diesem Jo lassen. Liebevoll versorgt hatte er sie anscheinend auch. Aber trotzdem! Schließlich fand Tina es an der Zeit, dass sich die Schwestern gemeinsam mit dem ernsteren Teil der Familiengeschichte beschäftigen sollten. Sie brachte

Katharina Susannes Tagebuch mit, mit der Auflage, zunächst nicht mit Oma darüber zu sprechen. Ihr afrikanischer Zwilling, wie Tina sie bei sich nannte, nickte, zeigte gar keine Scheu vor den lang zurückliegenden Geheimnissen in einem „diary." Sie war nur höchst interessiert, vielleicht weitere Antworten zu finden.

Liebevoll betrachtete Tina ihre Schwester, deren Augen über die Seiten des kleinen Buchs flogen. Hübsch ist sie: diese Locken und die tollen Augen! Wie sie sich jetzt über die rechte Augenbraue strich! Wie ... ja! Tja, so ein Brett vor dem Kopf kann man haben! Duftete der Raum jetzt nicht nach Mittelmeerkräutern? Tinas Erinnerungsvermögen arbeitete fast wieder zu gut. Nein, Sergio war nicht das Problem! Komisch, seit Katharina, da ist, habe ich kaum an ihn gedacht! Zeit für die spanischen Songs war ihr sowieso nicht geblieben!

Ähnlich blaue Augen wie die ihrer Schwester hatte sie vor nicht allzu langer Zeit in zwei hübschen Kindergesichtern erblickt! Bei Klaus Töchtern! Und wie Katharina hatte der sich ab und an nachdenklich über die rechte Augenbraue gestrichen! Das konnte doch nur eins bedeuten! Tina, wolltest du diese Wahrheit wirklich aufdecken? Tja, das konnte man sich wohl nicht aussuchen. Jetzt hatte sie diesen langen Weg der Suche nach ihren Wurzeln auf sich genommen. Ein Aufgeben kommt nicht in Frage! Ja, ich bin stark genug für die Wahrheit! Hoffentlich machte ihr Zwilling mit! Abends brachte Tina die Sprache auf die Ferien:

„Wir haben alle – also die ganze Familie, und dazu gehörst

du ja eindeutig auch - eine Einladung nach Mallorca zu unserem offiziellen Vater erhalten. Ich habe dir ja erzählt, dass ich ihn gefunden habe. Seine jetzige Frau ist aus einer alten mallorquinischen Familie. Sie haben ein riesiges Landgut, somit Platz für alle. Kannst du mitkommen Katharina?"

„Hm", lächelte diese. „Da mein Chef der Mann ist, der mich in der nächsten Woche besuchen will, um mir sein Europa zu zeigen, müssten wir uns beide eingeladen fühlen."

„Super! Ist das derjenige, welcher?"

Lächeln. Nicken. „Ja, Michael. Vielleicht."

„Klaus wird sich sehr freuen. Ich habe ihm eine Mail geschickt, dass wir uns gefunden haben und er ist begierig, dich zu sehen. Als ich ihm damals erzählt habe, dass du nicht zurückgebracht worden bist, hatte er Tränen in den Augen. Er quält sich schrecklich mit Schuldgefühlen! Dein Michael kann bestimmt auch nach Palma de Mallorca fliegen, nicht wahr? Frag ihn doch mal."

„Ja, das mache ich. Er ist schon so gespannt auf meine neue alte Familie."

Vor dem Abflug wollten sie auf jeden Fall noch ihren Termin im Labor wahrnehmen, falls das Material, das Katharina angefordert hatte, rechtzeitig einträfe. Nach dem Lesen von Susannes Tagebuch hatte es viel zu bereden gegeben, nachzurechnen, Informationen im Internet waren einzuholen – über Blutgruppen zum Beispiel. Unauffällig natürlich. Oma würde das zu sehr belasten, darüber waren sich die Schwestern einig. Ja, es gab ein schwesterliches ‚wir'. Das Ergebnis des Gentests würde natürlich auch erst ein paar Tage später zugeschickt werden, aber das ließe sich ja auch telefonisch erfahren.

Ihre Schwester war begeistert von der Silhouette Salzburgs mit der Burg im Hintergrund, von dem Charme der kleinen Straßen.
Doch sie hatte inzwischen wieder ihre innere Standfestigkeit zurückgewonnen. So gestand sie Tina bei einem ihrer Ausflüge in die Stadt, dass sie lieber mit ‚Cathy' angeredet werden wollte.
„Weißt du, Tina, der Name hat zu dem Leben gehört, das ich kenne, an das ich mich erinnere. Ich meine auch, er passt zu mir. Vielleicht ist es auch Gewohnheit, aber Cathy, das bin ich! Auch hier."
„Für Anne wirst du ‚Katharina' bleiben, ob du willst oder nicht!"
„May be! Grandma hat Sonderrechte. Und du auch!"
Wie lustig ihr Gesicht mit den Grübchen beim Lachen aussah!
„Tina, du hast doch erzählt, dass du auf der Suche nach unserem Vater, nach Jo, bei einer Frau Schleyer angerufen hast. Das ist ja unsere andere Oma, nicht wahr? Und du sagtest, dass sie auf ihren Sohn wartet, seit über 20 Jahren. Ich möchte Dads Mama sagen, dass sie nicht mehr warten muss, dass er tot ist, und ihr einen angefangenen Brief bringen, denn ich bei seinen Unterlagen gefunden habe. Könnten wir zusammen hinfahren? Ist es weit? Den Rotenackerwald möchte ich auch gerne sehen, obwohl ich ja dort keine Angst hatte, erst später."

„Ja, schon, nur...", das kam sehr zögerlich.

Cathy beugte sich vor und ergriff Tinas Hände: „Ich weiß Tina, ich weiß. Aber Dad war immer für mich da. Er hat für mich gesorgt und er hat mir viel Liebe gegeben. Trotz allem liebe ich ihn noch!"

„Das..., das akzeptiere ich ja auch." Schweigen. Ein tiefer Seufzer.

„Und er hat eine Mutter!"

„Gut, für dich tue ich das, Schwesterherz!"

Am Freitagnachmittag fuhren sie nach dem Unterrichtsschluss los. Cathy hatte ihre Schwester durch den Unterrichtsmorgen begleitet, sodass ihnen auch in dem freitagnachmittäglichen Stau der Gesprächsstoff nicht ausging.

In Tamm wurden sie von Omas Freundin Renate herzlich willkommen geheißen. Tina zeigte Cathy den Bungalow, der die ersten drei Jahre ihre Heimat gewesen war. Da aber keine von ihnen das geringste Erinnern daran hatte, berührte sie das nicht. Auch der Rotenackerwald rief keine gespenstischen Erinnerungen hervor: Er zeigte sich ihnen als Wald, wie jeder andere auch. Cathy ließ sich auch den Weg zur Enz zeigen. So sehr sie sich bemühte, sie sah einen Fluss. Punkt! Nachmittags fuhren sie nach Besigheim. Nach kurzem Klingeln wurde ihnen von einer weißhaarigen Frau geöffnet.

„Was wollet Se?", fragte diese unsicher.

„Dürfen wir hereinkommen? Wir bringen Ihnen Nachricht von Ihrem Sohn, vom Joachim!"

Jetzt wurde die alte Dame aufgeregt.

„Ja d'Achim isch do? Bua, wo bischd?", rief sie.

„Nein, nein", sagte Cathy erschrocken. Was hatte sie da angerichtet! „Ich möchte Ihnen von ihm etwas ausrichten!"

„Ja, was denn? Kommet Se nei."

Sie ging ihnen in eine kleine Wohnküche voran.

„I wart scho so lang uf'n. Er het gsegt, er kemmt, aber nu kemmt er doch net." Sie schaute die Zwillinge unschlüssig an. „Setzet eich. Kann ich eich ebbes obieta, ich hen a frischa Apfelkuacha bacha. Grad hen ich'n aus'm Ofa!"

Sie machte sich in der Küche zu schaffen. Als sie die Teller mit dem Kuchen und die Kaffeetassen auf den Tisch gestellt hatte, drehte sich ein Schlüssel im Schloss und ein Mann in den Sechzigern betrat die Küche. Cathy atmete tief ein und wurde blass. Tina beobachtete sie aufmerksam.

„Wer send Se?"

„Ich – wir - Sie sehen meinem Dad so ähnlich. Mein Dad war - ist Joachim Schleyer."

„De saget, d' Achim kommt glei", lachte seine Mutter.

„Nein, das habe ich nicht gesagt. Im Gegenteil! Er kann nie mehr kommen. Er ist vor gut zwei Wochen in Shanzu, in Kenia, gestorben. Ich habe Bilder von seinem Grab mitgebracht und", sie zögerte, „in seiner Schreibtischschublade habe ich einen Brief an seine Mama gefunden." Cathy zog einen Umschlag aus der Handtasche und legte ihn auf den Küchentisch.

„Was d' Achim isch dod? Der hat soinr Mutter nur Kummer g'macht. Seit 20 Jahren wartet se uf a Nachricht. Nix isch komma, koa Briaf, koa Onruf, ned amol a Poschdkarda! Kenia? Afrika?" Kopfschütteln.

„Un de Susann, die waa auch doa und hat ihn g'sucht!"

„Ach, Mama!"

Ihr Blick wurde unsicher. „Ja mei, dem Achim sei Töchter. Bringt er uns bald die Butzele? Ich muss auf d' Bühne, die Sachen vom Achim hol'n."

Sie wollte aufstehen.

Ihr Sohn hielt sie am Arm zurück.

„Mama, d'Achim is dot und die Butzele sen scho groß. Sie sitzad mit ons am Tisch." Er hielt ihnen die Hand hin: „Ich bin der Walter. Ihr Onkel Walter. Willkommen in der Familie."

Cathy ergriff sie zaghaft. Tina bückte sich, nestelte an ihrem Schuhband.

Zärtlich legte Walter den Arm um die Schulter seiner Mutter: „Jezd hasch an Brief vom Achim. Des is do au schee!" Er drehte den Kopf zu den Zwillingen: „Was is bassiert? Kennet ir uns was verzähla?"

Cathy und Tina schauten sich an. Eigentlich wollten sie das ganz und gar nicht. Sie hätten nicht herkommen sollen. Es war alles zu viel. Auch für sie. Aber Cathy kam zu einem Entschluss: Da sie nun einmal diesen Schritt getan hatten, mussten sie auch... Wie hätte Jo gesagt? Ja: die Suppe auslöffeln. Das hatte ihr früher immer so gut gefallen. Sie hatte dazu immer einen kleinen Film im Kopf ablaufen lassen, als Löffel hatte sie einen Holzlöffel vor sich gesehen. Verständlich, dass Jos Bruder wissen wollte, wie sich alles zugetragen hatte!

Ihren knappen Bericht schloss Cathy mit dem Angebot: „Ich lasse Ihnen diese Fotos da. Entschuldigen Sie, wir hätten vielleicht nicht kommen sollen. Ich wollte nur seiner Mutter sagen, dass sie nicht mehr zu warten braucht!"

Damit stand Cathy auf, verabschiedete sich und wandte sich mit Tina zum Gehen. Oma Schleyer schaute ihren Sohn freudestrahlend an: „Kemmt d' Achim no heit?"

„Noi Mama. Heit nimmer!" Er schüttelte den Kopf. „Wart kurz."

Vor der Haustür wandte er sich an die Zwillinge. „Ich verstehe eigentlich nochgar nichts. Aber wenn ihr Joachims Töchter seid, dann gehört ihr doch zur Familie. Ihr könnt doch nicht wie aus dem Nichts auftauchen und wieder verschwinden. Wir, meine Frau und meine Kinder, würden euch gerne kennenlernen. Ich kann nicht glauben, dass mein Bruder ein Verbrecher ist, war. D'Mama versteht nicht mehr viel, aber ich... Joachim ist doch mein Bruder, mein großer Bruder. Bitte, bleibt noch."

Cathy schaute ihn mitfühlend an: „Ja, ich würde dich auch gerne kennenlernen. Aber Tina, meine Schwester, sie...

Tina meinte kurz: „Bleib doch da. Ich fahre allein nach Tamm. Vielleicht kann dich dieser Herr ja abends zurückfahren. Morgen müssen wir nach Salzburg zurück."

„Natürlich, natürlich mache ich das. Bitte bleib. Ich bin doch euer", nach einem Blick auf Tinas verschlossenes Gesicht, „dein Onkel."

Auf dem Weg nach Salzburg meinte Cathy: „Bin ich froh, dass wir das hinter uns haben, obwohl, mir läuft es jetzt noch kalt den Rücken hinunter, Onkel Walter ist ein Ebenbild von Papa."

„Gott sei Dank ist Anne geistig noch fit für Alter."

Tina nahm Cathys Hand und drückte sie zärtlich. Eigentlich fühlte sie sich fast unanständig glücklich. Es ist schön, eine Schwester zu haben!
Sie lächelte zu ihr hinüber.

Café Tomaselli.

Das hatte sie sich auch anders vorgestellt, wie sie ihrer Zwillingsschwester die berühmte Sachertorte vorsetzen wollte - eigentlich nicht mit so einem unangenehmen Bauchgefühl! Beide saßen sich im Café Tomaselli gegenüber und hingen ihren Gedanken nach, während sie in ihren kleinen Braunen rührten.

„99,8% ist eigentlich ganz schön überzeugend!", wagte sich schließlich Tina hervor. Das Sachliche ist noch der einfache Teil.

„Gut, dass Mokamis Päckchen so schnell hier angekommen ist."

„Ja. Auch gut, dass man in diesem Jahrhundert mit dem Gentest die Möglichkeit hat, so genaue Ergebnisse zu erhalten!"

„Zeig mal: Wie hieß das noch mal: ‚heteropaternale Supersekundation'?"

„fe! ... fekundation! Von wegen ‚heteropaternal', es sind doch nur zwei Väter!"

Ein brauner Lockenkopf und ein kurz geschnittener Blondschopf, Tina war am Morgen beim Friseur gewesen - beugten sich über die Seiten des Laborberichts.

„Also: nur Halbgeschwister! Aber hier spricht man von:

‚Stiefgeschwister', aber immerhin haben wir eine gleiche Mutter!"

Dieses Grinsen! Cathy verlor wohl nie ihre gute Laune.

„Nein, jetzt lass ich dich nicht mehr los: einmal Schwester – immer Schwester! Darauf bestehe ich!"

So viel Energieaufwand durfte nicht umsonst gewesen sein! War ja auch nicht. Ihr neues Selbstbewusstsein zeigte sich schon in der frechen Frisur – oder?

„Einverstanden! Aber dass so ein Ei vier bis fünf Tage befruchtungsfähig ist! Ist schon krass, oder?"

„Mama hat also zu Recht Angst gehabt! Dass man so etwas so verdrängen kann?"

„Aber wenn sie jetzt von diesem Ergebnis wüsste, das würde sie bestimmt umhauen!"

„Du, Tina, wenn man jetzt mal meinen Dad nimmt, also ich meine jetzt: Jo! Das ist ja echte Tragik: wie in der griechischen Tragödie, nämlich teilweise schuldlos schuldig! Die falsche Tochter mitzunehmen!"

„Also Cathy, so schuldlos ja wohl nicht! Aber was ich ja richtig gemein finde: Du hast jetzt zwei Väter in deinem Leben und ich keinen! Ungerecht – oder? Meine Mädchen sollen nicht ohne ihren Papa leben müssen! Auf keinen Fall!" Zur Bekräftigung nahm Tina einen Schluck vom Braunen mit extra viel Obers.

„Na, das steht doch bestimmt nicht zur Debatte."

So viel Lebenserfahrung hatte ihre Schwester in Liebesdingen und ihren möglichen Wendungen wohl doch nicht und alle Geheimnisse hatten sie noch nicht geteilt. Doch Cathy hatte ein anderes Anliegen, nahm ihre Hand: „Weißt du, Jo wäre auch für dich ein toller Papa gewesen!"

Ihr Lächeln nahm Tina aus den Augenwinkeln wahr, sie rührte aber weiter abwesend in ihrem Braunen und sah nicht hoch. War das etwa eine Träne, die in den Kaffee tropfte?

„Schwesterchen, ich geb' dir einen halben Papa ab, wenn Klaus will. Ach was, der wird wollen!"

„Er wird sich freuen, dich zu sehen, das weiß ich."

„Wenn er uns sieht!"

Inhaltsverzeichnis

1. Salzburg, Februar 2010   9
2. Glasenbachklamm, April 2013   25
3. Ludwigsburg, Juni 2013   58
4. Salzburg, Sommer 2013   70
5. Puerto Christo, August 2013   81
6. Mallorca, Formentor   101
7. Mallorca, Sa Torre   124
8. Palma de Mallorca   148
9. Salzburg, Herbst 2013   160
10. St. Martin a.T., Januar 2014   175
11. Tamm-Hohenstange, 1984 – 1987   197
12. Amsterdam 1987   215
13. Salzburg, Frühjahr 2014   224
14. Kenia, Nairobi, im Juni 2013   237
15. Kenia, Shanzu Beach, Juni 2013   255
16. Deutsche Schule Nairobi, Juli 2013   269
17. Shanzu Beach, Kenia, April 2014   282
18. Salzburg, Sommer 2014   298

www.ingramcontent.com/pod-product-compliance
Lightning Source LLC
Chambersburg PA
CBHW072002060426

42446CB00042B/1367